沈从文 ◎ 著

中国文物常识

文物鉴赏、收藏及美学熏陶的入门书

不鄙文丛

北京理工大学出版社
BEIJING INSTITUTE OF TECHNOLOGY PRESS

版权专有　侵权必究

图书在版编目（CIP）数据

中国文物常识 / 沈从文著. —北京：北京理工大学出版社，2017.9（2020.5重印）

（不鄙文丛）

ISBN 978-7-5682-4080-2

Ⅰ.①中… Ⅱ.①沈… Ⅲ.①文物－基本知识－中国 Ⅳ.①K870.4

中国版本图书馆CIP数据核字（2017）第116227号

出版发行 / 北京理工大学出版社有限责任公司	
社　　址 / 北京市海淀区中关村南大街5号	
邮　　编 / 100081	
电　　话 /（010）68914775（总编室）	
（010）82562903（教材售后服务热线）	
（010）68948351（其他图书服务热线）	
网　　址 / http：//www.bitpress.com.cn	
经　　销 / 全国各地新华书店	
印　　刷 / 天津光之彩印刷有限公司	
开　　本 / 710毫米×1000毫米　1/16	
印　　张 / 18.5	责任编辑 / 闫风华
字　　数 / 270千字	文案编辑 / 闫风华
版　　次 / 2017年9月第1版　2020年5月第9次印刷	责任校对 / 周瑞红
定　　价 / 42.80元	责任印制 / 李志强

图书出现印装质量问题，请拨打售后服务热线，本社负责调换

目 录

第一讲　玉工艺

　　中国古玉　　　　　　　　　　　　002
　　玉的应用　　　　　　　　　　　　008
　　玉的价值判断色泽问题　　　　　　015

第二讲　陶瓷及玻璃

　　中国古代陶瓷　　　　　　　　　　022
　　清初陶瓷加工　　　　　　　　　　029
　　玻璃工艺的历史探讨　　　　　　　044

第三讲　镜子史话

　　镜子的故事（上）　　　　　　　　052
　　镜子的故事（下）　　　　　　　　063
　　古代镜子的艺术　　　　　　　　　077

第四讲　漆器、螺甸工艺及马的艺术

  漆工艺问题　　　　　　　　　　　　086
  我们从古漆器可学些什么　　　　　　094
  螺甸工艺试探　　　　　　　　　　　102
  从一个马镫图案谈谈中国马具的发展及
  对于金铜漆镶嵌工艺的影响关系　　　120

第五讲　古人的"脚"与"手"

  谈辇舆　　　　　　　　　　　　　　144
  谈车乘　　　　　　　　　　　　　　150
  扇子史话　　　　　　　　　　　　　153

第六讲　织绣染缬

  谈锦——矩纹锦的本源及其发展　　　158
  织金锦　　　　　　　　　　　　　　164
  谈刺绣　　　　　　　　　　　　　　183
  谈染缬——蓝底白印花布的历史发展　196

第七讲　服饰与胡子

  从文物中所见古代服装材料和其他生活
  事物点点滴滴　　　　　　　　　　　206
  古代人的穿衣打扮　　　　　　　　　220
  我国古代人怎么穿衣打扮　　　　　　226
  宋元时装　　　　　　　　　　　　　232
  从文物来谈谈古人的胡子问题　　　　238

第八讲　龙凤和狮子艺术

  龙凤艺术——龙凤图案的应用和发展　　246
  鱼的艺术——鱼的图案在人民生活中的
  应用及发展　　252
  狮子在中国艺术上的应用及其发展　　258

第九讲　纸与字

  谈金花笺　　270
  谈写字（一）　　278
  谈写字（二）　　283

第一讲

玉工艺

　　由于玉本质的光莹润泽，和制作设计上的巧慧，做工的精练与谨严，特别是治玉工人对于材料的深刻理解，使它在中国古代美术史中，占有一个特别重要的位置。

中国古玉[1]

中国的雕玉艺术，是从石器时代磨治石器发展下来的一种特殊艺术。它的初期作品，在形态和花纹上的成就，我们目下实在还不大明白。只知道至迟在公元前十二世纪左右，殷商时代古坟中出土的种种雕玉，就显示出它在艺术上已达成熟期。后来雕玉技术中的平面透雕、线刻、浮雕和圆雕，种种不同表现方法，都已具备。并且可以看出已经熟练运用旋轮车盘，利用高硬度的宝石末，和用高硬度金属工具，来切磋琢磨。艺术上的特征，即把严峻雄壮和秀美活泼几种美学上的矛盾，极巧妙地融化统一起来，表现于同一作品中，得到非常的成功。无论大型玉戈和玉刀，或是一件小佩玉，效果总是相同的。由于玉本质的光莹润泽，和制作设计上的巧慧，做工的精练与谨严，特别是治玉工人对于材料的深刻理解，使它在中国古代美术史中，占有一个特别重要的位置。

中国历史文献称商代最后一个帝王纣辛，因人民反抗他的残暴政治，自焚于鹿台时，身边还有宝玉一亿有余。统治者大量雕玉的占有，充分反映出中国奴隶社会的末期，奴隶主和奴隶之间的阶级对立，如何尖锐显明。当时一般人民进行生产、种植和狩猎，大都还使用石斧、石镰、蚌锯和石、骨、蚌箭头做生产工具，统治者却用精美玉器装饰他心爱的狗、马和本人一身。这时期的玉器制作，自然多出于有技术的奴隶双手。

---

[1] 本文约作于20世纪50年代前期。

大致可以分作两部分：

一、大型玉多属玉兵器和礼仪上用玉。兵器中有玉戈、玉矛头和玉斧钺等等，有的还镶嵌在刻有非常精美花纹的青铜柄上。礼仪用玉有圆形玉璧，筒状玉琮，齿轮状玉璇玑，等等。

二、小件佩玉多从日用工具发展而来，大部分还不完全脱离实用范围，如玉鱼璜可作小刀，玉觿可以解结。一部分又反映古代社会风俗习惯，特别生物如玉龙、凤，常见生物如玉牛、玉虎，和燕、雀、蛙、兔，龙、凤多用双线碾刻，制作异常精美，鸟、兽、虫、鱼等生物，多用平面透雕，刻法简朴而生动。

玉材大致可分白玉和灰青玉二系，还有比较少量的绿色硬玉。材料来源有从本土较近区域内取得的，也有从万里外西北和阗昆仑山下河谷中取得的。属于本土生产的，古称蓝田出美玉，或以为即陕西长安附近的蓝田。从和阗河谷中采取的，可以说明我国古代西北的交通，实远在三千年前。采玉必有专工，并且用的还是女工人（不过有关这种记载，是在公元后七世纪的唐代才发现的）。

雕玉必用金刚砂，别名解玉砂，唐代贡赋名目中，忻州每年就贡解玉砂六十斤。周代只知道玉作有工正专官，主持生产。从河中采取的名"子儿玉"，大小有一定限度；从山上凿取的名"山材玉"，有大过千斤的。汉代虽已见出使用山材玉的情形，但直到公元后十三世纪，才使用大件山材玉。

周代前后八百年间（公元前十二世纪到公元前五世纪），雕玉工艺随同时代有不断进一步发展。主要是雕玉和中国初期封建社会，发生了紧密的结合，成为封建制度一部分。周代初年，虽把从殷商政府得来的大量宝玉，分散于诸侯臣民，表示有道德的帝王，把人民看得比宝玉还重要。但在公元前八世纪间，却出了个好探险、喜游历的帝王，驾了八骏马的车子，往中国西方去寻玉，直到昆仑山下，留下了一个穆天子会西王母的故事，影响到中国文学艺术和宗教情感二千多年，成为一个美丽神话传说的主题。

周代大型雕玉，由戈、矛、斧、钺衍变而成的圭、璋、璜、琮、璧，和当时青铜器中的钟鼎，都是诸侯王国分封不可少的东西，政治权威的象征，同有无比尊贵地位的。这种大型雕玉，特别是陕西出土，有可能是商周之际制作的薄质黑玉刀，一部分还依旧保持实用工具的作用，锋利坚刚，可以割切肉食。随后才成为种种仪式上的定型。器物中最重要的是圭、璧，既然是政治权威的象征，还兼具最高货币的意义。诸侯王分封，诸侯之间彼此聘问通好，此外祭祷名山大川、天地社稷诸神，婚丧庆吊诸事，都少不了要用到。后来加入由石庖丁衍变而成的玉璋、外方内圆近于机织衡木的琮、破璧而成半月形的璜，以及形制不甚明确的琥，玉中五瑞或六瑞的说法，因之成立。当时国家用玉极多，还特别设立有典守玉器的专官，保管收藏。遇国有大事，就把具典型性的重器陈列出来，供人观看。玉的应用也起始逐渐扩大了范围，到士大夫生活各方面去。商周之际，惟帝王诸侯才能赏玩的。晚周春秋以来，一个代表新兴阶级的知识分子，也有了用玉装饰身体的风气，因此有"君子无故玉不去身"的说法。并且认为玉有七种高尚的品德，恰和当时社会所要求于一个正人君子的品德相称，因之雕玉又具有一种人格的象征，社会更加普遍重视玉。这里说的还仅指男子佩玉。至于当时贵族女子，则成组列的雕玉环佩，已经有了一定制度。孔子删辑古诗时，诗中提起玉佩处就极多。花纹上的发展，则和同时青铜器纹饰的发展有密切的联系，大致可分作三个段落，即西周、春秋和战国。礼仪用玉如圭、璧，多素朴无纹饰，或仅具简单云纹。佩服用玉因金工具的进步，发展了成定型的回云纹和谷状凸起纹，和比较复杂有连续性的双线盘虬纹。佩服玉中如龙环、鱼璜，和牺首兽面装饰镶嵌用玉，一部分犹保留商代雕玉做法，一部分特别发展了弯曲状云纹玉龙。玉的使用范围虽明显日益广大，一般做工却不如商代之精。大型璧在各种应用上，已有不同尺寸代表不同等级和用途，但比较普通的璧，多具一定格式，以席纹云纹为主要装饰。有一种用途不甚明确成对透雕玉龙，制作风格雄劲而浑朴，作风直影响到西汉，还不大变。这种薄片透雕青玉龙，过去人多以为是公元前二三世纪间制作的，近来才明白实创始于周代，至晚在公元前六世纪，就已成定型。

中国雕玉和中国古代社会既有密切联系，玉工艺新的进步，和旧形式的解放，也和社会发展矛盾蜕变同时，实在公元前五世纪的战国时代。那时社会旧封建制度已逐渐崩溃解体，由周初千余国并为百余国，再兼并为五霸七雄，一面解除了旧的王权政治制度上的束缚，另一面也解放了艺术思想上的因袭。更因商业资本的发达流转，促进了交通和贸易，虽古语有"白璧无价""美玉不鬻于市"的成规，雕玉艺术和玉材的选择，因此却得到空前的提高。相玉有了专工，雕玉有了专家，历史上著名的和氏连城璧，就产生于这个时代。韩非著述中叙卞和故事说，平民卞和，发现了一个玉璞后，就把它献给国王，相玉专工却以为是顽石，因此卞和被罚，一只脚去掉了膝盖骨。后又拿去呈献，玉工依然说是顽石，因此把两脚弄坏。断了脚的卞和，还深信自己见解正确，抱着那个玉璞哭泣，泪尽血出，悲伤世无识玉的人。后来玉经雕琢，果然成一个精美无比的玉璧。司马迁作《史记》，说璧归赵国所有，诸侯都非常歆羡。秦王自恃兵力强大，就派人来取玉，并诈说用五个城市交换。赵王不得已，派蔺相如带璧入秦国，见秦王无意履行前约，因用计完璧归赵。故事流传二千余年，还十分动人。和氏璧真实情形已不得而知。至于同时代因诸侯好玉社会重玉成为一种风气后，而提高了的雕玉艺术，则从近三十年在河南洛阳附近的金村，和河南辉县地方发现的各种精美玉器，已经完全证实这个时代的雕玉风格和品质。花纹制作的精美，玉质的光莹明澈，以及对于每一件雕玉在造型和花纹相互关系上，所表现的高度艺术谐调性，都可以说是空前的。特别是金村玉中的玉奁、玉羽觞，和几件小佩玉，故宫博物院收藏一件玉灯台，和三四种中型白玉璧，科学院考古所在辉县发掘的一个白玉璜，一个错金银嵌小玉玦的带钩，无一不显明指示出，这个时代雕玉工艺无可比拟的成就。在应用方面，这个时期又开辟了两个新用途，一是青铜兵器长短剑，柄部和剑鞘的装饰玉，二是玉带钩。这两方面更特别发展了小件玉的浮雕和半圆雕。至于技术风格上的特征，则纹饰中的小点云乳纹，和连续方折云纹，已成通用格式。又线刻盘虺纹，有精细如发，花纹活泼而谨严，必借扩大镜方能看清楚花纹组织的。由于应用上的习惯，形成制作上的风格，最显著的是带钩上镶嵌用玉，和成组列的佩服玉，特别发展了种种海马式的弯曲形透雕玉龙。极重要发现，是金村出土的一全份用金丝纽绳贯串起来的龙形玉佩。至于玉具剑上的装饰玉，又发展了浅浮细碾方折云纹，和半圆雕的变形龙纹（大小螭虎）。圆形玉璧也起始打破了本来格式，在边沿上着二奔龙和中心透雕盘夔。一般雕玉应用图案使用兽物对象，有由复杂趋于简化情形，远不如商代向自然界取材之丰富。但由于从旋曲规律中深刻掌握住了物象的生动姿态，和商代或周初玉比较，即更容易见出新的特征。换言之，雄秀与活泼，是战国时代一般工艺——如青铜器和漆器的特征，更是雕玉工艺的特征。雕玉重品质，选择极精，也数这个时期……近三十年这种种新的发现，不仅对于历史科学工作者是一种崭新的启示，也为世界古代美术史提示出一份重要新资料。

西汉继承了这个优秀传统，作多方面的发展，用玉风气日益普遍，但在技术上不免逐渐失去本来的精细、活泼，而见得日益呆板，因之比较简质的半圆雕辟邪，应用到各种雕玉上去，也起始用到玉璧类。汉武帝时，因西域大量玉材入关，配合政治上和宗教上的需要，仿古制雕玉，于是又成为一时风气。二尺长大玉刀，径尺大素玉璧，和礼制上六瑞玉其他诸瑞，汉代都有制作。由武帝到王莽摄政一段时期，祀事上用玉格外多。大型青玉璧中刻云纹或蒲席纹，外沿刻夔凤虬龙，制作雄壮而浑朴。大型璜块也刻镂精工，然终不如周代自然。这时期社会崇尚玉色，照古玉书所称，贵重难得的玉计四种：黑玉必黑如点漆，黄玉必黄如蒸栗，赤玉必赤如鸡冠，白玉必白如截肪，才够得上美玉称呼。但汉坟中发现的却多白玉和青苍玉。所谓白如截肪，即后世的羊脂玉，汉代小件佩玉中的盾形佩，和玉具剑上的装饰玉，都常见到。礼仪祀事用玉，则多用白、青和菜碧玉做成。又因大件重过百斤的山材玉起始入关，影响到汉代建筑装饰用玉也极多。政府工官尚方制作有一定格式的大型青玉璧，已成为当时变形货币，诸侯王朝觐就必需一个用白鹿皮作垫的玉璧。诸侯王郡守从尚方购置时，每璧得出五铢钱四十万个。因之也成了政府向下属聚敛的一种制度。宫廷中门屏柱橼间，则到处悬挂这种玉璧作为装饰。玉具剑上的雕玉，更发展了种种不同半圆雕和细碾云纹，风行一时。汉代重厚葬，用玉种类也更具体，有了一定制度。例如手中必握二玉豚，口中必有一扁玉蝉，此外眼、耳、鼻孔无不有小件雕玉填塞。胸肩之际必着一玉璧或数玉璧。贵族中有身份的，还用玉片裹身作玉甲。此外平时一般厌胜用玉，如人形玉翁仲，方柱形玉刚卯，在汉墓中都是常见之物。当时小件精美雕玉是得到社会爱好，有个物质基础的。西汉末通人桓谭就提起过，见一小小玉器，竟值钱二万。当时山东出的一匹上等细薄绸料和绣类，还只值钱一万五千！

出土汉玉较多，后人玩玉，因难于掌握时代，于是都把它叫作汉玉，式样古旧一些的又称三代玉。定名也大都无确切根据。其实由商到汉，前后约十三四个世纪，雕玉花纹和形制，各代是不尽相同的。玉材也不相同。且因入土时间有长短，各地土质又不一，时代性和区域性，因之显著明白。照历史时代可分作殷商、西周、春秋战国和汉代。照风格分商和西周为一段，春秋为一段，战国到西汉初为一段，东汉为一段。但雕玉工艺虽有其时代性，却由于工艺传统也有其连续性，严格的区别还是不可能的。

中国好玉风气，和雕玉艺术，同汉代政治一样，结束于公元后一世纪左右。文献上虽还叙述到汉末名人曹丕、吴质等人用玉具剑作礼物赠答，但古代玉佩制当时即已失传，幸得王粲从当时博学的蔡邕学习过，才恢复典礼中的玉佩制。近年山东发掘汉末著名诗人曹植坟墓出土玉佩数种，制作简朴而无风格可言，也可以证实这个时代的确是中国古代雕玉艺术的衰落期。此后不久，到晋代，因鲜卑、东胡、西羌诸民族陆续入侵北中国，致做成中国雕玉艺术中绝期四百余年，直到唐代，才又稍稍恢复，发展了第二期由唐到清代近一千年来的雕玉工艺。虽同是雕玉，它的方法基本上也还是相同的。但花纹的构成，和在社会上致用的意义，有些和前一期雕玉，就已大不相同了。这个区别是需要另作叙述的。

玉的应用[1]

玉的应用，是从石器应用挑选而来，所以一面保留石器的实用的种种，一面也就因为难得，很早即转到象征方面去，如圭，就是由石斧变化的；璋，是由石刀变化的；璧，是由圆石斧变化的。照现代地面知识，河南安阳殷墟，即发现过铜玉工作地，已分开。又商代玉雕琢已和牙骨铜器媲美，所以最低可以说，至少在三千二百年前，这个部门的雕刻美术生产品，已经用到分工的方式，为奴隶主大量生产。

玉的应用照中国文献记载，应当是从黄帝起始。提到这个问题，多引《越绝书·宝剑篇》，说轩辕神农以石为兵，黄帝以玉为兵。《越绝书》出世晚，对于中国史说明不可靠。但是这种传说和近代推论却相合。《中国通史简编》即用这个意见，认为黄帝是一个西方民族，用玉作兵器侵入黄河流域。大致商代，奴隶主对于玉的应用已极广泛，所以《逸周书·克殷篇》，说武王伐纣，纣自焚于鹿台，简直是用玉包裹一身。

玉的质度既坚硬，所以玉的雕刻术的发达，必和铜的应用有关。那就是说，玉的加工，大致是在商代。比较古的玉，必和石器差不多，只钻孔，磨光，刻镂少。

现在对于古玉的时代判断，比如玉斧类，一般方式即从花纹决定时代。作斧铲式，无花纹，打孔眼一面大一面小，或两面大中间小，孔圆而精，

---

[1] 本文作于20世纪50年代前期。

是古玉。大小一律是后作。这是一种判断。必需看玉材，作为补充知识。

玉材知识必从比较经验得来，图录不甚可靠。

到商代，玉纹饰多了些，有极精细的，如罗振玉藏的大玉刀，上面刻字多而精。但大多数重器，刻镂还少。可以作两种解释，如圭、璋多朴素，所谓大器不琢，作为天子权威象征，不必有过多花纹。玉器过于坚硬，难刻花纹。

在应用上，照周代人记载，是那么处理，把它和奴隶社会制度作紧密结合。

《周礼·考工记》"玉人"条说：

镇圭，天子守之；信圭，侯守之；躬圭，伯守之。

这就是说，这些变相的石刀，是归奴隶主掌握的，且居多用来镇压奴隶的。

璋，是天子巡狩时候祭山川的东西。巡狩是打猎，也是打仗。玉戚、玉钺都是斧类，武王伐纣砍这个奴隶主和当时宠姬妲己的头，就用的是玄钺、素钺，即是黑玉斧和白玉斧式武器。

圆形石斧到玉器上发展为三种，即璧、环、瑗。

这是日人滨田耕作的说法，或不尽可靠。因为中国细石器中发现的环状石器，即战国时的环或瑗，和石斧条件不合，倒像是古代货币代用品。璧、环等的说明多根据《尔雅正义》。它的区别是：孔小边大，名叫璧；孔大边小，名叫瑗；孔和边相等，名叫环。

璧到后来是重要东西，礼天、祭河、聘问都用它，象征最重礼物。由礼器又转为佩饰。比较小，就名叫系璧，意思是悬挂佩的。这个制度从周代起始。上刻半浮雕子母夔，大致是汉代才用到。普通常见三五种，多汉式。

朝鲜汉代古坟的发现，又让我们知道大璧用到殉葬，是放在胸前。比较后一些时代用的青铜镜，也放在胸前，可能就是这个方式的遗留转变。

系璧中一种佩饰玉，有个缺口的叫玦。

《广韵》说：

> 佩如环而有缺，逐臣待命于境，赐环则返，赐玦则绝。

其他史传上也常有提到，著名的如《史记》记项羽和刘邦鸿门宴时，项羽伏下甲士想害刘邦，范增累举玦给项羽看，表示要下决心，羽不忍。因此刘得借故逃脱。环则有还意思，也用到封建君臣男女关系象征上。后来一般用到衣袢上，直到唐宋和尚还用。

瑗和环用处同，荀子说"召人以瑗"，象征还。

又射箭时右手拇指扳弓弦用的和扳指相差不多的玉，也叫作玦，有玉和骨牙做的，吴大澂以为不是一物。这个或者名叫做韘。

半璧名叫璜。《周礼》称，大宗伯以玄璜礼北方，即祀地用的玉器。后来成为佩玉，由朴素到浮雕、透雕花纹，还有半圆雕双兽头的，是胸前装饰。

又有叫做珩的，式样相差不多。以为起源是模仿兽牙做成的。是蠡挂的。古诗常提起，大约是周代封建主和上大夫普通装饰。

古代祭天祭地是一件大事。因为社会生产力主要是农耕和蚕桑。地下生产又非靠雨露阳光不可。祭天用璧，祭地则用琮。琮是方柱形中空的玉。《周礼》即提起黄琮礼地之说。注为八方所宗，像地德。用来祭地，由王后主管。诸侯献天子也用它。有好几种，常见的是分段形刻纹和素的。内圆外方。有象征，解说不大清楚。有的说和井田制有关系。有的说是从商周之际祭家庭的中溜来的（影响到瓷器，广窑的琮瓶即模仿而成）。也用来殉葬。和璋璧、琮琥同。按照《周礼正义》说，是圭在左，璋在右，琥在足，璧在背，琮在腹。不大可信。和琮一样极短的，俗称车辋头，一般以为是封建主车轴的镶嵌装饰。似可疑。因从实物证明，有些极小，不适用。有些白玉质过精，不像车饰。可能用到人身上。

和琮同样不易理解的是璇玑。如一个齿轮，照例有三圭角，不雕花纹。

因《尚书》有"璇玑玉衡，以齐七政"，后人解释作天文用仪器。也即是汉代浑天仪，是看星宿用的，用法已不明白。也可能是石斧衍变下来的。这种玉多素朴不琢，时代旧。

磬本来是石质乐器，重在发音。商代发现过玉磬。是玉制乐器较古的。古乐器八音中之一种。

有名瑧的，如大纽扣，古代皮帽上用装饰。

有玉笄，插头上的，后变作簪。直到唐代贯发还用得着。明、清二代道士贯发也还用它，即圆柱簪。

珥，瑱，或以为是耳环，或以为葬时放耳朵内，说法不一。后代耳环从这个产生。罗振玉以为是挂在耳朵上。

封建时代用玉，一切有象征，这个也有象征，封建主不乱听杂声。正如冠冕上下垂的珠和勾玉，挂在眼前，防止乱看。

有刚卯，是四方或六方小玉柱，上刻符咒，是王莽时方士造作的，说可以辟兵，也就是后来符牌意思。

翁仲是小玉人，多刻作老头子形，刻法简单，多汉或以前物。大都有孔可穿，可能是仿秦始皇时南海出的长人，孩子们佩戴易于长大，如后时符牌厌胜物。

瓀，玉坠式佩玉，有圆雕，形短，多琮式。有琚，是玉佩间的东西，说明不大详。有觿，仿兽牙做成，即解结的锥。"礼"称童子佩觿，是小孩子用的。

玉既从石器发展下来，独立成一个系列。商周、两代用玉的多，一面可见出西方交通和商业交换制度，这也是一个主要东西。就文献所载和杂史材料，中国送出去的是丝绸或粮食（晚些日子才有茶叶），拿回来最有用的是马，最无用的就是玉。玉虽由应用石器转成象征东西，在璧、璜、圭、璋形态上还可看出。玉的加工精制，必是用铜器来处理材料时。到这时，玉自然已完全脱离了应用，成为装饰。这个从铜器上也可看出变化。商代兵器玉钺、玉戈，还兼用铜、玉在一器上。刃用玉，用铜镶嵌。又有以铜为主的兵器，镶一点玉。再后是剑鞘、靶、托的玉的装饰，也即是古书上常提到宝剑值千金的玉具剑。剑不一定值钱，价值大半在玉装饰雕工上。由战国到三国，成为一种风气。这从现存的遗物可知。

剑鞘中段名叫璲，璲（大多刻作云兽对称花纹，也有浮刻蟠夔的。时间晚些）。剑托名叫琫。又或作璏。剑柄部分叫琫。剑鞘下端叫珌。

汉代又讲究带钩，所谓视钩而异，意思是人人不同，很发展了小件浮刻圆雕设计。洛阳金村遗宝中有镶玉的。又另外有全玉的。《石玉概说》作者以为，因胡服马上应用，带钩因此不用玉用铜，是一种推测，不甚可信。因用铜，中国兵车战也会自用，春秋时即有了，不必学来的。带钩虽已少用玉，玉带制度却一直到唐宋明，十分贵重。这时，玉多是方片镶嵌，有的十二片成一围。清代复改制，一种是复古，盘龙盘螭，一种是刻龙。刻龙镶到金或鎏金的，制度容易认识。比较简略具体的区别，即明以前多圆刻，纹较简，清代多刻龙云，细密繁复。工虽多，并不美。

汉代既特别重玉饰，佩玉刻龙凤云是主体，式样特别多。另外还有玉鸠，是手杖头上用的，封建主尊敬老年，用这个作赏赐，因相传鸠不噎食，老年健康意。玩玉的也因此保存鸠杖头比较常见。

还有玉刻女人像，玉刻禽兽二十四肖，人多是一般佩件。为玩玉的所重视。又有方柱玉串，俗称十八子，十八枚形式不同，有人形，鸟形，和其他状式，多汉代或以前出土。

玉既贵重难得，所以封建奴隶主和公侯上大夫统治阶级，直到死后还把它殉葬。纣王用玉裹身而死，只知道名天智玉的，火焚不毁。周、汉两代殉葬玉，一部分是日用的，一部分是特别的。特别为死人用的有二种极重要：有玉豚，有的说握手用，有的说塞肛门用。象征意义已不明白。有琀，刻成蝉形，放口内，象征如蝉蜕化而升天。或根据方士黄帝成仙说而来。刻法都极简古，和翁仲，是刻玉法最简的，只用八刀。从何而来已不明白。

汉代王公大臣死，赏赐葬物有玉衣，多用小片玉金银丝穿成如甲状，汉墓中发现过。

玉鼎类容器，和铜器相同，多战国时和汉代器物。到后来只有香炉还保存。

玉碗、玉杯，记载多，实物不多。玉杯多刻云夔纹，作筒形。饮器多用玉、斝、爵、角、觥、斗、觞。玉斗是方杯，双耳。觥作兽形，大器。爵如雀，高足。

洛阳金村遗宝里面，玉觞特别好。也有素的。形制和周、汉漆陶觞式相同，长圆双翅，本来是象征鸟翅，后来通称双耳。所以到汉时叫耳杯。是漆器上写的。晋代王羲之著名的墨迹《兰亭序》曲水流觞，就是把这种有耳朵的船式喝酒器皿（大体还是用漆的）浮到水里，大家坐在溪边喝酒事。这故事据记称是周公经营洛邑发明的方法。到现在为止，我们还不曾发现这个时代的漆觞。玉觞多战国时制，到现在为止，应数金村所发现玉觞足代表当时最高成就。

还有一种东西和历史关系极大，即封建主用的即位玉玺，所谓传国宝。最著名的玉玺是相传秦始皇时李斯写字"受命于天，天禄永昌"八字玺。作皇帝得不到它，就不能骗人。从此二千年封建，封建头子的印信总是用玉刻的。

战国到汉代普通官人也用小玉印。战国多平坛式，桥式。汉多有浮刻点龟兽纽头。字体易区别，制作上也易区别，战国制精美过于汉代。

还有一种玉镜，战国和汉代，和铜镜式同。到后代似只在武装的甲上作装饰。汉代有琉璃镜，即人造玉镜，可以说是后代玻璃镜的祖先。

此外玉珠串、簪环、约指，直到现代还用。其中珠串用得最久，因从石器时代最初用起，到现代，女人永远少不了，和人发生关系，且恰恰是从锁链而来。到现代，应当如《共产党宣言》所说，无产阶级革命是去掉锁链，女人也应当把这个放弃了。

玉乐器的箫管，大多是唐代东西。记载上称，盗发敦煌太守张骏墓，得玉箫管等等。就文献说来，温峤用玉镜台一枚作聘礼，已是稀礼。晋代二豪门王恺、石崇斗富，比赛珊瑚大小，一用丝步幛，一用锦幛，提玉器

第一讲　玉工艺

不多。《水经注》提昆仑山下西王母神祠用玉做成，都说明晋人已对于这部门工艺不常用，成为传说。所以外国贡玉佛，到东昏侯时且被改作钗环，如玉多，哪用得着玉佛？所以晋六朝玉我们对它极少知识。如为唐代玉，比较容易辨识，即花纹。除仿古，花纹和唐代其他工艺美术必有相联系处，唐代已重玉带，多用玉片镶嵌而成。

玉的价值判断色泽问题 ①

王逸《正部》论：

> 或问"玉符"。曰："赤如鸡冠，黄如蒸栗，白如猪肪，黑如淳漆，玉之符也。"

《魏略》称：

> 窃见玉书，称美玉白如截肪，黑譬纯漆，赤似鸡冠，黄似蒸栗。

这种红玉古名琼，黑玉名玖，名瑎。《诗经》上即尝提及。黄色有的说如蒸栗，后名坩黄。白的即羊脂玉。这种白色名瑳。玉的价值和色泽有关，时代各有不同。到明代高濂著《遵生八笺》，以为：

> 玉以甘黄为上，羊脂色次之。黄为中色，白为偏色。

又说今人贱黄而贵白，以少见也。所说多本于《格古要论》。以黄玉为重，可能起于唐代，因唐、宋封建帝王多尚黄，牡丹也以黄为贵，是封建

---

① 本文作于20世纪50年代前期。

主色。白色则自古以来即重视，说美玉无瑕，多指羊脂玉或白玉而言。

明末宋应星著《天工开物》则以为，白、绿两种玉是真玉，其余红、黄应归入奇石琅玕一类。

明张应文《清秘藏》，又以为红色最贵。

大体说来，玉的价值从四方面决定：

一、纯洁光润，从品质定。

二、色彩，因时代习惯而定。

三、奇色，以稀少为贵。

四、刻工，设计奇巧精美为贵。

惟自明代起始，玩玉的风气一起，到清代直到民国，小件佩玉价值，忽然增高，每件到千百两银子。玉色的价值，又以殉葬玉受色沁出土经由人工盘摩现出的颜色决定。纯黑名水银浸，和玖玉的本色已大不相同。所谓五色玉，即一玉五色，价值特别高。完全是好古争奇结果。

如从汉代本简记载看来，说琅玕，说玫瑰，似所送的大都已琢成器，不是玉璞。也可能指明色泽，也可能只是文雅一点称呼。

又妇女用首饰，头上帽勒、耳环、手镯、戒指，翡翠绿玉的小小件头，动不动千百银子，而且直到现在，还是一种高价装饰品。市场大致以华南华侨及外国比较多。翡翠来源是缅甸腊戌边上，因此云南大理和昆明也保留治玉工艺，近几十年已大衰落，较重大器物多运香港、广州处理矣。

翡翠有结晶如晶片闪光的。绿而透明的名玻璃翠，极贵。也有白色和浅红的。

翡翠本鸟名，翡色即赤红色。但一般翡翠玉，多指绿色硬玉而言。绿玉也有极不值钱的，即菜绿玉。和所谓碧玉又有区别。

明代以前，菜绿玉琢器似不多，重要器多碧玉、白玉二色。

清代玉大多从新疆和阗来，器物用菜绿玉的较多。故宫所藏可见，似乎多从大片山材玉而来。这多指本色玉言。汉王逸称古玉，所说四种美玉，和《诗经》上常用到的对于美玉的形容，可知赵国的和氏璧、楚国的白珩等等不离乎四种色泽。战国时，和氏璧价值十五城，《战国策》上形容美玉且以为有一看也值十城的。说得虽嫌夸张，惟玉价之贵，也可想见。

桓谭是西汉宋时人，《新论》即说，见一玉检，有人给价至三万，还不出售，应值十余万的。十余万钱在王莽时实不是一个小数目，比当时奴隶价就高多了的。古诗常说宝剑值千金，其所以值千金，一部分或在玉的装饰上，所谓玉具剑，即在剑鞘、剑鼻、剑护手、剑柄的装饰玉上。

清代人袭明人旧习气，封建士大夫多玩玉。玉价因之特别提高，但爱重的已不在器物大件。供手中把玩的旧玉，似乎特别容易受重视。因此玉价在色泽上应分别为文字学上的和玩古董的两类。如称玉有九色，元如澄水曰瑿，蓝如靛淀曰碧，青如藓苔曰瑲，绿如翠羽曰瓐，黄如蒸栗曰玪，赤如丹砂曰琼，紫如凝血曰璊，黑如墨光曰瑎，白如割肪曰瑳。白色又分九等，赤白斑花曰瑛。此新玉、古玉自然之本色。

至于旧玉，从玩古出发，则又分别外浸、内沁色泽，各因接触浸染不同而作各种颜色。玩古的以为各种颜色多随地下水银沁入。受黄土沁名坩黄，受松香则名老坩黄，更好。受靛青沁色即蓝，色如青天，名坩青。受石灰沁色红，色如碧桃，名孩儿面（注称酷似碧璊。也即和石榴子同色）。受水银沁色黑，色如乌金名曰纯漆古。受血沁的色赤，有浓淡分别，名枣皮红。受铜沁色绿，名鹦哥绿。

此外还有朱砂红，鸡血红，棕毛紫，茄皮紫，松花绿，白果绿，秋葵黄，老酒黄，鱼肚白，糙米白，虾子青，鼻涕青，雨过天青，澄潭水苍……总名十三彩。

另有虾蟆皮，洒珠点，翠磁文，牛毛文，唐斓斑等等名目。

把玩玉多从受热摩挲而得。这些颜色究竟是在地下如何形成，玩古的说法可能有所根据，实不易考。上面所说各色，多从明人记载，为清代玩玉专家陈性，在清末著的书中提及。另一刘心白，补充《玉纪》，为加上鱼肚白，鸡骨白，米点白，糙米白，青有蟹壳青，竹叶青，酱瓣紫，墨有纯漆黑，陈墨黑……这种种不同颜色，多是在出土玉经过盘功盘出的。凡是古玉，红色牛毛纹是其通性。《玉纪》补作者，以为这是人的精神沁入玉之腠理，血丝如毛，铺满玉上，而玉色润满无土斑，才是真的。

第一讲　玉工艺

由玩古出发，清代特重红玉，红色名目也就分外多。计有宝石红，鸡血红，朱砂红，樱桃红，洒金红，枣皮红，膏药红等等。大多出古董商人说出的，但积因成习，早代替了文字学上对于玉的色泽称呼，为玩古的所熟悉。一般最贵重鸡骨白和水银浸。鸡骨白如象牙，玩玉的以为受地火所炙变成。多汉代以前玉。鸡骨白或者以商玉为多。特点是镂刻简，制度严。微黄又名象牙白。泛青又名鱼骨白。这种色泽的旧玉，虽加工也不能再复原。水银浸有夹土斑的，纯黑中见朱砂点，加工复原时淡黑色成深青色，朱砂点变黄色。如本来是白玉，结果见五彩。不夹土斑的，纯黑如漆。在日光下照，赤如鸡冠。又有水银古，在水中映照，有银星闪闪的真。这种种都出于玩玉者的说法。这种颜色必加工而成。加工方法计两种，一藏身上俟热用布摩挲，二在水中煮。因大多出土古玉，所谓生坑玉，和土壤石块相近，已失去玉的本来，不经人工是看不出的。

近代玩玉者之一，刘大同著《古玉辨》，对于这一点又总结前人经验补充新知，有些发挥。

红如血曰血古，微红曰尸古，水银沁曰黑漆古，纯白曰鸡骨白，微黄曰象牙白，微青曰鱼骨白。且以为受色沁不止九种，多到十多种，和瓷器中的窑变相同。由于玩玉而起，因此还有许多不同名称，如：

两色的称"黑白分明"，又名"天地玄黄"；

三色为"三光照耀"，又作"三元及第"，广东南洋名"桃园结义"；

四色名"四维生辉"，又名"福禄寿喜"；

五色为"五星聚魁"，又名"五福呈祥"，通称"清五彩"；

杂色到十五六种名"群仙上寿"或"万福攸同"，通称"混五彩"。

另有铁莲青，桃花红，雪白，栗黄等等。另外尚有"秋葵西向""孤雁宿滩""银湾浮萍"等等名目，都载于《古玉辨》中，从名目看，就可知这是玩玉的和无多知识的商贾定下的名称，大致清代风气做成的。古称"良玉无价"，又谚语说"玉得五色沁，胜过十万金"，都可见出一种封建的病态嗜好，发展到极端时情形。和玉工艺已无多关系。这种嗜好是一直延长到现代，一部分封建遗老还未放弃的。由于这种嗜好影响到石印章，由明到清——到民国后，印章中的田黄，鸡血红，芙蓉白，苹果青，价值有时竟超过玉价百倍。

惟对于玉的颜色尊重，来源其实也就很古。玉书所举四色，至少是汉代一般认识。最先或者还是和宗教仪式有关，受阴阳家、儒家阴阳五行说，放到封建制度上去应用结果。

《周礼》即说得很清楚：

> 苍璧礼天（古璧多青玉可证），黄琮礼地（琮多黄白玉），青圭礼东方，赤璋礼南方，白琥礼西方。

多和五行说相通，颜色必有所象征。和后代玩玉的对于颜色爱好是两件事。《吕氏春秋》称，封建帝王按时季服用青、赤、黄、白玄玉。如服指的是食玉，也即是古方士骗帝王用的方法，如《抱朴子》一书所说的把玉碾末和天上天然露水服下，那么封建主当时如吃玉，还是按四季用不同色泽的。

明、清二代既因玩玉的把玉价抬高到比金子数倍或十数倍，因此自然即有伪造的杂色玉。这种作伪方法，几种玩玉专书都提到，《古玉辨》把它归纳成如下几项：

用虹光草加脑砂染玉，用竹枝火烤炙，即成红玉，名老提油。用乌木屑煨炙，玉即黑，名新提油。用红木屑煨，色即红。近代玉工多用这个方法。

又把羊腿割开，把玉放羊肉中，埋地下三五年，即取出一盘，即如古玉，名羊玉。

又杀狗乘热把玉放狗腹中，埋地下三五年，也可成土古，名狗玉。

用乌梅水煮玉，也可成水坑古。

造鸡骨白多用火烧玉，淬入水中或用水泼玉上即成。

用玉在乌梅水中煮，乘热放风雪中，或冰箱中，即可成伪牛毛纹。

又用毛坯玉器，用铁屑拌和，用熟醋淬玉，埋地下几个月，就可成铁锈。起橘皮纹，铁锈作深红色，煮煮即变黑。且有土斑，不容易盘出。

总之，用硇砂、红木、乌木、紫檀、蓝靛，做成细末，把玉搁到里面，用火煨烤，都能染玉变色。想一部分变，一部分不变，就用石膏粉贴一部分，这部分即保留本色。

作伪地方，照《古玉辨》计七处，长安为最，其次是苏州、杭州、河南洛阳、山东掖县（今莱州市）、潍县及北京。长安、洛阳、潍县、北京多同时是造伪铜器、石刻、泥俑地方，既有高度商业价值，因之作伪也相当精。所以玩玉的对于这些地方的假古董，也不易于鉴别。

玉生产地在新疆分白玉河、绿玉河、乌玉河，出玉多不同。经近人考查，以为不可尽信。惟新疆产玉和缅甸产玉，性质似易区别。翡翠绿玉大多出于缅甸。

古玉出土，以陕西、甘肃多而好，冀、鲁、豫、晋、皖北徐扬较次。其余不受称道。这也可见玉的大规模应用，是在封建初期和铜器文化相并行，到汉末已成尾声。封建初期文化在黄河流域，淮河以南不大发现美玉，道理易明。惟近三十年古坟、古墓发掘日多，如朝鲜汉墓的发掘，因此明白璧殉葬用在胸部，玉豚用在掌握中，并明白古称玉具剑几种装饰。既多明白了些古代用玉的方法，也说明玉的流动性，实随封建社会而存在。《玉雅》并称，广东发汉墓，也发现玉具剑上的玉饰件璏或璲。可以证明古玉的分布，不限于淮北。生产地虽来自西方，封建制度所到的地方，都可能发现的。这种玉饰件就现在见到的说来，用的多是白玉，讲究的大体是白玉。碾和刻纹较多，浮雕较少。云龙兽夔纹多，盘螭少。最讲究部分在剑护手。战国或以前琢磨制度似比汉代精致。浮刻方法可以和铜器比较，但巧艺过之。因铜器从泥砂范铸成，下手易。玉为琢磨而成，施工难。所以当时玉具剑之所以贵重，既重在玉质，又重在工艺。正如带钩，从方寸材料间可以见出种种不同作风。

第二讲
陶瓷及玻璃

由康熙、雍正到乾隆,前后一百三十多年时间中,就整个中国陶瓷发展史算来,不过占时间五十分之一左右。即从北宋景德镇生产影青瓷起始,也只占时间八分之一左右。但是,这百多年中,景德镇瓷生产却随同社会其他生产发展,史无前例,突飞猛进,创造了瓷器艺术空前纪录,仿古和创新,无不做得尽美尽善,达到瓷器艺术高峰。

唐代镜子工艺可说是青铜工艺的尾声,然而也是压轴戏,许多作品真可说近于神工鬼斧,达到金属工艺浮雕技术最高水平。

中国古代陶瓷[1]

陶瓷发展史是民族文化发展史的一部分。

中国有代表性的史前陶器，是三条胖腿的鬲。鬲的产生过程，目下我们还不大明白，有的专家认为是从三个尖锥形的瓶子合并而成的。当时没有锅灶，用鬲在火上烹煮东西，实在非常相宜。比较原始的鬲，近于用泥捏成，做法还十分简单。后来才加印上些绳子纹，并且起始注重造型，使它既合用，又美观。进入历史时期，鬲依然被广泛使用，却已经有另外两种主要陶器产生，考古学者叫它做彩陶和黑陶。

彩陶出土范围极广，时间前后相差也很大。研究它的因此把它分作数期，但年代终难确定。河南、陕西、甘肃、山西黄河流域一带发现的，时期比较接近，但更新的发现还不断在修正过去的估计。这是一种用红黄色细质泥土做胎，颈肩部分绘有种种黑色花纹，样子又大方又美观的陶器。工艺制造照例反映民族情感和气魄。看看这些彩陶，我们可以明白，古代祖国人民的性格历来就是健康、明朗、质朴和爱美的。

比彩陶时代稍晚些，又有一种黑陶在山东产生，是一九二一年在日照县城子崖发现的。用细泥土做胎，经过较高火度才烧成。黑陶的特征是素朴少装饰，胎质极薄，十分讲究造型。同时还发现过一个旧窑址，因此把烧造的方法也弄明白了。有一片残破黑陶器，上面刻划了几个字，很像

---

[1] 本文原载1953年10月《新观察》第19期。

"网获六鱼一小龟"，可以说是中国陶器上出现的最早期文字。少数历史学者，想把这些东西配合古代历史传说，认为是尧、舜时代的遗物。这一点意见，目前还没有得到科学考古专家的承认。

代表文字成熟时期的最重要发现，是在河南安阳县洹水边古墓群里出土的四种不同陶器（因为和大量龟甲文字同时出土，已经确定这是三千二百年前殷商时代的东西）：

一、普通使用的灰陶。

二、山东城子崖系的黑陶。

三、完全新型的白陶。

四、带灰黄釉的薄质硬陶。

灰陶在当时应用极普遍，大小墓中都有，而且特别具有发展性。到了周代，记载上就提起过用它做大瓦棺。春秋战国时，燕国都城造房子，用瓦已大到两尺多长，还印有极精美的三角形云龙花纹。又有刻花的墙砖，合抱大陶鼎，径尺大瓦头，图案都十分壮丽。在长安、洛阳一带汉代古墓里，还发现过许多印花空心大砖，每块约七十斤重，五尺多长，上面全是种种好看花纹，有作动植物和游猎车马图案的，有作一条非常矫健活泼龙形的。这些大砖，图案极为精美，设计又合乎科学，表现出了古代中华民族的伟大气魄和切实精神，也表现了古代工人的智慧和优秀技术。由此发展，二千年来，中国驰名于世界的古代建筑艺术，特别是一千七百年前晋代以来塔的建造和唐、宋、明、清典型的宫殿建筑，更加显出民族艺术的壮美和崇高。

在商代坟墓中的黑陶，有几件是雕塑品，装饰在墓壁间，可以推想在当时已经是比较珍贵的生产。后来浙江良渚镇也发现过一些黑陶，时代还不易估定。近年来河南辉县又发现过一些战国时期的黑陶鼎，北京郊外也发现过一些汉代黑陶朱画杯盘，都可以说是古代黑陶的近亲。

至于白陶的出现，实在是文化史上一件大事情，因此这种花纹精美、形式庄严的白质陶器，在世界陶瓷美术史中，占据了首席位置。它的花纹和造型，虽不如同时期青铜器复杂多样，有几种却和当时织出的丝绸花纹相通。重要的是品质已具有白瓷的规模。后来唐代河北烧造的邢瓷，宋代的定瓷，虽和它相去已二千年，还是由它发展而来。

另外重要的发现是涂有一层薄薄黄釉的陶器，明白指示我们，三千年以来，聪敏优秀的中国陶瓷工人，就已经知道敷釉是一种特别有进步发展性的技术加工。这种陶器的特征，胎质比其他三种都薄些，釉色黄中泛青，釉下有简单水纹线条，本质已具备了瓷器所要求的各种条件，恰是后来一切青绿釉瓷器的老大哥。

随后又有四种不同的日用釉陶，在不同地区出现。

第一类是翠绿釉陶器，当时用作墓中殉葬品，风气较先，或从洛阳、长安创始。主要器物多是酒器中的壶、尊和羽觞，近于死人玩具的杂器，有楼房、猪羊圈、仓库、井灶和种种不同的陶俑。此外还有焚香用的博山炉，是依照当时神话传说中的海上蓬莱三山风景做成的。主要纹样是浮雕狩猎纹。这种翠绿色亮釉的配合技术，有可能是当时方士从别处传来的。在先或只帝王宫廷中使用，到东汉才普遍使用。

第二类是栗黄色加彩亮釉陶器。在陕西宝鸡县（今宝鸡市陈仓区）斗鸡台地方得到，产生时代约在西汉末王莽称帝前后，器物有各式各样，特征是釉泽深黄而光亮，还着上粉、绿釉彩带子式装饰，色调比例配合得非常新颖，在造型风格上也大有进步。一切从实用出发，可是十分美观。两种釉色的原理，恰指示了后来唐代三彩陶器，和明、清琉璃陶一个极正确的发展方向。

第三类是茶黄色釉陶器，起始发现于淮河流域，形式多和战国时代青铜器中的罍、罍差不多。釉色、胎质，上可以承商代釉陶，好像是它极近的亲属，下可以接长江南北三国以来青釉陶器，作成青瓷的先驱。

第四类极重要的发现，是一份浅绿釉色陶器，也可以说是早期青瓷器。是河南信阳县（今信阳市）擂鼓台东汉永元十年坟墓中挖出来的。这份陶器花纹、形式、釉色都和汉代薄铜器一样。胎质、硬度已完全如瓷器，目下我们说汉代青瓷器，就常用它作代表。这些青绿釉陶启示了我们对中国陶瓷发展的新认识。即二千年前陶釉的颜色，特别发展了青绿釉，实由于有计划取法铜器而来。可能有三种不同原因，才促进技术上的成功：

一、从西汉以来节葬的主张到东汉社会起了相当作用。

二、社会经济发展，铸钱用铜需要量渐多，一般殉葬器物受限制，因而发明用釉陶代替铜器。

三、釉陶当时是一种时髦东西，随社会经济高度发展而来。

从上面发现的四种着釉陶器看来，我们可以肯定，陶器上釉至迟到西汉末年，就已成为一种正常的生产。先是釉料中的赭黄和翠绿，在技术上能正确控制，随后才是仿铜绿釉得到成功。但就出土遗物比较，早期绿釉陶器的生产价值，可能比同时期的铜器还高些。因为制作上的精美，就是一般出土汉代铜器不如的。陶器形态也起始有了很多新变化，一切从实用出发。例如现代西南乡村中还使用的褐釉陶器，在信阳出土一千八百年前陶器中，就已经发现过。现代泡酸菜用的覆水坛子，宝鸡县（今宝鸡市陈仓区）出土二千年前带彩陶器中也已发现，并且有了好多种不同式样。

这些划时代的新型陶器，除实用外还十分结实美观，这也正是中国陶瓷传统的优点。这时节还有一种和陶釉有密切联系的工艺生产，即玻璃器的制作，同样有较多方面的展开。小件彩琉璃珠装饰品，各地汉墓中都陆续有发现（西北新疆沙漠废墟中，朝鲜汉代人坟墓里，长沙东汉墓等，都陆续有发现），其中做得格外精美的，是一种小喇叭花式明蓝色的耳珰，和粉紫色长方柱形器物。仿玉色做成的料璧，即《汉书》中说的"璧琉璃"，也常和其他文物在汉墓中出现。又如当时最见时髦性的玉具剑，剑柄、剑鞘用四五种玉，也有用玉色琉璃做的。至于各色玻璃碗，史传中虽提起过，实物发现的时代，却似乎稍晚些。

但是由汉代绿釉陶器到宋代的官、钧、哥、汝四种著名世界的青白瓷器，中间却有约八百年一段长时间，中国陶瓷发展的情形，我们不明白。它的进步过程，在文献上虽有些记载，实物知识可极贫乏。因此赏鉴家叙述中国瓷器发展史时，由于知识限制，多把宋瓷当成一个分界点，以前种种只是简简单单胡胡涂涂交代过去。一千七百年前的晋代人，文件中虽提起过中国南方出产的东瓯、白坩和缥青瓷，可无人能知道白坩和缥青瓷的正确釉色、品质和式样。中国人喝茶的习惯，南方人起始于晋代，东瓯、白坩即用于喝茶。南北普遍喝茶成为风气是中唐以后。当时有个喝茶的内行陆羽，著了一部《茶经》，提起过唐代各地茶具名瓷，虽说起越州青瓷如玉，邢州白瓷如雪，同受天下人重视；四川大邑白瓷，又因杜甫诗介绍而著名；到唐末五代，江浙还出产过一种秘色瓷，和北方传说的柴世宗皇帝造的"雨过天青"柴窑瓷，遥遥相对，都是著名作品，可是这些瓷器的真实具体情况，知道的人是不多的。经过历史上几回大变故，例如宋代为辽金的战事所破坏，元代一百年的暴力统治，因此明代以来的记载，就更加不具体。著名世界的公家收藏如故宫博物院对于旧瓷定名，也因之无一定标准。问题的逐渐得到解决，是由一系列的新发现，帮助启发了我们，才慢慢搞清楚的。

先是一九三〇年前后，河南安阳隋代古墓的开发得到了一份陶器，极引人注意的，是几个灰青釉四个小耳的罐子，和几个白瓷小杯子。墓志写明这坟里的死人名叫卜仁，是隋仁寿三年埋葬的。重要处是青釉瓷和汉绿釉发生了联系，白釉瓷杯还是新记录。差不多同时，中国南方古越州窑的种种，经过陈万里先生的调查收集，编印了一部《越器图录》，也初步丰富了我们许多越系青瓷的知识。特别重要是一九三六年以来，浙江绍兴地方因修公路挖了约三千座古墓，墓中大量青瓷的发现和墓中出土的有字坟砖，刻画人物车马的青铜镜子，经过一九三七年《文澜学报》上的报告，让我们明白这份青瓷的时代，实包括了由三国时东吴一直到唐代，前后约六百年，标准的缥青瓷和越青瓷，都可从这份瓷器中得到实物印证。这前后六百年中国南方绿釉瓷的发展史的空隙，就和有了一道桥梁一样，前后贯串起来了。也因此明白此后宋代南方生产驰名世界的哥窑和龙泉窑，修内司官窑，都有了个来龙去脉，不是凭空创造，被人当成奇迹看待。优秀传统底子，所以它的发展，倒是历史必然了。

至于北方青瓷的发展，从汉代到隋代，中间依然还有五百年的空隙，无从填满。北方古董店虽常有一种灰青釉或翠青釉瓶罐杂器，从胎质、釉色、纹片看来，都比唐代白瓷器旧些，比汉釉陶又似乎晚些，一般人常叫它做"古青瓷"。真正时代却无人知道。另外即五代后周柴氏在显德中烧造的柴窑，因传说中的"雨过天青"釉色而著名。明、清人笔记辗转抄引，更增加了它的地位，可是却有名无实。明代以来记载，矛盾百出，看不出真正问题。种种附会随之而来，假柴窑因此南北流行。廓清这种传说和伪托，也是要从地下新的发现来解决的。

新中国建立为社会带来了无限光明的希望，对于中国陶瓷史的知识，也得到了一种新的光明照耀，豁然开朗。一九五〇年，华北人民政府拨给历史博物馆一大批文物，其中有一份陶瓷，是河北省景县人民发掘出土的。器物中有孔雀绿釉，有栗壳黄釉，还有很多浅青釉和淡黄釉的杯碗，一件豆青杂釉的高脚盘，三个高约三尺、堆雕莲花大型青釉尊，和一蓝一白两个玻璃碗。若仅此完事，我们还会以为大致是唐宋之际的东西。可是另外还有一些素铜器和素陶器，陶骑士俑和男女俑，都可证明确是北魏以来遗物。更重要的是两方墓志和几方铜印，让我们明白，原来还是一千五六百年前南北史中有名的封家墓葬中器物！这一来，一道新的桥梁，把北方青瓷发展历史，也完全沟通了。这份陶瓷，从釉色，从式样，为我们提供了许多新鲜确实的物证，不啻告诉我们，它既上承汉代青黄釉陶的优秀传统，有了进一步的提高，下还启发了隋、唐二代北方的三彩陶和邢州白釉瓷，宋代官、汝、定诸瓷，一直向前迈进。同时把明代人对于柴窑所加的形容，"天青色，滋润细媚，有细纹，足多黄土"和"制精色异，为诸窑之冠"也借此明白，原来形容的大都是这种六朝瓷器。特别难得的计两种器物，一件是灰青釉堆雕莲花大尊，在造型设计和配釉技术上，都完全打破了旧记录，达到那个时代极高的成就。造型设计且掺杂了些印度或罗马雕刻风格，可见出文化上的综合性。其次是两个玻璃碗，虽出于北朝人坟墓中，碗的形状及下部网式纹饰，和西北出土的汉代漆筒子杯花纹倒极相近。自汉代以来，统治阶级大都讲究服药，晋代著名方士葛洪著的《抱朴子》，就提起过服神仙长生药，是要用极贵重的琉璃碗或云母碗的。这种琉璃碗在河北省出土，还是中国地下材料的崭新记录。因此这份文物，不仅可作汉、隋之间数百年间北方陶瓷历史的新桥梁，还更深一层启示了我们，劳动人民

第二讲　陶瓷及玻璃

的伟大创造性是永远在发展中，且不断会有新的东西，从一个传统肥沃土壤中生长的。我们读历史，就知道这个时代正是住居黄河流域的北中国人民，遭受西部羌胡民族长期战争的蹂躏，本来文化受到严重摧残，人民基本手工业生产，也大都被破坏垂尽的时期。陶瓷工人在这种万分困难悲惨情况下，对于陶瓷的生产，不仅并未把原有优良技术失坠，还继续不断讲求进步，得到如此惊人的成就。另一面，又因此知道，唐三彩陶和白釉陶瓷，都无一不是从原有基础上逐渐改进。北宋在河南、河北出产的官、钧、定、汝四大名瓷的成就以及民间窑瓷器能产生如磁州窑和当阳峪窑、临汝窑诸瓷，作为百花齐放的状态，也无一不是在一定程度中慢慢提高，并非突然产生。总之，这份六朝青瓷的发现，对于中国陶瓷美术工艺的研究，实在太有用了。

总上种种叙述，我们已比较具体把中国由商代到唐初伟大陶瓷工艺的发展过程以及近五十年发现过程，得到一个简要明确的印象。还借此知道，中国陶瓷过去其所以能在世界陶瓷业中居领导地位，实有两种重要原因：

一、生产方式中，很早就已分工组织，到目前为止，分工合作的生产方法，还是比其他手工业生产或半机制工业生产，细密而具体；

二、聪敏伟大的陶瓷工人，不问是某一部门的工作，都是非常尊重传统的优良技术和切实有用经验的。

因为他们深深明白，如何从民族遗产学习，不断改进生产的技术，又勇于作种种新的试验，方能在历史发展每一段落中，都取得非常光辉的新成就。这两种长处，即到如今，还依然好好保持下来，并未失坠。

一九五三年七月改写

清初陶瓷加工[1]

由康熙、雍正到乾隆，前后一百三十多年时间中，就整个中国陶瓷发展史算来，不过占时间五十分之一左右。即从北宋景德镇生产影青瓷起始，也只占时间八分之一左右。但是，这百多年中景德镇瓷生产却随同社会其他生产发展，史无前例，突飞猛进，创造了瓷器艺术空前纪录，仿古和创新，无不作得尽美尽善，达到瓷器艺术高峰。瓷业工人和画家，不仅对于中国工艺美术史做出光辉贡献，对于世界美术史也是一种无可比拟的贡献。我们常说"学习优秀传统，便于古为今用"，看看这部门成就，有多少值得我们借鉴取法，试从各方面来做一回探索，应当是一种有意义的努力。

关于清初瓷器问题，前人已做过了不少工作，较早一时期，唐英的《陶冶图说》《陶成纪事诗》，和稍后的朱琰《陶说》曾谈起当时生产上许多事情，和艺术品种，烧造过程，以及兴废原因。目下读来对我们还十分有益。晚清人从赏玩出发，江浦陈浏作的《寂园叟说瓷》（即《陶雅》），南海许之衡作的《饮流斋说瓷》，也补充了不少材料。对艺术评价，虽和当时个人爱好，及国际市场有关，现在说来有不尽正确处。但作者在五六十年前，究竟经眼过手不少珍品，因此很多意见，还是相当重要。特别是晚清作伪仿旧部分，再其次，即近人杨啸谷对于《古月轩瓷考》的专著，纠正了近二世纪来世人对于画珐琅瓷的许多传说。郭葆昌在伦敦艺展《陶瓷图

---

[1] 本文约作于1962年秋。

录》"清代瓷器"部分作的介绍,郭为洪宪瓷的监制人,在旧的瓷器鉴藏家称大行家,对于清御窑、官窑特别熟习,谈的也相当中肯,均值得注意。

一般说起清初瓷器艺术成就时,康、雍、乾三王朝是不应当分开也不可能完全分开的。因为烧瓷重经验,老工人和老画师,历来在当地本行中都极受尊重,在生产上占主导地位。带徒弟也尊重家法,分门别类,各有师承。并不是北京换了一个皇帝,就即刻影响到下面生产。此外,主持江西官窑、御窑生产,对于景德镇这百年来艺术成就有过一定贡献的唐英,本人在镇厂工作数十年,也即贯串了这三个朝代。特别是御窑或官窑的仿古,如仿官、哥、定、汝、均、龙泉,有不少直逼古人,有不少且远胜古人,以及仿均、仿宣成而得到新的进展,由此更进而仿古铜、金银错,所得到的惊人成就,和唐英数十年在镇厂工作就不可能分开的!

但是,从学习陶瓷艺术史而言,我们却有必要把它作适当划分,来看看它的发展,将更容易明白它在艺术上的不同特征和个别成就。因为即或是共同从一个优良传统参考取法,事实上在这一点,前后也是大不相同的。比如说青花,康熙青花近似从嘉万自然继承加以发展,雍正青花却有意从宣成取法。配料、加工技术有了显明区别,艺术成果因之也就截然不同。分析它的同异,明白它的原因,正是学习所必须。艺术成就有类似情形,受的影响不尽相同,反映于成就上也十分显著。

影响较大的自然还是景德镇的传统成就,但又并不完全这样。景德镇生产青白瓷,虽有了近千年历史,但至今为止,地方还僻处赣北一角,交通闭塞,年产数十万担瓷器,主要运输工具,除了公路可以利用载重约三四吨的卡车,此外即只有过去千年来那条水面运输道。小船载重也不过三几吨。生产技术,由于过去千年私营习惯,同业间历来各自保密,绝少技术交流。地方自然环境既和外边近于隔离,生产习惯又妨碍彼此切磋,收共同提高效果,一切看来都不免有些孤立绝缘,容易故步自封。事实上却也不尽然。首先是生产必然受市场供求影响。历来长江上下游和北方要求是不一致的。比如折腰式足部较高的青花器,器形介于碗碟之间,江南人习惯使用的,北方人却用不着。又如明代中叶以后,江苏地主文化抬头,爱美观念随之而变，要求于日用瓷，也必然是清雅脱俗，不要花里胡哨。宜兴陶和嘉定刻竹著名一时，正反映这一点。当嘉靖、万历间景德镇正在大量为北京宫廷生产五彩瓷或釉色深靓的青花瓷时，供给江南中上层日用瓷，却多仿成化，用淡青画花，画意亦多从沈周、文徵明、陈道复、徐文长取法，笔墨活泼而潇洒。故事主题画也都充满生活气息。这从近年太湖东山明墓中大量发掘出土实物可证。至于外销东南亚华侨用瓷，却尚彩色，由于多供办喜事用，因之"凤穿牡丹"主题画，在清初瓷器坛罐中，占有较大分量。后来粉彩的使用和发展，且和这个客观要求分不开。

另外部分即仿古，镇厂所谓"官古器"，不仅受北京宫廷收藏官、汝、均、定、哥诸宋瓷直接影响，极其显著。即器形部分，也不免受明代《宣德炉图谱》或宋之《博古图》影响。到《西清古鉴》《古玉图谱》刊载后，器形、花纹受古代铜玉影响且更多。彩色或青花和一道釉暗花，艺术加工的要求，事实上也脱离不了当时北京政府造办处如意馆宫廷画师艺术风格的影响，以及造形艺术各方面的影响。特别重要还是明代文人山水、花鸟画和明代通俗戏剧、小说人物故事版画的影响。以及工艺图案中丝绸、刻丝、刺绣和描金、填彩，漆雕竹、木、玉、石等等，艺术水平艺术趋向发生一定联系——总而言之，便是影响仍然来自上下四方。有些是有意的，如帝王爱好对特种瓷的烧造；有些是必然的，如当时社会艺术水平和艺术风格。因之影响也好坏不一。同样在当时是新成就，有的值得学习取法，转用到现代生产上，还可望起良好作用，比如康、雍两朝瓷器的造形，和许多种花纹与颜色釉。有的又此路不通，近于绝路，比如乾隆中晚期仿漆木釉或像生花果动植物等戏玩器物，或某种加工格外复杂之转心瓶，在瓷器工艺史上，虽不失为一个"前无古人，后少来者"的新品种，可是在继承传统方向上，外销瓷势不可能让我们在这方面再来努力用心。即以雍正一朝成就而言，也有相同情形，必有所选择，才不至于走回头路。例如化木釉，炉均釉，以至于油红作盖、雪法加工艺术，当时虽有极高成就，都费力不易见好。如今看来，已成历史产物，新生产即不必取法。

同是一种创新，在当时得到一定成功，或且认为近于奇迹，从发展和继承考虑，还是得分别对待。康熙素三彩在艺术上成功是肯定的，善于学习必然还有广大前途，取得新的成功。至于玲珑透空器，出路就有限。玲珑和透空是两种不同加工作法。前者多指部分青花作边沿装饰，其余白地满布米粒般透明点子盘碗，创始于康熙，当时为"难得珍品"，现代已成普及品，高级美术瓷不会再用。透空瓷多指白瓷镂刻连续万字，部分或开光作折枝花，间接影响来自晚明落花流水绫，直接影响却是雕竹刻玉，作管状花薰。盖碗也并不宜喝茶，只是放放茉莉花而已。更多是作笔筒。时代一过，便失去意义了。矾瓷不上釉，利用率更差。

硬五彩山水、人物、花鸟，用钱舜举、唐棣、文徵明、陆包山、仇英等元、明人浅青绿画法布色，作山石树木，常有独到处，见新意。所得艺术效果，经常即比清代文人、画家在纸绢上作品还高一筹。在今后艺术瓷生产上，还是有较广阔天地，可以发展。但是同属硬五彩，用锦地开光或锦边加金，过分繁复的装饰，和现代人对于美的要求即大不相同，求继续发展恐已不容易。雍正油红变均，同样达到高峰，艺术效果各有千秋。只是油红或后来的珊瑚釉，再加金墨的化木釉，加工均极费力，今后也难以为继。但是呈粉紫、肉红复色之一道釉变均，釉泽明匀肥厚，作案头陈设瓶器或雕刻，却还大有前途，值得作进一步试验，取得新的成果。在国际上也还可望得到极高的评价。

乾隆象生动植花果和其他仿造，虽作得异常逼真，终不出玩具范围，今后决不会成为学习的方向。但是配色充满青春生气的豆彩图案，和浆胎、粉定、甜白，用碾玉法作成的各种典雅秀美装饰图案，还是有许多值得好好学习效法处，可以利用到各种日用美术瓷、陈设瓷及建筑用花砖瓷上，得到新的不同成功。

康熙墨地开光刀马人（戏剧故事）大瓶子，在世界上虽著美名，径尺高的冰梅青花坛罐，在国外大博物馆里也有一定地位，受到鉴赏家尊重，事实上再生产已无什么价值。不过如善于用五彩或素三彩布色技法，来处理现代新题材，反映新歌舞或兄弟民族生活新面貌，作为特殊礼品瓷，画稿又精美不俗，器形又秀拔稳定，必然还可得到好评。

康、雍珐琅彩，粉彩，硬五彩，素三彩，豆彩……总的说来，多是宜成彩绘瓷的进一步发展，虽作得精美异常，再生产技术上不免会受一定限制。但是如果能有计划、有选择，试转用于新的贴印花，或照相法印花，依旧是前途未可限量。如果贴印花技术上已无多问题，过去价值巨万的特种瓷，事实上在未来未尝不可以成为新社会较多数人可以得到的美术日用品。而且这也应分是我们努力的一个方向。即凡是可以用贴印花技术完成的加工，宜于充分使用到康、雍比较复杂图案设计的长处，试转用于明天日用瓷生产上，来丰富广大人民的生活。

器物造形有相同情形。康、雍均重视造形，无论是陈设品或日用器具，都取得极多成就。凡是晚明器形的拙重失调处，知所避免，成宜长处，又知所取法。同一梅瓶、天球瓶、玉壶春瓶，大多数都做得秀美挺拔，不见俗气。但是也有些筒子式瓶，或仿汉方壶，或仿铜觚，器形变格别扭，并不美观。雍正立器更多出新样，花纹繁简，结合器形安排，有不少做得十分秀雅稳定，富有雕刻中女性健康美。但是也有些过于求新，形态失调，如某种美人肩式瓶子，及玉壶春式瓶子，中下部比例过小，稳定感不足，必借助于较厚底部，就不足为训。又橄榄尊或炮弹式瓶器，不论大小也难见好。

总之，学习传统或利用传统，是一个比较复杂的问题。一面必须作比较全面的理解，一面还有必要从目前外销瓷问题多知道些情形，国际市场上什么中国瓷特别受重视，得好评？某一种生产在技术上已得到解决，某一种还有待努力作些试探？……必须从各方面注意，我们说"学习优良传统和古为今用"，才不至于落空。将来才可望更进一步，在旧有生产基础上，作出新的贡献。若对过去一无所知，或所知有限，当前问题何在也难把握，此后到工作岗位上去时，不论是教陶瓷艺术还是生产设计，部不免会感到困难，觉得学得不多，懂得不透，作用不大。

所以学习传统，主要还是便于利用传统，知其得失，能有所取法，本于"一切研究都是为了有助于新的创造"这样一个目的，我们值得把这三个历史王朝比较重要品种和艺术特征，和其所以如此如彼的艺术背景及时代爱好影响，分门别类，试来做一回初步探索。

康熙一代成就得失

一色釉部分，计有茄皮紫、葡萄紫、宝石红（郎红）、豇豆红、苹果青、瓜皮绿、孔雀绿、松绿、葱绿、西湖水、宫黄、蛋黄、霁蓝、洒蓝、天蓝、乌金釉、芝麻酱釉……

釉下彩部分，计有素三彩、青花加紫、釉里红加绿、硬五彩、豆彩、洋彩……除豆彩不如雍正，多釉泽明莹，获得过去未有成功。

釉上彩部分，计有描金、五彩加金、堆花加彩、墨彩加金、墨地开光五彩、粉彩、油红（或加金）、玳瑁斑三彩、珐琅彩、料彩……除粉彩、油红不如雍正，灵活明润，其他也都超越明代，特别是画工精美，设计多见巧思。

仿古部分，计有粉定、影青、冬青、变均、冬青挂粉、米哥……

其他部分，计有矾瓷（不上釉）、玲珑透空瓷……

一色釉加工特征，总的说来，釉料特别细致莹泽，胎质薄而硬度高（从比例说，胎比雍、乾薄而硬度高），色泽或深靓，或柔美，均突过明代成就，可一望而知。较小盘碗多削底齐平，如成宏时制作。除青色釉下款外，尚有料款，金书、墨书和油红款，及刻字款，印章款。除年款外，还有花式款（如蕉叶），及私家款（如拙存斋）。

茄皮紫，多八寸到一尺二盘子，釉色深紫，泛玻璃光，近似从明代紫色琉璃陶取法而成。也有大冰盘，作暗花云龙。瓶器少见。色较浅如带粉则成葡萄紫（或称葡萄水），四五寸暗云龙凤碟子较多。少大件立器。

宝石红，即郎窑红，传为当时督抚江西兼监景镇瓷事郎廷极所烧造。红色鲜明如宅石，灯草边，米汤底（或灰绿底，起冰片），远法宋紫均，近从宣德红技术得到启发，所以也可以说是仿古，也可说是创新。宜于作一尺以上立器，釉色易鲜明。作大海碗，胎较薄，或因窑位不合，一般下部多如窜烟泛黑,并在碗下开片(也有绿郎窑,翠绿釉色,破光透亮,海外估价高,国内不受重视。近于变格。非本来长处。且容易作伪)。这部门生产可能和康熙四十×年办万寿有关,因为由王原祁领衔绘制的《万寿盛典图》,五丈多长画卷中,许多在街头案桌上摆的古董陈设,到处可以发现郎窑红瓶。器形多较拙重,胎亦较厚,惟釉色宝光鲜明。绝不会是偶然巧合。

祭红,出于明宣红,色较固定,略泛灰紫。小器物印合马蹄尊,易出光彩,色亦较柔艳。再嫩紫则成豇豆红。惟在技术上却依然近似两种烧法。不同特征是祭红釉和彩相融成一体,不见玻璃光。豇豆红常泛薄薄玻璃光。是否彩上吹釉而成,值得研究。豇豆红中现青点黑斑,则称苹果青,或出于火候轻重不匀,或有计划作成,不得而知。宜于作小器物,立器不高过一尺,平器径不过六寸。观音瓶、莱菔尊、马蹄尊成就有代表性。杯盘少见。

瓜皮绿,多翠绿如瓜皮。釉细质精,大器胎松则开鱼了片,小盘碟作晴云龙凤极精。也有不作花纹的。泛蓝则成孔雀蓝(或孔雀绿)。较浅则成松绿。釉色出明正德时,有暗花碗可证。孔雀蓝除故宫成分器物,此外实少见。当时或只是具试验性烧造,所以产品不多。市面流行一种用楷体字印于折枝花薄碗里部,"显德年款"伪柴窑,近半个世纪以来,到处可发现,较先作伪,或者也在康熙时。可算是孔雀蓝一个分支,唯一的继承者。松花绿则绿中间黄。松绿则近于仿绿松石。

葱绿色为淡绿,只有小杯盏和杯托碟子,制作极精。色比松绿淡,益淡则称西湖水矣。但更正确些说来,西湖水实指淡影青,永乐、雍正均有之。也即所谓湘湖釉。康熙素三彩中的绿色,实为浅冬青。在康熙一代,凡这类釉色,多小件器,极少见大型立器。

宫黄指正黄,比弘治娇黄略深,大冰盘小碟均有,或作暗云龙。又有一种象鼻坛子,高过一尺,不署款,或顺治末康熙初年烧造。

蛋黄亦即粉黄,多若带粉,康、雍均有。莱菔尊和小杯碟,比弘治釉肉厚,而细腻不及。结合造形要求,苯菔尊艺术成就特别高。

霁蓝(或祭蓝)宣德已作得色调深沉稳重,惟部分盘子成橘皮纹细点。康熙有进展,釉密贴胎骨,光润细腻,色益深沉。且作大瓮,即《红楼梦》

第二讲 陶瓷及玻璃

中说的鬼脸青坛子。径尺盘子多暗云龙，刻暗款。较小白底，则用青写款。当时盛行石青缎子，为清初官服不可少。因之祭蓝瓷亦受重视。亦称霁青。色较浅则成宝石蓝，通称宝蓝。两者均有大型细长颈胆瓶和天球瓶，供大案陈设用。色再浅，并带斑点（如漆中的蓓蕾漆，惟不突起）名叫洒蓝。洒蓝常加描金。器形一般多较小。也有八寸盘中心部分开光作青花，外沿洒蓝勾金的。盘式多较浅，如平铺一片，边沿极薄，器形或受些外来影响。

乌金釉，近于山西黑釉。宋代山西、河南、河北均有黑釉器，吉州窑也有。似由仿漆而得到进一步发展。宋黑釉碗钵，经常多保留一道白边，和漆器中的"扣器"相似。宋黑定、紫定、红定也还用这个装饰。清康熙景德镇黑釉器，却只烧造案头陈设用瓶子，产量不多，近于聊备一格（至于黑地开光，实和油红同上釉、上彩）。酱釉近于紫红定，有七寸盘奶子碗，少立器。

釉下彩，指釉下多色瓷而言，青花是主流。成绩特别突出是素三彩、硬五彩和豆彩。釉里红和青花，元代已能完全掌握，惟两色釉同时处理，到清初才出现。通名"青花夹紫"。再在部分空处加入豆青，就成"素三彩"。豆青或平涂，或在斜剔山石部分涂上。红、蓝、绿三结合往往产生出一种崭新和色艺术效果，加之画意布局，又极清雅脱俗，因此成就格外显著。五寸大笔筒较多，若作花觚，高过二尺，必分段加工，各不相同。也有大天球，玉壶春，灯笼罐诸式。用沈石田笔法作山水画，用恽南田法作花鸟画，清新淡雅，别具一格。后来画家新罗山人华秋岳，配色法学得二三分，世人即以为新奇，其实远不及素三彩在瓷器中所得效果。作中型陈设瓷和日用茶具，在新的生产上，无疑还有广大前途，可创新纪录。

青花夹紫虽由康熙创始，事实上到雍正才得到充分发展，艺术成熟无遗憾。素三彩则后来难以为继，雍正时即已近于失传。但是另有一种豆青地加紫勾青露白的，也叫素三彩，康、雍均有生产。乾隆犹继承。至于冬青青花，冬青挂粉，惟雍正作得格外出色，画笔秀丽，造形也挺拔不群，作得十分精神。又有冬青地青花夹紫露白大天球瓶，云龙山水画均极成功。

豆彩多作成化款。日用盘子类特别多，大部分属民窑。或因嘉万以来重成窑，代有仿效，因之历来谈成窑总是时代难分，《陶雅》且说凡见紫成窑器，多康、雍时物。作鸡缸类杯子，容易得到成功。豆彩在晚明虽少大器，技术始终未失传。清初民窑盘子类，用鸳鸯戏荷作主题画较常见，料不及明代精致，且多见窑灰。官窑继作，仍多仿成。有大鱼缸，绘双锦雉和牡丹玉兰花石，通称"玉堂富贵"，是康熙时代虽常见工艺主题，在雕漆、织锦、刻丝、刺绣……均常用到。在瓷器青花、豆彩、五彩、粉彩使用更多样化。瓷器上牡丹常作双重台，有时代特征。大鱼缸艺术成就有代表性。技术加工较烦琐，先烧青花部分，再加彩勾金，入炉烘成。豆彩加红多矾红，加绿多豆青，再添配粉嫩黄紫，各色均浅淡，因之多显得色调清新明朗。惟部分直接仿成，用青用彩均较重，也能给人以沉重感。但比硬五彩还是柔和得多。

硬五彩多重彩，加工过程有种种不同。有在已成白器或青花器上施彩，再全部喷釉，完成后全身透亮的。如径尺二三果盘，绣球花盘，有代表性。有部分开光用粉彩或豆彩法复烧，锦边、锦地部分却用墨和矾红、泥金等为主调，烧成后锦地部分并不光亮的。又有锦地开光，开光部分只作墨彩折枝花鸟或人物画的。一般说来，重彩调子较强烈，即在小小瓶子上，一用重绿、重墨、深红，效果亦必相当强烈。和这一时代秀美造形及洁白光泽瓷胎相结合，往往形成对比，矛盾统一，相当美观。要求效果恰恰和豆彩或素三彩相反。不过，有的锦地开光锦地占比例过多，分量过重，开光部分失去主题吸引力，整体看来华美中不免见得繁缛杂乱。小花满布更易邻于庸俗，形成硬五彩无可讳言弱点。后来广彩器即由此脱胎，形成一种相似而不同艺术风格，影响直到近代生产，还有继续，也有一定出路。惟景德镇再生产恐不是方向。也有可能能这种杂花草烦琐无章的锦地，本来即属于广东工艺装饰传统，渊远而流长，景镇锦地、锦边，实由之影响而来！

洋彩，珐琅彩也应属于洋彩。但是这里说的只指一种仿洋磁而言，如康、乾时白地金边饭器，和黄地釉下墨釉上勾金之花篮，部属于这一类。花篮器形也外仿。饭器中碗碟，胎多较薄。常用墨画加金。产量不多，影响小大，只近于官廷玩好，配合当时畅春园洋式建筑内部陈设而作。或部分为赠送外宾而作。少发展性。铜胎画珐琅器仿作的品种较多。

釉上彩——描金。宋代定窑中，除白色或牙白色釉外，还有黑釉的墨定，酱红釉的红定，及色较深些的紫定，近年发掘才又知道还有绿定。紫定、墨定有加金彩的，作折枝牡丹、水禽芦荷。或仿漆器描金而成。明代嘉靖万历间有金红绿地描金串枝宝相碗。清初继承这个传统，作各式不同发展，有描金，一般多在蓝釉或黑釉瓷上使用。在彩瓷上勾金，则近似丝绣中的间金。又有在彩绘瓷上用大面积涂金作金莲花的，有在油红器上加金的。总的说来不外这么数种。凡釉上彩多通过复烧加工。也有豆彩或青花，到北京后再吹黄、加绿、加紫的，器真而彩伪，多由市估走洋装而来。

墨彩也分数种：

一、在白瓷上用淡墨作山水花鸟画，由康熙起始，雍正续有发展，乾隆则部分彩地开光作山水画雪景，转心瓶上还使用。画稿多从张宗苍等时人取法，格俗不美。康、雍笔意虽不俗，效果还是不怎么好。

二、墨彩地开光加彩绘山水花鸟及刀马人物，多立器，在国内本不入瓷品。因在国外受重视，和法花一样，才适当注意到。但大部分已散失国外，而且道光、光绪均有仿作，真伪难分。

三、用重墨素瓷上作折枝花，形成黑白强烈对照。前者受晚明以来白绫画影响较多，因为当时衣裙、桌围、帐子无不通行这一格式，有的还在墨上加金，十分别致。其次近于漆器镶嵌，明代也已流行，惟清初才转用到瓷上装饰。用重墨在素白瓷上作折枝花竹，近于和漆器中的剔灰相反而成。由于画意重布局，设计，瓷质又白净细致，因此也清雅脱俗。用于茶壶、笔筒等较小日用器或文房用具，有一定成功。用于大型陈设品还少见。

粉彩在康、雍、乾是一大类，范围广，成就高。并且在道光以后还继续得到不同发展，二十世纪初二十年，且成为景德镇生产主流。由慎德堂、行有恒堂，到怀仁堂、静远堂，无一不是以粉彩见长。因此现代景德镇生产，保留瓷艺人才，也还是这一部分专家较多。康、雍粉彩来源，大致包括两个方面：

一即如前所叙述，或出于社会销售对象，如嫁妆货的需要及东南亚华侨外销需要，因此丹凤朝阳、富贵如意、凤穿牡丹、玉堂富贵等主题画，在政治上不犯忌讳、在社会习惯上又具有吉祥象征意义的题材，上了民窑"客货"瓷器。红色加彩由比较呆滞的矾红，改进为鲜明活泼、活色生香的粉彩，由民窑客货得到成功后转为官窑、御窑应用，估计可能不会大错。

其次即生色折枝处理艺术要求，从宋代即已起始，即只在部分加工，留出一定空处，北方的定窑、磁州窑，南方吉州窑，都善于作这种折枝布局。到明代，北方彭城窑民间用茶酒器，依旧长于在牙色瓷上绘水墨折枝，而且花用白料带粉。花在瓷器一角，画意多从徐青藤陈白阳取法，笔简意足，潇洒不俗。明代景德镇也起始用米哥瓷加青花挂粉，惟小簇花较多。到清康熙，起始见粉彩，枝叶用料和明代五彩瓷无别，惟花朵粉红，略微突起。当时流行之五伦图，在工艺美术应用具普遍性，因之也用于粉彩瓷，多坛罐大器。

或作人物故事画，西厢记和渊明访菊、林和靖妻梅子鹤、西园雅集、郭子仪上寿等等主题画为常见。若作折桂花，多用陈白阳、边景昭、恽南田、蒋南沙笔意，山茶、月季、蜡梅、牡丹为常见。进一步发展，才把虞美人、延寿菊等杂花同在一盘碗中。瓷既白净细致，花色又鲜明秀美，艺术成就就因之格外高。人物故事除从通俗小说、戏剧取法定稿，也有现实生活反映，情趣活泼。主要艺术特征在粉红料精，鲜明如生。即或大件刀马人，粉红也占一定分量，和民间年画配色有相通处。在国内，过去未入赏玩家藏品范围，在海外，则陈列于大博物馆，代表十七八世纪间东方瓷器艺术成就一部分。

油红——或矾红。宋有红彩，多在民间粗瓷上使用。明宣德有矾红，多用于青花烧成后空处加烧，如红云龙凤……红料极细，有光泽。成化再加黄绿，则成五彩。正德上用器，有纯用红鱼龙的，材料较粗，色呆滞，胎质亦粗，或正当武宗讨伐宸濠前后，江西在战乱中，生产低落时。嘉万恢复五彩烧造，大如龙缸窑也烧彩器，小碟、小盏和文房用具均加红，表示尊贵，瓷质色料未提高。作鱼罐，红蓝相映成趣，布局壮伟，艺术相当高。作大龙凤瓶盘绣墩，五色堆积，不免杂乱无章。这个时期器物造形多笨拙，不大美观。也有红绿地金花碗，近于朱绿漆描金。艺术水平远不及宣成。到清初，红料特别精细，因此重新单独使用，由康熙到雍正，达到本部门历史高峰。用红如用墨，在精美白瓷上作八仙过海大小碗，瓷质既温润无比，红料又浓淡轻重运用如意，画面又出高手，康熙一代成就，实独一无两，此后即难以为继。雍正则长于用盖雪法，结合精致串枝图案处理，得到极大成功。康熙墨彩加金，红彩也加金。

玳瑁斑三彩，或称虎皮斑。虽脱胎于唐三彩，惟在极薄白瓷上加工，彩色又鲜明强烈，效果亦大不同于唐三彩。品种似不多，只中小盘碗常见。也作藏族打奶茶用奶子壶，如一长筒，有靶有流，在瓷中自成一格。又有两色玩具猫。

又有一种绿地紫地黄地大折腰碗，碗旁刻双勾折枝，填黄白杂彩，近于从辽三彩或彩琉璃陶取法，似办万寿时民窑凑合而成（私家作署"拙作斋"款的，多大海碗或供碗，多青花加红，也有豆彩，彩料多较重，后来彩华堂、彩润堂、彩秀堂三种私家款，还受到一定影响）。

仿古，粉定多浆胎，印盒极佳，质薄而硬。印花划花少定意，白成一格。影青近晚期冬青，浅色则成湘湖釉，俗称西湖水、春波绿。变均到雍才成熟，康色较重。

青花部分规矩图案尚用明嘉万法，花较板滞，少变化。随后才出现新题材，大量用山水人物画于各种瓶罐上，得到惊人成功。但画稿却依旧来自明代文人画。冬青堆白花，通称冬青挂粉。冬青亦有加青花的。兼青花白粉亦属素三彩别格，产量不多，此后即无闻。明有米哥加青花挂粉，冬青青花加彩即由此而来，所以说也是仿古。

玲珑透空，技术不相同。玲珑指部分透明，宋已有之，为影青划花，部分在灯影下即呈透明。技法明代永乐犹继承，胎益薄，花益细，色转深，胎质亦可见指螺纹。清玲珑不同于过去，即透明部分作米点状，满布碗中，均匀整齐。盘碗居多。透空则近于雕成，一般用万字地，部分或者还作折枝花，如从明代"落花流水"素绫得到启发而作。其实或因雕竹花薰而作瓷香薰，再进而作瓷盖碗，盖碗并不宜于品茶，放茉莉、珠兰而已。

珐琅彩，或锦地开光作规矩花，或彩地串枝宝相，或折枝花，规矩花和当时郎世宁等外籍画师技法或者有一定联系。较后才变化规矩图案成折枝花。折枝多参蒋南沙蒋溥画法。设计布彩，均第一等。由铜胎画珐琅影响而成。随后成为一个独立品种，贯穿于康、雍、乾三个时代。这部分作品，一部分也有可能是在景镇制胎，由京中如意馆加彩同炉做成的。

料彩有时多指透明蓝料使用较多时并形成堆花效果而言。因豆彩、五彩亦透明，然满地绿笔筒却不叫料彩。蓝料应用较多或加透明粉红，即叫做料彩。如雍胭脂红玉壶春云龙瓶，即称料彩。料彩兴起和鼻烟壶有关。

谈瓷器不能不熟悉康、雍，谈景德镇十七八世纪间成就，更不能忽略康、雍。雍正时间极短，前后不过十三年，但一切生产多达到历史空前水平，不仅胎质精，釉泽好，花样有高度艺术成就，即造形也前无古人，常能结合秀雅和健壮而为一体，时代特征鲜明。但种种成就，无不于康熙即已奠好基础。其中惟有一点大不相同，即青花。雍取法宣成，用青浅淡，近于有意使之散晕，从散晕中取得柔和效果。康青则直继承嘉、隆、万，深青凝重。以画作例，雍法元人，康则近于宋，且近北宋。效果不同，由于要求不同，时代风气不同。

谈康熙成就，不能离开青花。一色釉和彩绘部分，虽近于百花齐放，各到不同高峰。但从近六百年景德镇生产传统而言，青花到康熙，可以说真正是集其大成，达到"前无古人，后少来者"地步。主要成就还是得从物质基础去分析，才符合本来。计有两方面：

一是青料的研磨提炼纯净无杂质（是否原料来源不同，难于明白）。因此烧出的青花器，能深浅如意，真如像名画家用墨说的"墨分五彩"。

二是画意特别高。例如故事画部分，有的虽取材于一般明代板画，反映到笔筒和凤尾瓶上时，画意却多特别活泼有精神，不像板画呆滞。

山水画即或用当时一般性题材，如耕织图、鱼乐图、琴棋书画、西园雅集、赤壁夜游，经营布局，和整体效果，常比当时名家高手四王吴恽还高一筹。有的甚至于即或取材二王，如瓶子上、笔筒上的山水画，用于五彩或青花瓷，取材恽南田，如笔筒上的素三彩或粉彩、青花，由于受器形限制，结合器形要求，重新处理，部分或简化，部分或有所改变，所得结果，也往往出人意料。特别是青花和素三彩，在画境上大大突破绢素上的成就，自成一格。若就同时画笔作个比较，不仅为扬州八怪文人画家不可及，即二王恽南田，也难相比。部分案头插花尺余立器，如象腿尊，用青花件折枝花鸟，笔简意足，生机天趣，都直逼八大，可说是八大画法直接继承者（同时也可说八大笔意实由之而出，因为晚明青花瓷，中型坛罐类，即已多有简笔花鸟近似八大的，算算时间，实比八大还早大几十年）。

康熙青花瓷艺特别突出，并非凭空产生，除有个物质基础外，还有许多方面影响的结果。首先应说是善于继承过去优良传统，在固有底子上进一步不断提高得来的。因为试从成品作个比较，就可看出明清之际的崇祯、顺治，部分青花瓷使用青料，已显得沉静细致而活泼，初步见出从单色料达到画家用水墨晕染法产生"墨分五彩"作用，试验中已取得一些成果。其次即明代以来，画家如沈周、文徵明、陆包山、唐寅、张灵、仇英等山水画，吕纪、林良、边景昭、陆包山、陈白阳、徐青藤等花鸟画，丁云鹏、尤求、崔子忠、吴彬等人物画，还各自留下一大堆名迹和墨本，分散国内。木刻中除通俗戏剧、小说插图，多刻得极精致，此外又还有《顾氏画谱》《唐诗画谱》《诗余画谱》《素园石谱》《海内奇舰》，程氏、方氏墨苑，《吴骚合编》《御世仁风》《十竹斋彩印画笺谱》及菊竹杂花鸟图谱数百种，大量传播流行。一般说来，这个艺术传统，是比清初当时几个著名画家笔墨既扎实得多，也范围广阔、内容丰富得多。更主要自然还是景德镇本身，明代三百余年烧造青花瓷经验技术的积累，才能吸收消化这些成就，转用到瓷艺上来，起决定作用。加之清政府重视瓷业，官窑一去明代强迫命令限额贡奉制度，每有烧造，多照顾到商业成本，不过分苛索窑户。御器厂重要烧造，仿古多由宫廷取真宋器作样子，彩绘多由如意馆画师设计出样，反复试烧，不惜费用。委派专官监督，如臧应选、郎延极、刘伴阮、年希尧、唐英等，本人又多具有较高艺术鉴赏水平，有的且躬亲其事，和工人一道，从生产实践上取得各种经验，所以在万千陶瓷工人、画师共同不断努力中，才创造出惊人奇迹，产生出万千件具有高度艺术产品，在世界上博得普遍佳誉。直到现代，许多资本主义国家的瓷业，高级日用瓷生产，还多以能模仿康、雍青花，在国际市场上受重视，得好评。可见它的影响是如何深远而广大！

我们常说学习优良传统，康熙一代值得我们学习的自然还多，上面所说，不过特别显著一部分，在博物馆陈列室和图录中容易接触到的而言。事实上在烧造过程和用料提炼上一系列技术，也还有许多值得我们用一个较长时间（半年或一年）去到景德镇陶研所向现存老师傅讨教处。因为青花瓷这时代色泽格外纯净、鲜明、活泼和取材之精，火度之高，都必然有不可分割的联系，以及每一部门技术的进展综合而来。忽略了其中任何一个环节，都不可能得到的！

玻璃工艺的历史探讨[1]

中国玻璃或玻璃生产，最早出现的年代，目下我们还缺少完全正确具体的知识。但知道从周代以来，在诗文传志中，就经常用到如下一些名词："璆琳""球琳""璠珠""珂玽""火齐""琉璃""琅玕""明月珠"和晋六朝记载中的"玻璃""瑟瑟"，后人注解虽然多认为是不同种类的玉石，如联系近十年古代墓葬中出土的丰富实物分析，这些东西事实上大部分是和人造珠玉发生关系的。这种单色或复色、透明或半透明的早期人造珠玉，后来通称为"料器"。古代多混合珠玉杂宝石作妇女颈部或头上贵重装饰品，有时还和其他细金工镶嵌综合使用。如同战国时的云乳纹璧，汉代玉具剑上的浮雕子母辟邪、璏和珥、云乳纹镡首等。也有仿玉作殓身含口用白琉璃作成蝉形的。汉代且更进一步比较大量烧成大小一般蓝、绿诸色珠子，用作帐子类边沿璎珞装饰。武帝的甲乙帐，部分或即由这种人造珠玉作成。到唐代才大量普遍应用到泥塑佛菩萨身体上，以及多数人民日用首饰上，和部分日用品方面。至于名称依旧没有严格区分。大致珠子或器物类半透明的，通称"琉璃"，透明的才叫"玻璃"。事实上还常常是用同类材料做成的。又宋代以后，还有"药玉""罐子玉"或"硝子""料器"等名称，也同指各色仿玉玻璃而言。外来物，仅大食贡物即有"玻璃器""玻璃瓶""玻璃瓮""碧——白琉璃酒器"等名目。而彩釉陶砖瓦，这时也已

---

[1] 本文原载1960年1月《美术研究》。

经正式叫作琉璃砖瓦。《营造法式》一书中，且有专章记载它的烧造配料种种方法。

在中国西部掘的四千年前到六千年间新石器时代晚期墓葬中，已发现过各种琢磨光滑的小粒钻孔玉石，常混合花纹细致的穿孔蚌贝，白色的兽牙，编成组列作颈串装饰物。在中国河南发掘的约三千二百年前青铜器时代墓葬中，除发现大量精美无匹的青铜器和雕琢细致的玉器，镶嵌松绿石和玉蚌的青铜斧、钺、戈、矛、兵器，同时并发现许多釉泽明莹的硬质陶器。到西周，敷虾青釉的硬质陶，南北均有发现。这时期由于冶金技术的进展，已能有计划地提炼青铜、黄金和铅，并学会用松绿石镶嵌，用朱砂做彩绘。由于装饰品应用的要求，对玉石的爱好，和矽化物烧造技术的正确掌握，从技术发展来看，这时期中国工人就有可能烧造近于玻璃的珠子。至晚到约二千八九百年前的西周中期，有可能在妇女颈串装饰品中发现这种人造杂色玉石。惟西周重农耕，尚俭朴，这种生产品不切于实用，因而在农奴制社会中要求不广，生产品即使有也不会多。到两千四五百年前的春秋战国之际，由于铁的发现和铁工具的广泛使用，生产有了多方面的进步，物质文化各部门也随同发展。襄邑出多色彩锦，齐鲁出薄质罗纨，绮缟细绣纹已全国著名。银的提炼成功和鎏金、鎏银技术的掌握，使得细金工镶嵌和雕玉艺术都达到了高度水平。金银彩绘漆器的大量应用，更丰富了这一历史阶段工艺的特色。在这时期的墓葬中，才发现各种品质纯洁、花纹精美的珠子式和管状式单色和彩色玻璃生产。重要出土地计有西安、洛阳、辉县、寿县、长沙等处。就目前知识说来，内容大致可以分成三大类：

一、单色的：计有豆绿、明蓝、乳白、水青各式。

二、复色的：计有蓝白、绿白、绿黄、黑白两色并合及多色并合各式，近于取法缠丝玛瑙和犀毗漆而作。特别重要的是一种在绿、蓝、白本色球体上另加其他复色花纹镶嵌各式。这一品种中又可分平嵌和凸起不同的技术处理。

三、棕色陶制球上加涂彩釉，再绘粉蓝、银白浅彩的。这一类也有许多种不同式样。

这些色彩华美鲜明的工艺品，有圆球形或多面球形，又有管子式和枣核式，圆球形直径大过五公分的，多属第三类彩釉陶球，上面常用粉彩作成种种斜方格子花纹图案，本质实不属于玻璃。一般成品多在直径二三公分左右。其中，第二类加工极复杂，品质也特别精美，常和金银细工结合，于金银错酒器或其他器物上，如青铜镜子，做主要部分镶嵌使用。或和雕玉共同镶嵌于金银带钩上，或单独镶嵌于鎏金带钩上。也有用在参带式漆器鎏金铜足上的。但以和金玉结合作综合处理的金村式大罍和镜子，艺术成就特别高。从比较材料研究，它在当时生产量还不怎么多。另有一种模仿"羊脂玉"做成的璧瑗，和当时流行的珍贵青铜玉具剑的剑柄及漆鞘中部的装饰品，时代可能还要晚一些；早可到战国，晚则到西汉前期。品质特别精美纯粹，则应数在河南和长沙古墓出土的蓝料喇叭花式管状装饰品。过去以为这是鼻塞或耳珰，现已证明还是串珠的一部分。时间多属西汉。又长沙曾出土一纯蓝玻璃矛头，还是战国矛头式样。广东汉墓又发现两个蓝料碗和整份成串纯净蓝色珠子，其中还有些黄金质镂空小球。

年来这部门知识日益丰富，二千年前汉人墓葬遗物中玻璃装饰品的出土范围越加普遍。除中原各地，即西南的成都、南方的广州、东南的浙江以及中国东北和西北边远的内蒙古、新疆、甘肃各个地区，都有品质大同小异的实物出土。小如米粒的料珠，也以这个阶段中坟墓中出土的比较多。惟第二类复色的彩料珠，这时期已很少见。至于彩釉陶球则更少。原来这时节中国釉陶用器已全国使用，如陕、洛、河北、山东之翠绿釉，广东、湖南之青黄釉，长江中部各地之虾背青釉，以及长江下游江浙之早期缥青釉都达到成熟时期。并且有了复色彩釉陶，如陕西斗鸡台出黄釉上加绿彩。出土料珠一般常是绿蓝水青单色的。其中具有代表性的应数长沙和洛阳出土，长度约三公分小喇叭式的蓝色料器和一九五四年在广州出土的大串蓝料珠子。

湖南出土的品质透明纯净玻璃矛头和广东出土的二玻璃碗，格外重要。因为可证明这时期工人已能突破过去限制，在料珠以外能烧成较大件兵器和饮食器。

由于海外文化交流的发展，汉代或更早一些时期，西北陆路已经常有大量中国生产的蚕丝和精美锦绣，外输罗马、波斯和中近东其他文明古国，并吸收外来物质文化和生产技术。这种玻璃生产品，除中国自造外，技术进展自然也有可能是由于外来文化交流的结果。并且还有可能一部分成品是从南海方面其他文明古国直接运来的。因《汉书·地理志》载黄支调斯诸国事时，就提起过武帝时曾使人"入海市明珠璧流离"，又《西域传》也有罽宾国出"璧琉璃"语，《魏略》则称"大秦国出赤、白、黑、黄、青、绿、缥、绀、红、紫十种琉璃"。但从出土器物形式，如作云乳纹的璧，白料蝉、浮雕子母辟邪的剑饰、战国式的矛头等看来，可以说这部分实物，是只有在国内才能生产的。晋南北朝以来翻译印度佛经，更欢喜用"琉璃""玻璃"等字句。因此，过去中国历史学者受"中国文化西来说"的影响，多以为中国琉璃和陶器上釉的技术，都是外来物，而且时间还晚到汉魏时代。近年来新的殷周有釉陶器的发现，和晚周及汉代大量精美玻璃实物的出土，和数以万计墓葬材料的陆续出土，已证明旧说见解实不正确。

现在我们可以比较肯定地说，中国工人制造玻璃的技术，由颗粒装饰品发展而成小件雕刻品，至晚在二千二百年前的战国末期已经完成。再进一步发展成日用饮食器物，二千年前的西汉也已经成功。战国古墓中，已发现有玉色琉璃璧和玉具剑柄，以及剑鞘上特有的玻璃装饰物品。汉代墓中并有了死者口中含着的白琉璃蝉，广东汉墓并且已经发现琉璃碗。魏晋时人作的《西京杂记》《汉武故事》《飞燕外传》和《三国志·胡综别传》，如记载还有一部分可靠性，则早到西汉，晚到三国时期，还使用过大片板状琉璃作成的屏风。虽然这时期小屏风做蔽灯用的还不过二尺见方（见《列女仁智图》），用于个人独坐的，也不过现在的三尺大小（见彩箧冢所得彩漆箧上绘孝子传故事）。然而还是可以说明板玻璃已能有计划烧出。换言之，即中国板玻璃的应用，时间有可能也早过二千年前。三国以后诗人著作中，已经常提起琉璃器物，如著名叙事诗《孔雀东南飞》就说及琉璃榻，傅咸文中曾歌咏琉璃酒卮，其他还有琉璃枕、琉璃砚匣、笔、床各物。又著名笔记小说《世说新语》，内容多是辑录魏晋人杂传记而成，其中记"满奋畏风，在晋帝坐，北窗作琉璃扉，实密似疏，奋有寒色"。又记王济事，称济为人豪侈，饮馔多贮琉璃碗器中。石崇、王恺斗富为人所共知，如为三尺高珊瑚和数十重锦步障，其实也谈起琉璃碗事。可知西晋以来已经有相当多的产量。惟记载未说明出处，是来自南海或得自西域，抑或即本国工人烧造，未可得知。

西晋末年，因西北羌胡诸游牧氏族侵入中国汉族文化中心的长安、洛阳，战事并继续发展，中国国土因此暂时以长江为界，分裂成两个部分，即历史中的南北朝时期。在长江以北，游牧民族军事统治者长时期的剧烈斗争，使重要的生产文化成就，多遭受严重破坏。琉璃制造技术，也因此失传。直到北魏跖跋氏统一北方后，才又恢复生产，《北史》称：

> 太武时，其国人商贩京师（指洛阳），自云能铸石为五色琉璃。于是采山中，于京师铸之。既成，光泽乃美于西方来者。乃诏为行殿，容百余人。光色映澈。观者见之，莫不惊骇，以为神明所作。自此，国中琉璃遂贱，人不复珍之。

由此可知，彩色琉璃的烧造技术在北方确曾一度失传。到此又能大量烧造平板器物，直接使用到可容百人行动的大建筑物中。这类活动建筑物虽然已无遗迹可寻，但在同时期墓葬中，却有重要实物发现。建国后，河北景县封姓五座古墓掘中，除得到大量具有时代特征的青釉陶瓷外，还得到两个玻璃碗，一个蓝色，一个浅绿色，现陈列于北京中国历史博物馆。这种碗当时似为服长生药所用，晋代人有称它做"云母碗"的。

这时期南中国生产已有进一步发展，绿釉瓷的烧造也达到了完全成熟期。薄质丝绸和新兴造纸，更开始著闻全国。文献记载中虽叙述过用琉璃做种种器物（如庾翼在广州赠人白䂁，似即白色料器），由于制作技术究竟比较复杂，并且烧造技术仅掌握在少数工人手里，成品虽美观，还是远不如当时在江浙能大量生产的缥青色釉薄质瓷器切合实用。又因政治上经过剧烈变化，正和其他文化成就一样，玻璃无法进一步发展，关于实物品质形式的知识我们也知道不多。惟这个时期正是中国佛教迷信极盛时期，统治者企图借宗教来麻醉人民的反抗意识，大修庙宇，照史书记载，北朝统治者曾派白整督工七十万人修造洛阳伊阙佛寺。南朝的首都金陵相传也有五百座大庙，北朝的庙宇则有一千三百多个。此外还有云冈、敦煌、麦积山、天龙山、洛阳、青州、巩县（今巩义市）等石窟建筑群。这时期的佛像以土木雕塑而成，而且都经常使用各色珠玉宝石、琉璃作璎珞装饰物。试从现存洞窟壁画雕塑装饰，如敦煌壁画近于斗帐的华盖、藻井部分边沿的流苏来看，还可想象得出当时彩琉璃珠的基本式样及其应用情形。隋代政府收藏的书画卷轴，照史志记载，也有用各色琉璃作轴头的。隋仁寿时李静训墓中几件水绿色玻璃器，是目前为止出土文物中最能说明当时生产水平的几件实物。《隋遗录》是记载中提及的宫中明月珠，有可能即为如宋人笔记小说所说的一种白色新型大琉璃灯。所不同处，只是隋代还当成宫中奇宝，宋代则已为商店中招徕主顾之物。《隋书·何稠传》称，曾发明绿瓷，历来学者多据这点文献材料，说绿瓷成于何稠。如以近年出土文物判断，则绿釉瓷北方早可到东汉永元，惟白瓷倒只在隋代初次出现，透明绿琉璃也在这一历史阶段达成熟期。

唐代由于社会生产力的发展，琉璃制作也有了新的发展。庙宇殿堂雕塑装饰更扩大了彩色琉璃的需要，根据《唐会要》和《唐六典》记载，除由政府专设"冶局"主持全国庙宇装饰佛像的琉璃生产外，日用器物中琉璃的使用，也日益增多。唐诗人如李白等，每用豪迈愉快感情歌颂现实生活时，提及西凉葡萄酒必兼及夜光杯或琉璃钟，此外琉璃窗、琉璃扉也常出现于诗文中。惟多近于从《艺文类聚》中掇拾《西京杂记》等文作辞章形容，不是事实。因直到晚唐苏鹗《杜阳杂编》记元载家红琉璃盘，还认为是重要实物，可知珠玑易烧，大件瓶、盘还不多见。

又《唐六典》卷四说：

平民嫁女头上金银钗许用琉璃涂饰。

《唐六典》完成于天宝时代，可知当时一般小件琉璃应用的普遍程度。不过作器物的特种彩色琉璃，依旧似乎不怎么多。直到宋代，真腊贮猛火油和其他外来蔷薇露，还特别记载是用玻璃瓶贮藏，记大食传入中国贡品时，也曾提及许多种玻璃器。可知中国工人还不熟悉掌握这种烧造技术。这问题如孤立地从技术发展上来认识，是不易理解的，甚至于因此会使人对于战国、汉代以来琉璃生产的成就产生怀疑。但是如联系其他部门生产情形看，就可知道这种情况倒十分自然的事。唐代瓷器的烧造，品质已十分精美。河北邢州的白质瓷器和江南越州的绿釉瓷器生产品，不仅具全国性，并且有大量成品向海外各国输出。又中国丝绸锦缎，原来就有一个更久远的优秀传统。发展到唐代，薄质纱罗由汉代的方孔纱到唐代的轻容、鲛绡，更有高度的进步。生产的发展和社会多数应用的要求有密切关系，玻璃和陶器比较，技术处理远比陶器困难，应用价值却又不如陶器高，这是当时透明琉璃不容易向应用器物发展的原因。玻璃和薄质纱罗、和纺织物比较，也是如此。薄纱中"轻容"，诗文中形容或称"雾縠"，显示质地细薄，已非一般人工可比。由于这类轻纱薄绢的生产，既结实又细致，甚至于影响到中国造纸工业的进展。例如五代以来虽有澄心堂纸的生产，在绘画应用上，却始终不能全代替细绢的地位。一般做灯笼，糊窗槅子，用纱罗早成社会习惯，而且在使用时具有种种便利条件，价值更远比玻璃低贱，这是使平板玻璃在唐代不容易得到发展的又一原因。因此直到晚唐《邺侯家乘》称代宗时岭南进九寸琉璃盘，又权臣元载家有径尺红琉璃盘，都认为是难得宝物。唐代重灯节，每到正月元宵，全国举行灯节。当时政府所在地的长安灯节，更是辉煌壮观。据《朝野佥载》叙述，睿宗和武则天时，灯有高及十丈延续百丈的。这种成组列的灯彩，个体多作圆形或多面球形的骨架，用薄纱糊就，画上种种花纹，灯旁四角还点缀种种彩色流苏珠翠。琉璃的使用，是作为灯旁装饰，灯的主要部分还是用纱。借此可知某一部门的生产，常常和其他部门生产相互制约，有些还出于经济原因。唐代镜子工艺可说是青铜工艺的尾声，然而也是压轴戏，许多作品真可说近于神工鬼斧，达到金属工艺浮雕技术最高水平。并且已经大量使用金银薄片镶嵌在镜子背面，制作了许多华丽秀美的高级艺术品外，还曾用彩色琉璃镶到镜子背上，得到非凡成功。可是却没有工人会想到把这种琉璃磨光，设法涂上磨镜药，即可创造出玻璃镜子。这种玻璃镜子直到一千年后才能产生出来，结束了青铜镜子延长约二千三百年的历史使命。仔细分析，还是受条件制约限制，即当时铸镜工艺优秀传统，已成习惯，而且十分经济，才不会考虑到还有其他更便宜的材料可以代替。

第三讲
镜子史话

　　从古代文献叙述中可以知道，有史以后，古人照脸整容，的确是用一个敞口盆子，装满清水来解决的。这种铜器叫作"盘"或"鉴"，盘用于盥洗，鉴当作镜子使用。古器物照例刻有铭文，盘铭最古的，无过于传说成汤盘铭"苟日新，日日新，又日新"九个字。其次是武王盘铭"与其溺于人也，宁溺于渊"十个字。

　　唐代特种加工镜子，计有金银平脱花鸟镜、螺钿花鸟镜、捶金银花鸟镜、彩漆绘嵌琉璃镜，这类具有高度艺术水平的镜子图案，有部分和一般镜子主题相同；有部分又因材料特性引起种种不同新变化，如像满地花螺钿镜子的成就，便是一个好例。这些镜子华美的装饰图案，在中国制镜工艺发展史上达到了一个新的高峰。

镜子的故事（上）[1]

历史博物馆在午门楼上有个新的全国出土文物展览，三千七百件文物中有许多种脸盆和镜子。把它们的时代、式样，和出土地区都弄清楚后，我们也可以得到许多知识。如联系它们应用时的社会背景和发展关系，这些日用东西，也可为我们解决一些过去没有明白的历史问题，并启发我们，中国古文化史或美术史的研究，有一条新路待人去走，就是把地下实物和历史文献结合，用发展和联系看问题的方法。若善于运用，会有些新的收获可以得到的。

我们不是常说起过，人类爱美心是随同社会生产发展而逐渐提高的，至晚在彩陶出现的时期，我们老祖先既然能够做得出那么好看的有花纹陶器，又会用各种玉石、兽牙、虾贝装饰头部和手臂，石头生产工具也除实用外要求精美和完整，对于他自己的身体和脸上，总不会让它肮脏不堪。但是怎么来解决这个问题？除相互照顾，可能就是从水中照着影子来解决。没有陶器时在池水边照，有了陶器就用盆子照。这种推测如还有些可信，彩陶中钵子式器物，或许就是古人作盥洗用的东西，本有名字我们已不知道。到后来随着社会发展，到了青铜器时代，洗脸和照脸分成两种器物，用铜作的来代替了。中国人最初使用镜子，到目下为止，我们还缺少

---

[1] 本文作于1954年秋。

正确知识。虽俗说"轩辕造镜",轩辕的时代科学家一时还难于肯定。过世不久的专家梁思永先生,在二十多年前发掘安阳殷商墓葬和文化遗址时,据说从青铜遗物中,已发现过镜子。这就是说,中国人能掌握青铜合金作种种工艺品时,一部分人生活用具中,也起始有了镜子。算时间,至少是三千二百年前的事情!可惜没有详细正式报告,思永先生已成古人了。

从古代文献叙述中可以知道,有史以后,古人照脸整容,的确是用一个敞口盆子,装满清水来解决的。这种铜器叫做"盘"或"鉴",盘用于盥洗,鉴当作镜子使用。古器物照例刻有铭文,盘铭最古的,无过于传说成汤盘铭"苟日新,日日新,又日新"九个字。其次是武王盘铭"与其溺于人也,宁溺于渊"十个字。鉴铭最古的传说是周武王鉴"瞻尔前,顾尔后"六个字。都是语言警辟,可惜无实物作证。从文字措词比较,我们说这种盘子可能古到商周,铭文却是晚周或汉代读书人作的。最著名的重要实物无过周代的"虢季子白盘"和"散氏盘",商周遗物中,虽常有虺龙纹和鱼鸟兽纹青铜盘出土,多和食器发生联系,可不大像宜于贮水化妆。这次西北区郿县出土一个东周龙纹盘,和华北区唐山出土一个燕国兽纹盘,就和食器同在一处。这类铜盘也有可能在祀事中或吃喝前后用来洗洗手,或诸侯会盟时贮血水和酒浆,参加者必染指盟誓。但和个人化妆关系究竟不多。鉴的器形从彩陶时代就已确定,商代瓦器中常有发现。这次郑州出土瓦器群,就有几件标准式样。是底微圆,肚微大,缩肩而敞口,和春秋战国以后的鉴很相近。但是这东西当时的用途,我们却取个保留态度。因为看样子,用于饮食比用于盥洗机会还多些。

成定型的青铜鉴,多在春秋战国之际才出现。目下国内最重要的实物,有如下几件:

一是现存上海博物院山西浑源出土的二大鉴,鉴口边沿铸有几支小虎攀援窥伺,雕刻得十分生动神气。

另一件是河南汲县出土的水陆交战人物图鉴,重要处是它的图案设计,丰富了我们对于战国时人生活方面许多知识,剔空部分当时可能还填有金银彩绘。

第三件是科学院新近在河南辉县发掘出土那一件，上面有精细刻镂花纹，包括两层楼房的建筑，和头戴鹖尾冠人物燕享奏乐射箭生活，鸟树狗马杂物形象，并且很像用熟铜捶薄方法作成的。

第四件是大型彩绘陶鉴，也在辉县出土，花纹壮丽而谨严，可作战国彩绘陶的代表。

另外还有一件传说辉县出土彩绘漆大鉴，原物已经残毁，不过从残余部分花纹，还可以看出它壮丽而秀美的构图，和同时代金银错图案极相近。

其中除浑源大鉴还像一个澡盆，辉县漆鉴本来可能贮满清水时便于照脸，其余几件东西，居多还像酒食器。古代如果真的用鉴作化妆用具，求它切于实用，这种鉴可能是"漆"作的，讲究的就用错金银作边缘附件。证据是出土物中发现过许多这种错金银或青铜刻花圈形附件，小型的已知道是贮镜柙的奁具，口径大到一尺二寸以上的，至今还不能明白用途。照例说它是装东西的"容器"，是并不具体的。一切日用器物，决不会凭空产生的，和前后必有联系。它虽上无所承，而下却有所启。

西汉初叔孙通著《汉礼器制度》称：

洗之所用，士用铁，大夫用铜，诸侯用白银，天子用黄金。

洛阳金村曾出土过战国小型桃式银洗。汉代瓢式银匜已有发现，纯金洗却未出过土。如照《贡禹奏议》所说，则银和金也可作金银镶边的漆器解。极明显，到了汉代，士大夫通用鉴式另有发展，而且专用作盥洗工具了，通名就叫做"洗"，别名叫做"朱提堂狼洗"。西南朱提郡是主要生产地，格式也有了统一化趋势，花纹不是一双鲤鱼或一只大角羊，就是朱鹭和鹿豕，并加上"大富贵乐有鱼""长乐未央"等等吉利文字，是用阳纹铸到洗中心的。另有一种小型洗，多用细线阴刻满花云中鸿雁、麋鹿、熊罴或龙凤作主题，绕以活泼而流动的连续云气，用鎏金法作成的。显然是照叔孙通所说，汉代王侯贵族才能使用。在汉代工艺品中，这是一种新型的生产。还有一种中型缺边碗式洗，铜、陶、漆都发现过，多和贮羹汤、醯酒的羽觞一道搁在平案上。晋代青釉陶瓷的生产，既代替了青铜的地位，洗即发展成两个式样：大小折中于中型鎏金洗和平底碗之间，在边沿或留下一圈网纹装饰和几个小小兽面，或只有两道弦纹，中心留下两只平列小鱼浮雕，反映到南方缥青瓷生产的，随后就有印花越州窑、龙泉窑的中型洗。至于宋代钧、官、汝、哥南北诸名瓷，却多把一切装饰去掉不用。北方定窑则在双鱼外又加有种种写生花鸟装饰。这种洗，如依然有实用意义，大致只宜洗笔不再洗手了。还有一种容量和"朱提堂狼洗"相差不多，稍微改浅了一些，边沿摊平，一切装饰不用，只在边沿和中心部分作几道水纹，晋六朝以来，南北两大系的青瓷都用到，发展下来就成了后世的"脸盆"。例如这次华东区扬州农场出土的一个，就属于缥青瓷系；中南区广东出土的一个，就属于北方青瓷系。宋、明以来标准式样，是故官宋定式墨绘脸盆，是这次陈列的宋赵大翁墓壁画化装时用的脸盆，和在首都七个明代妃子墓中发现的那个黄金脸盆，和另一个比较小一些的嵌银龙凤花纹脸盆。这种式样一直使用下来，在不同地区，用不同材料，和种种繁简不同花纹装饰，直延续到明、清二代，有景德镇青花脸盆，有彭城窑面盆，有宜兴挂釉加彩脸盆，有广式、苏式白铜脸盆，随后才有"景泰蓝"和"铜胎画珐琅"的脸盆出现。现代搪瓷盆就由之衍进而来。

至于镜子呢，古人本来也叫作"鉴"。因名称意义容易混淆，现在有些人就把同一器物，战国时的叫"鉴"，汉代的叫"镜子"。这种区别并不妥当。因为战国时人文章中已常提起镜子。把战国的镜子叫作"鉴"，是根据叙述周代工官分职的专书《考工记》而来。书中在金工部门说，"金锡半，谓之鉴燧之齐"，译成现代语言，就是"作镜鉴的合金成分，是铜锡各半"。但照注解"鉴燧"指"阳燧"，是古人在日光下取火用的。此外还有"阴燧"，可对月取水。

卫宏《汉官旧仪并补遗》也说过：

皇帝八月酎……用鉴燧取水于月，以火燧取火于日。

三国时高堂隆却以为：

> 阳燧取火于日，阴燧取水于月。

崔豹《古今注》并说明取火的方法：

> 照物则影见，向日则火生，以艾承之则火出。

说法虽不相同，可见这种古代聚光取火镜子，起源必定相当早，到汉代封建帝王还当成一种敬神仪式使用。我国古代科学发明极多，对于世界文化有极大贡献。早过万年前的石器时代，既然就会钻木取火，进入青铜时代，又会用"阳燧"取火，应当是可信的。不过在考古材料中，我们今天还不曾发现过青铜作的"阳燧"，发现的多是照脸用的各种镜子。铸镜成分各时代也不相同，早期镜子大约百分比是铜占七五锡铅占二五。镜子铸成必加工磨光，西汉淮南王刘安著的《淮南子》，就叙述过古人磨镜方法，是把"玄锡"敷到镜面上，再用细白毛织物摩擦拂拭，才能使用。"玄锡"就是水银。磨镜子古代早有专工，《海内士品》一书中，记述汉末名士徐孺子，想去送他老师江夏黄公的丧葬时，没有路费，就带了一副磨镜子的家伙，沿路帮人磨镜糊口，终于完成愿心。"青铜时代"虽到战国就已结束，青铜镜子的工艺，却一直沿袭下来，一百余年前，才由新起的玻璃镜子代替。《红楼梦》小说写刘姥姥进大观园，吃醉了酒，胡胡涂涂撞进宝玉房中时，先走到一个"西洋穿衣镜"前面，看见自己的影子，笑眯眯的，还以为是"亲家"。这是许多人都熟悉的故事。其实当时的城里人，也居多还使用铜镜。

过去一般读书人，认为镜子从秦代起始，是受小说《西京杂记》的影响。

> 高祖初入咸阳宫，有方镜，广四尺，高五尺九寸，表里通明。

人来照之则倒见，以手扪心来，则见肠胃五脏，历然无碍。

旧社会老百姓上衙门打官司时，照例必用手扪心，高喊一声："请求青天大老爷秦镜高悬！"典故就出在这个小说里。意思是把那位县官当成"秦镜"，明察是非。镜子照见五脏，不会真有其事。但是战国已有方镜，这次长沙楚墓就有一面出土。大过五尺的方镜，汉代却当真有过。晋初著名文人陆机，给他的弟弟陆云书信中，就提起过"见镜子方五尺三寸，宽三尺，照人能现全影"。《西京杂记》多故神其说地方，不尽可信。陆机所见古代实物，是相当可靠的。也有洗澡用的大型铜澡盘，能容五石水，见曹操《上杂物疏》。郭缘生《述征记》还说，这个澡盘在长安逍遥宫门里，面径丈二。可知是秦汉宫廷旧物。

从出土实物和文献结合看来，镜子大致和盥洗的"鉴"同时，约在春秋战国之际才比较普遍应用。战国时著名思想家庄周和韩非，文章中都引用过镜子作比喻，可见是当时人已经熟悉的东西。最著名的，是《战国策》上说到的邹忌照镜子故事。故事说，城北徐公有美名。邹忌打扮得整整齐齐去见齐王以前，问他的妻、妾和朋友，比城北徐公如何？三人都阿谀邹忌，说比城北徐公美。但是邹忌自己照照镜子看，却实在不如。不免嗒然丧气。因此去见齐王，陈说阿谀极误事。阿谀有种种不同原因，例如"爱"和"怕"和"有所请求"，都能够产生。官越大，阿谀的人越多，越容易蒙蔽真理，越加要警惕。齐王采纳了他的意见，改变作风，广开言路，因此称霸诸侯。故事虽流传极久，一般人对于镜子的认识，还是除"秦镜高悬"，另外还知道"破镜重圆"。这两个名词，一个表示明察秋毫，一个表示爱情复好。至于故事的详细内容、本源，即或是"读书人"，照例也不大明白了。

镜子在实用意义外附上神话，和汉代方士巫术信仰关系密切。后来有两个原因更增加了它的神秘性：

一个是七世纪隋唐之际，王度作的《古镜记》，把几面镜子的发现和失去，说得神乎其神。

另一个是从晋六朝以来，妇女就有佩镜子风气，唐代女子出嫁更必需佩镜子。

到十九世纪，玻璃镜子普遍使用后，铜镜成了古董，照习惯，妇女出阁还当成辟邪器挂在胸前。把镜子年代混淆，另外还有一个原因，是宋代《宣和博古图》和清代《西清古鉴》，都把唐代的海兽葡萄镜，当成汉代作品。这事至今还有读书人相信。

近几十年研究镜子的人，从实物出土的地方注意，才修正了过去错误，充实了许多新知识。首先是淮河流域寿州一带发现了许多古镜，花纹风格都极特别，过去陕西、河南不多见，因此叫它作"淮式镜"。至于产生的时代，还是沿袭旧称，认为秦代制作。其实寿州原属楚国，如果是"秦镜"，应当在咸阳、长安一带大量出土才合理！直到近年长沙楚墓出土这种镜子又多又精美，才明白它的更正确的名称，应当叫作"楚式镜"，是战国时楚国有代表性的一种精美高级工艺品。镜子的大量生产，或普遍作墓中殉葬物，也是楚国得风气之先，而后影响各地，汉代以后才遍及全国。我们这么说，是因为秦、赵、燕、齐诸国墓葬中，也发现过镜子，但数量却极少。如不是不会用镜子，只有一种解释说得通，就是殉葬制度中不用镜子。但是到汉代，坟墓中用镜子殉葬，却已成普通习惯了。

战国镜子和别的铜器一样，花纹图案地方色彩十分鲜明。大体上可以分成两大类：例如午门楼上展出新出土的一面漆地堆花蟠虺方镜，上海博物馆展出的一面"虎纹镜"，和流出国外的"四灵鹫方镜""圆透雕蟠虺方镜"和同一纹样圆镜，其他图录中所见龙纹和蟠虺纹镜。除第二种具浑源铜器风格，后几种都和新郑器及一般战国时中原铜器花纹相通。这一类镜子，艺术作风虽不相同，制度却大致相同。胎质都比较厚实，平边，花纹浑朴而雄健，可代表北方系作风。至于出土地不明确那面"金银错骑士刺虎镜"，和相传洛阳金村出土一面"玉背镜"，和寿州、长沙出土的大量龙纹镜、山字镜、兽纹镜，制度就另是一种。胎质都极薄，边缘上卷，设计图案多活泼而秀美，不拘常格。特别是长沙出土的各式镜子，更可代表南方系艺术作风，具有显明的地方特征。花纹处理多沿袭商周青铜器而加以发展，分做两层，有精细而多变化的地纹，在地纹上再加浅平浮雕，浮雕又还可分"平刻""线描"和有阴阳面的"剔花"。在种种不同风格变化中，充分反映出设计上的自由、活泼、精致和完整。特别重要还是它的统一完整性。又因磨治加工过程格外认真不苟且，方达到了青铜工艺的最高成就。可说是青铜器末期，结合了最高冶金技术和最精雕刻设计艺术的集中表现。它的复杂多样的花纹，上承商周，下启秦汉，还综合战国纹饰特长，反映于各种圆式图案中，为后来研究古代花纹图案发展史的人，给予了极大便利。

例如"连续矩文"，是商代铜器和白陶器中重要纹饰中一种花纹，本来出于一般竹蒲编织物，反映到铜、陶纹饰中，和古代高级纺织物关系就格外密切。到战国末期，除部分铜鼎花纹还保持这种旧格式，一般车轴头上的图案花纹还使用到它，其他器物上已不常见。但是这种矩纹却继续用种种新鲜活泼风格，特别是结合精细地纹作成的方胜格子式变化，反映于长沙古镜装饰图案中，不仅丰富了中国圆式图案的种类，特别重要还是对于中国古代的黼绣纹，也间接提供了许多重要参考资料。古代谈刺绣，常引用《尚书》"山龙华虫，藻火粉米"等叙述。既少实物可见，历来解释总不透彻。汉代以后儒生制作多附会，越来越和历史本来面目不合。从别的器物花纹联系，虽有金银错器、漆器、彩绘陶器可以比较，却并不引起学人认真注意。近三十年燕下都新出土的各种大型砖瓦花纹，和辉县出土的漆棺花纹，因为和蒙古人民共和国诺音乌拉古坟一片丝织物花纹相似，特别是燕下都的砖瓦花纹，和金文中"黼"字极相近，才起始启示我们"两弓相背"的黼绣一种新印象。但由于长沙上千面镜子的发现，完全近于"纳绣""锁丝"的精细镜子地纹，和由龙凤综合发展而成的种种云藻丰纹，更不啻为我们丰富了古代刺绣花纹以千百种具体式样。这些镜纹极显明和古代丝绸刺绣花纹关系是分不开的。并且从内容上还可以看出，有些本来就是从其他丝绣装饰转用而成。例如，一种用四分法处理的四叶放射式装饰，有些花朵和流苏坠饰，是受镜面限制，才折叠起来处理的。如果用于古代伞盖帐顶时，就会展开回复本来的流苏珠络形式。还有菱形图案的种种变化，孤立来看总难说明它的起源。如联系其他漆器、错金器比较，就可以明白原来和古代丝织物的花纹都基本相通（楚墓出土实物已为我们完全证明）。这些花纹还共同影响到汉代工艺各部门。诺音乌拉汉墓出土的一件大绣花毯子，边沿的纺织物图案，就和这次陈列的那面朱绘镜子菱形花纹完全相同。另外一片残余刺绣上几个牵马胡人披的绣衫上方胜格子纹，又和这次长沙出土一个战国时镂刻填彩青铜奁上的花纹相合。其他一些云纹绣，更是一般金银错图案。还有一种镜子，在对称连续方格菱纹中，嵌上花朵装饰，地纹格外精美的，也有可能在当时就已织成花锦，或用纳绣法钉上金珠花朵，反映到服饰上。西域发现的汉锦，唐代敦煌发现的方胜锦，显然就由之发展而出。洛阳出土大空心砖上的方胜花纹，沂南汉墓顶上藻井平棋格子花纹，也是由它发展的。至于羽状地纹上的连续长尾兽纹，写实形象生动而活泼，又达到图案上的圜转自然效果，构图设计，也启发了汉代漆盘中的基本熊纹布置方法……总之，楚式镜纹的丰富变化，实在是充分吸收融化商周优秀传统并加以发展的结果，和同时期工艺各部门的装饰图案，又发生密切联系，至于影响到汉代以后的装饰图案，更是多方面的。这是美术史或工艺史的研究工作者，都值得特别注意的一件事情。离开了这些实际比较材料，仅从文字出发，以书注书，有些问题是永远无从得到正确解答的。

近人常说汉代文学艺术，受楚文化影响极深。文学方面十分显著，因为西汉人的辞赋，多直接从楚辞发展而出。至于艺术方面，大家认识就不免模模糊糊。去年楚文物展览，和这次出土文物展览，从几面镜子花纹联系比较中，我们却得到了许多具体知识！汉代铜器在加工技术上，主要特征是由模印铸造改进而为手工线刻，花纹也因此由对称式云龙鸟兽和几何纹图案，发展变化为自由、现实、写生，不守一定成规的表现。阴刻花纹虽起源极早，商代以来，雕玉、雕骨早已使用，但直接影响到汉代工艺的，也只有从楚文物中的漆器、木刻和青铜镜子等技法处理上，见出它的本来面目和发展趋势。

楚国统治者在诸侯间尝自称"荆蛮"，近于自谦封地内并无文化可言。

当时所说，大致指的只是封建制度中的旂章车辂，仪制排场，在会盟时不如齐、晋诸侯的讲究。至于物质文化，实在并不落后于人。特别是善于融合传统，有色彩，有个性，充满创造精神和自由思想的工艺美术，春秋战国以来，楚国工人所达到的高度艺术水平，和中原诸国比较，是有过之无不及的。楚国爱国诗人屈原文学上的成就，和楚国万千劳动人民工艺上的成就，共同反映出楚文化的特征，是既富于色彩，又长于把奔放和精细感情巧妙结合起来，加以完整的表现。这虽然同时也是战国文学艺术的一般长处，是战国时期美学思想在文学艺术上的具体反映。但是从楚文化中，甚至于从一面小小青铜镜子中，我们却更容易看出鲜明的时代精神和民族风格。

镜子既然是古代人的日用品，为便于应用和保护，必需装在一个适用的盒子里或套子里。长沙出土文物中，还发现过许多种刻画精美的大小漆盒子。这种漆盒大型的多分层分格，里面装有镜子、小木梳篦和脂粉黛墨。这种漆器叫做"奁具"。古代社会女子教育"德""容""言""功"四种要求中，整洁仪容占第二位，因此女子出嫁时，随身也少不了一个"奁具"。不过当时代表的是"艺术"，可不是"财富"。到后来，陪嫁依然少不了"妆奁"，但是意义已完全不同了。到现代，除了西南边疆兄弟民族，还使用这种基本上用红黑二色为主的旧式彩绘漆器，制作方法并影响到印度、缅甸、暹罗、越南的生产，其余地方已少见到这种制作了。

这次长沙出土文物中，除那个彩绘狩猎漆奁外，还有个镂刻方胜花纹青铜奁具，图案精美而复杂。如不是用金银错技术填嵌金银，就是用彩漆填嵌处理的。新时必然丹翠陆离，异常华美。这也是这次展览中一件重要艺术品。这个铜奁和长沙楚墓发现的人物彩画漆奁，人物车马漆奁，细刻云兽纹素漆奁，可算得是楚国工艺品中几件"杰作"，也可作古代"奁具"的代表。它们是因镜子而产生的。过去人谈古器物，常把许多种筒子式青铜器都叫做"奁"，但是这些器物用处显然不会相同。只有长沙楚墓出土这种青铜或彩绘漆"奁具"，里面大多数还有镜子、梳篦和其他化妆用品，才可和史游《急就章》提起的"镜奁梳比各异工"相印证，知道是战国汉代以来化妆用的奁具标准格式。这种奁具到汉末还有漆地画金银花纹的，魏晋以来技术依然能够保存，从曹操《上杂物疏》和晋人著《东宫旧事》的记载可以知道。不过晋代一般人使用的漆奁，大都是素质无花，因晋代法令禁止普通漆器文画加工。法令还提起过，造漆器的人必须把店铺工匠姓名和年月写上。齐高帝也有令禁止一般杂漆器加绘金银花。这次在杭州发掘的几件南宋时临安府生产的素漆器，式样还是汉晋旧格，文字可和晋令相印证，证明了直到宋代，一般民间漆器，还遵守这个五六百年前的法令。这件事情，也是用文献结合出土实物才知道的。

奁具的"筒子式"或"三套式"改进成饼子式或蔗段"五撞""六撞"式，和花朵式的外形，是配合唐镜从唐代才起始的。上海博物馆保存有元代画马名家任月山的媳妇墓葬中出土的几件漆器，剔红盒可证明现存明代雕漆多本宋、元旧法，另外一个素漆花式套奁，却是现存唐式漆奁极有价值的范本。奁具也有方的，和后世县官印盒差不多，材料有用木片拼合的，用夹纻法作胎的，居多用竹篾编成。最著名的遗物，是在朝鲜汉代古墓发现的一个，上面画了许多彩漆人物，还有商山四皓和武王、纣王等的画像。这种东西到汉末又名"严具"。陆机书信中还提起看过曹操用的严具，是个六七寸高的方盒子，内有梳篦、镊子杂物。

镜子的故事（下）[1]

午门楼上展览除战国镜子外，另外还有很多精美汉、唐镜子，其中有四面镜子，在镜子工艺和应用发展历史中，各占不同重要地位。

一、华东区浙江大学出土的西王母画像镜

照历史发展说来，中国的青铜器时代，结束于战国。这并不是说战国以后就没有青铜艺术。秦汉以来，铁工具已经成了主要生产工具，饮食日用器具或特别用具，漆器和釉陶的使用又日益普遍，再不是青铜器独占的局面。因此青铜器失去了过去的特别重要地位。这是社会发展的新趋势。但青铜器物在社会上却依然有它的广泛需要。使用范围并不缩小，还更加普遍了。我们从墓葬遗物中就容易看出。日用器物如辘轳灯、烛盘、熨斗、香炉、酒枪、带钩、弩机、熊虎镇、小刀、剪子，和小型车马明器中用的种种金铜什件，大件器物如鼎、豆、甑、壶、钟、釜、镂、酒铛、堂狼洗、车上什件、帐构杂件、度量衡器，大都还是用铜作的。而且有些还加工作得特别精致。不过除堂狼洗铸有鱼羊类花纹，带钩、弩机，和一部分用器，有用鋈金银花新技术表现，辘轳灯和熊虎镇子仿像生物，可代表汉代立体雕刻，其余铜器多只用简单带纹装饰，有的还毫无装饰。但也有新的发展

---

[1] 本文作于1954年秋。

部分，就是用手工精细刻镂，代替了商周以来旧法的模铸，图案也由对称定型，变而为自由、活泼，和逼真生动。这种技术发展于战国，盛行于汉代。来源有可能是先从南方流行，才遍及国内各地（这次中南区衡阳工地汉墓出土一份细刻花纹铜器，和许多仿铜青釉刻花陶器，是最好的代表）。另外又发展了铜上镀金的工艺，古名"鋈续"，意思是把金汁倒到其他金属上面去，后世通名"鎏金"。其实是用汞类作媒触剂完成的。起始只用于战国末期的小件犀比带钩上，可知技术还相当困难。到汉代，因社会重视金银，才促进了技术发展，广泛应用到各种铜器上去。例如那种精细刻镂水云、鸟兽、花纹，面径六七寸大的铜洗，制作就格外讲究。这种新型工艺美术品，当时可能是和金银钿漆器奁具配成一套使用的。在漆器中，新发展的金银钿器，必有带式装饰，精美的多用纯金银或错金银法作成，比较一般性的，也在铜上鎏金。这种附件既增加了夹纻漆器的坚固性，又增加了它的美术效果，汉代"钿器"是由此得名的。不过继承了青铜工艺模铸技法的固有长处，在花纹方面而加以新发展的，主要却是镜子。

现在人一提起镜子，不说"秦镜"，必说"汉镜""唐镜"。西汉早年的镜子，本和战国"楚式镜"或一般所谓"秦镜"不容易区别。前代镜样到西汉还流行，是过去人容易把它时代混淆通称"秦镜"或"汉镜"的原因。特别是内沿方框作十二字铭文，字体具秦刻石遗意，花纹如楚式镜中的云龙镜，过去人都认为是标准"秦镜"的，从铭文所表示的思想情感看来，大致还是西汉初期也流行的镜子。

显明标志出早期汉镜工艺造形特征的，约计有五方面：

一、花纹中已无辅助地纹。

二、镜面起始加上种种表示愿望的铭文（早期字体比一般秦刻石还古质，西汉末才用隶书）。

三、镜背穿带部分由桥梁式简化为骨朵式。

四、边沿不再上卷，胎质比较厚实。

五、除错金银镜外，还有了漆背金银平脱和贴金、鎏金镜子的产生。

具有前四种特征的汉镜，如把它和战国楚式镜比较，会觉得汉镜简朴有余而艺术不高。第五种近于新成就，如这次长沙出土柜中新补充的两面西汉末加金镜，一个系薄金片贴上，一个系鎏金，在技术上是重要的，但数量并不多，缺少一般代表性。有一点十分重要，即是出土地依然还在南方，可知加金技术经南方发展是有道理的。早期汉镜花纹图案的简化，和小型镜子出土比较多，显示出社会在发展中。上层艺术性要求不太高，而一般使用已日益普遍，这类镜子的产生，是由实用出发而来的。武帝以来，生产有了新的发展，社会政治日益变化，宗教巫术空气浓厚，装饰艺术用比较复杂形式反映到镜面上，和成定型的云中四神内方外圆的规矩镜，才用种种形式表现出来。东汉以来，神仙信仰加强，并且解除了巫蛊禁忌，故事传说日益普遍，神人仙真于是才上了镜面，镜子的使用，也由实用以外兼具有辟邪意味，和长生愿望了（这类镜子这次陈列是有很多具代表性的）。这还仅只就花纹图案一方面而言。

汉镜问题在铭文。大约而言，也可分作两大类，即三、四言和七言。从内容区别，有四种不同代表格式。

第一类如：

一、"大富贵，乐无事，宜酒食，日有熹"十二字铭文。

二、"见日之光，长毋相忘"八字铭文。

前一种，可说是标准汉人"功利思想"的反映。后一种，已可看出汉代人正式用镜子作男女彼此间赠答礼物的习惯。也有具政治性的，如"见日之光，天下大明"八字，近于当时阴阳术士的谶语，或在成、哀之际出现的东西。

铭文最短的只四个字，种类极多，计有"家常富贵""长宜子孙""长宜高官""长毋相忘""位至三公""长乐未央"等等格式，虽同用四字铭文，却表现不同思想情感，反映于式样不同镜面上。"家常富贵"多小型镜，制作极简，近于民间用品。"长宜高官""长宜子孙"多大型，花纹虽同样简朴，制作却十分完整。"长乐未央"还具战国镜式花纹和形制，多小型，四小字平列在花纹一方，近于秦汉之际宫廷式样。"长毋相忘"有各种不同格式，可看出是一般中等社会通常用品，纹饰虽简，铸模却精致，切于实用。

第二类七言铭文的，由骚赋文体出发，近于七言诗的前身，极常用的有：

三、"内清质以昭明，光辉象夫日月，心忽扬而愿忠，然壅塞而不泄。"

四、"新有善铜出丹阳，和以银锡清且明，巧工作之成文章，左龙右虎辟不祥。"

前一式文字安排有作一圈的，有分作两层的。从文体看可以明白，它实远受屈、宋骚赋影响，近接司马相如、枚乘等文赋，可说是骚赋情感在镜铭上的反映。铭文内容含义，因此可说有政治也有爱情。除铭文之外，几乎无其他花纹，小型的铜质格外精美。后一式时代或稍晚些，一般多认为是王莽时官工镜。完全显明具政治性的，有"胡虏殄灭四夷服，天下人民多康宁"等语句，本来应当和汉武帝在中国边境的军事行动不可分。但是出土遗物时代都比较晚（用图案表现战事的还更晚，又不和铭文结合）。和二式同出现于西汉末王莽时代，现在一般还认为是王莽时官工造镜。有具年款的，一般多不刊年款。表示宗教情感和长生愿望铭文同在一处，最著名的是"尚方作竟真大巧，上有仙人不知老，渴饮玉泉饥食枣"，铭文中一面指明这种镜式最先必出于官工制作，一面更反映《史记·封禅书》《汉书·郊祀志》所提起过的"神仙好楼居，食脯枣"等等方士传说在汉代的发展和影响。这种神仙思想，影响到中国文化是多方面的，例如对于中国建筑艺术，就因此发展了向上高升的崇楼杰阁结构。如汉人文献记载，武帝时宫中井幹楼、别风阙，都高达五十丈，鸿台高四十丈，金凤阙、蜚廉观各高二十五丈，渐台高二十丈，通天台还高及百丈，云雨多出其下。汉武帝在通天台上举行祀太乙仪式时，用太祝领导八岁童女三百人，各著[①]彩绣衣服，在上面歌舞，壮伟动人景象可想而知。这种风气反映到东汉中等人家墓葬中，也不断发现有高及数尺、三层叠起的灰陶和釉陶楼房，从

---

① 著，同"着"。

结构上看，可能和用博山炉一样，还是让死者升天和王乔、赤松子不死意义。至于反映于社会一般装饰彩画上，是青龙、白虎、朱雀、玄武四神主题画地位的确定，和由"海上三山"神话传说而来的仙人云气、鸿雁麋鹿，气韵飘逸色彩绚丽的装饰花纹，应用到金银错、彩漆、丝绸和铜、陶、玉、木、石等等雕刻工艺中，都得到极高度的成就。特别是两件金银错兵器附件上的花纹，并且可作古代谈养生导引"熊经鸟申"五禽之戏的形象注释。它的产生早可到秦始皇，作为巡行的兵卫仪仗使用，晚到汉武帝，是文成、五利手中所执的法物！在新的器物制作上，除完全写实的金铜熊、羊、辟邪，更有各种式样的透空雕花博山香炉的产生，珍贵的多用纯金银作成，最常见是青铜的。这种社会风习反映到镜鉴上，也作成图案设计的主题。不过镜面既受型范技术限制，又受圆形面积限制，更重要镜子是日用品，要求数量多，因此虽刻画得依然如"生龙活虎"，比较起来，究竟不能如其他工艺富于活泼生命。惟汉镜时代特征，却依然反映得十分清楚。

还有神仙思想主要是长生希望，铭文表示向天许愿长保双亲康宁的，多和"上有仙人不知老"等铭文在一道。向神仙求福本是宗教情感的表现，但这种孝子思想，却又和东汉儒学提倡孝道相关。

我们说"早期"，或"晚期"，也许措辞用得不易完全符合历史本来。例如"家常富贵"小型镜，虽是汉代作品，六朝以后还继续铸造。因为它是好简朴的一般人民使用的简朴式样。铭文所有愿望也是普通小有产者的希望，时代性就不大十分显著。至于"见日之光，长毋相忘"小型和中型镜，虽代表的是中层社会个人情感，和私生活发生联系，到东汉就有了其他式样代替，六朝以后铭文所表示的情绪虽还相同，措辞已大不相同了。"胡虏殄灭四夷服""上有仙人不知老"等铭文镜，反映的既是政治现实和宗教信仰，照理应出于武帝时代，事实上却多在东汉才出现。这些问题需要更具体、更全面出土材料，才可得到正确解决。如用部分知识推测，是不可免有错误的。这也可以见出全国性文物发掘保存的重要性。因为用比较方法和归纳方法，就可以得到许多有用知识的。

汉镜的图案设计比铭文问题复杂。"见日之光"小型镜多重轮，铭在中

第三讲　镜子史话

圈部分，每字常用一花式图案隔离，中型的即无间隔花式。它的式样或者由"日重光月重轮"的祥瑞信仰而来。也有作内方外圆布置，内用四分法加流苏装饰，文字分别嵌于四方的。又有作星象式或乳钉旋绕，纽作十二重叠乳钉，普通都叫作"星云镜"，这是从兽纹衍进简化而成的。"长宜子孙""长宜高官"等大型镜，虽近于早期官工镜样，制作得十分完整，但除中心四叶装饰，有的一圈云纹外，竟只使用一些重复线条，虽然在设计时深具匠心，整体结构效果极大方，几个字的安排，并且还特别注意，保留晚周错金柳叶篆文格式的特长，经营位置，恰到好处。可是究竟素朴简单了一点。这种镜式到东汉还保留，只换上铭文作"位至三公"，希望具体了许多。花纹比较进一步的，是在连弧内作八凤或朱雀图案的镜式。构图设想，或本源于"日中星鸟"记载，又或不过采用汉人熟悉的祥瑞传说。有作八凤的，有作十二凤的，也有并外弧用到二十四凤的。一般叫作"夔凤镜"，本名或者还是"朱雀镜"。如系由取火阳燧发展而出，装饰花纹用三足乌，就更符合传说。这类镜子常作扁平纽。既无地纹，花作平雕，在技术上已近于后代"剔花"（即把空处剔除露出花纹）。又分阴剔和阳剔。若系阴剔，多余的阳纹线条，另外就形成四只蝙蝠式样，算得是镜纹设计的新成就。这种格式起于西汉，到东汉，再衍变就成为一种"兽面辟邪"镜式，或连弧部分加上方框，每一框中用"位至三公"四言铭文处理，就完全失去本来用意了。早期汉镜多较薄，到西汉末才胎质厚实，一般多不卷边，可证明主要是承继战国以来北方系的式样。凡边沿向外过度斜削，时代多比较晚些，属于另外一种格式。正和扁平纽一样，或者和生产地域的风格有关。生产地见于铭文的有"丹阳"和"西蜀"字样。又有"洛阳名工"的铭文。私人造镜著名的有"周仲造镜""骓氏镜""向氏镜"等等，用的还是官工镜格式。或者和《考工记》提起的世袭官工有关。

汉镜花纹图案由简而繁，起始于武帝时代，到西汉末成、哀之际和王莽时代才完成。但和战国镜纹却有基本不同处。显著特征是战国镜边缘多空白，汉代镜则由简单重轮法改进而用三五道重轮法，表现多种鸟兽云气花纹，和齿状带式装饰反复重叠，使之得到一种综合效果。在技术上正和漆器、空心砖等等图案设计一样，带式装饰有占镜面一半的，因此再难于区别边沿装饰和中心部分的主从关系。规矩镜花纹多浅刻，或兼喻"内方外圆"的儒家作人教育意义。但汉代博局，也用的是这种规矩花纹，有出土陶器可证明。绍兴镜子东王公像前的博局，也有用规矩纹装饰的。说明赌博也要守一定规矩！

　　政治现实和宗教情绪反映到镜纹上，本来应当和社会发展有密切关系，不可能孤立生长。花纹和铭文也应当有统一性。汉镜却常有些参差处。例如神仙思想的反映，照《史记·封禅书》《汉书·郊祀志》的叙述，多在秦始皇、汉武帝两个时代，特别是汉武帝时代，排场来得壮大，许多重要艺术成就，都在这个时期形成。最重要的如西王母传说，也应当在这时节产生，至迟到西汉末年已经流行。但镜纹、镜铭和石刻画上的反映，却都晚到东汉桓帝祠老子前后。至于"上有仙人不知老"铭文的神仙或西王母形象正式反映到镜面时，却已经近于宗教在宫廷中时的庄严神秘感早已失去，只是把它当成一种民间信仰，一个普通流传的美丽神话，来和人间愿望结合加以表现了。是否是西王母神话的信仰，先只在宫廷中秘密奉行，到东汉末巫蛊禁忌解放，才公开成为民间传说和社会风气，更因越巫诗张为幻，才特别流行于长江下游？情形不得而知。总之这类镜子出现的正确时代、区域，是值得深入研究，不仅可以解决本身问题，并且还能够用它来校定相传汉人几个小说的比较年代，推测早期道教或天师教形式的。

　　在先秦镜纹上表现人物，著名的只有两面镜子：一面是错金骑士刺虎镜，另一面是细花平刻仙真人物弹琴驯虎镜。第一面或用的是"卞庄刺虎"故事，和宗教无关连。次一面照后来发展看，可能是描写安期生、王乔、赤松子一类列仙生活。镜式都属于先秦式。其他神仙人物镜，却多在前后相距三四个世纪的汉末才出现。较早的神仙镜多中型，镜面神像或者是当时在群众中有了权威的老子或"岁星"。但汉代巫教盛行，信奉杂神的风气普遍，如刘章、项羽、伍子胥都曾被当作信仰对象，甚至于还有把"鲍鱼"当作神来敬奉，称作"鲍君神"的。所以能上镜面的神，必然也相当多。这种神仙人物镜，图案设计表现方法可分成三种类型：

第三讲　镜子史话

第一类用圆圈围绕布置方式，中间或穿插有既歌且舞的伎乐表现。

次一类作三层分段布置，主题神肩部多带有一对云气样的小小翅膀，表示他可以上天下地，来去自在。旁边或有侍从玉女站立，和云气中龙虎腾跃，边沿花纹装饰精美而复杂。中国带式装饰中由云纹而逐渐变为卷草，从镜边装饰可得到具体发展印象。铭文具方士祝愿口吻，且常迁就镜面位置，有语不成章处，可知本来必同样重要，经过复制，从应用出发，才成这样子。就花纹说，鸟兽和侍从羽人，虽还活泼生动，主题神有的却方而严峻，和反映于陶、石上一般汉代人物画像的活泼飘逸不大相称。技术以半圆雕法为主，也有用点线勾勒的。时代多在东汉后期，可知和记载上桓帝祠老子关系密切。这种神像和早期佛教也可能有些联系，因为敦煌洞窟壁画中的"降魔变"构图设计，还像是由它影响而来。

最重要是第三类，用西王母、东王公作主题表现的神仙车马人物镜，其中穿插以绣幰珠络的驷马骈车，在中国镜子工艺美术上，自成一种风格。这种镜子虽近于汉镜尾声，却给人以"曲终雅奏"之感，重要性十分显著。完全是一种新型的艺术创造，即在有限平面圆圈上，作立体驷马奔车的表现，得到体积和行动的完美效果。表现方法有用连续点线处理的，有边沿作平刻，主题用高浮雕处理的。有在高浮雕技法中兼用斜雕方法处理的。点线法和高浮雕本属旧有，斜刻方法表现体积，使用到镜面上，却是一种崭新大胆的试验。正和川蜀汉墓雕砖法一样，直接影响到唐代著名石刻昭陵六骏，和宋、明剔红漆器的刻法。镜面设计有的还保留四分法习惯，有的又完全打破旧例，尽车马成为主要部分，占据镜面极多。一般形象多是西王母和东王公各据一方，西王母袍服盛妆，袖手坐定，如有所等待，面前横一长几，旁有玉女侍立，东王公则身旁常搁一博局，齿筹分明，有的又作投壶设备，或者身前还有个羽人竖蜻蜓献技。孝女曹娥碑说到父亲曹盱能"弦歌鼓舞，婆娑乐神"。当时越巫举行敬神仪式时，或者也正是披羽衣作种种杂技表演。青龙、白虎各占一部分面积。马多举足昂首，作奋迅奔赴姿势，在车窗边间或还露出一个人头。照情形看来，镜中的表现，如不是周穆王西游会王母的传说，就是照《神异经》说到的西王母东王公相对博戏故事。

这种镜子特别重要处，还是它出现的区域性，十分显著。主要出土地限于江浙和山东一部分地方。如照山东嘉祥武梁石刻人神排列秩序看来，"西王母"实高据石刻最上层，代表天上。但汉代人风俗习惯，每个死人都必须向管领地下的"东王公"买地，东王公又俨然是阴间唯一大地主。同时汉代传说"泰山"也是管领地下的主神。这位东王公究竟是周穆王化身？汉武帝化身？王莽化身？两者又如何结合于汉末南方镜子上，当成图案的主题？在社会学上或工艺史上，都是一个待研究的问题。或出于"越巫"的造作，或属于早期"天师教"的信仰，又或不过只是因为生死契阔，天上人间难再相见，为铭文中"长毋相忘"四个字加以形象化的发展。死者乘车升天，也只是汉代传说嫦娥奔月故事，主题虽用的是宗教神话，表现的却只是普通人间情感。镜面也有作伍子胥和吴王夫差像的，和曹娥碑提的"迎伍君神"相合，可知是东汉末年南方人一般信仰。又也有作游骑射猎图的。最重要的成就，还是车马人神除雕刻得奕奕如生，还丰富了我们古代神话的形象，也提供了我们早期轿车许多种式样。一般铜质都比较差，但镜面雕刻实可说犀利壮美，结构谨严。这次午门楼上东头柜中展出的一面，就具有标准风格。这种镜子最精美的，多是一九三四年在绍兴古墓群出土，因此世界上多只知道有"绍兴镜"。其实它应当是汉末三国吴时的南方青铜工艺品代表，绝不止是绍兴一地的生产。

二、晋墓中发现的两破瓦镜

在西汉早期镜子中，社会一般既有了"长毋相忘"等等表示情感的铭文，社会上层又有"长门献赋"的故事，民间又有"上山采蘼芜"等乐府诗歌流传，可知"爱情"在汉代社会生活中，实有了个比较显著的地位。也因此加重了男女间离鸾别鹄的情操。或生前恋慕，用镜子表现情感，或死后纪念，用镜子殉葬，表示生死同心，都是必然的发展。死人复活的传说，如《孔雀东南飞》诗歌叙述，如干宝《搜神记》小说记载，也自然会在社会间流传，特别是社会分崩离析之际。所以照社会现实推测，"破镜重圆"希望或传说，和死人复活的故事相同，至迟应当在魏晋之际发生。文献上记载较早的，是旧传东方朔著《神异经》，就有"夫妇将别，各执半镜为信相约"故事。这次在西南区昭化出土二晋墓中，各有破瓦镜一片，拼合恰成一个整体，为我们证明了晋代以来，民间当真就有了这种风俗，传说，到陈、隋之际，才有乐昌公主和陈德言"破镜重圆"故事产生。"破镜重圆"和死人复活一样，对古人说来，本只是生死者间一种无可奈何的希望。乐昌公主以才色著名，在兵事乱离中和丈夫相约，各执半镜，约作将来见面机会。国亡被掳后，进入当时炙手可热的越国公杨素府中。后来还因破镜前约，找着了丈夫陈德言，夫妇恢复同居。又因陈德言寄诗有"镜与人俱去，镜归人不归。无复姮娥影，空余明月辉"，乐昌公主临去被迫作诗有"今日何迁次，新官对旧官。笑啼俱不敢，方验作人难"之句，载于《两京新记》《本事诗》《太平广记》和《古今诗话》中，当成"佳话"流传。后来教文学史的就把"破镜重圆"事当作起于陈、隋，本来的出处倒忘记了。历史和文物的结合，可以为我们启发出许多新问题，并解决许多旧问题，这两面平平常常破瓦镜，就是一个好例。

汉魏以来铁器已普遍使用，因此也有了"铁镜"。并且还有"错金银铁镜"和"漆背贴金银花纹铁镜"。曹操文集中《上杂物疏》曾提起过许多种。这次展览也有一方素铁镜子。收藏镜子一般用的是奁具，随身使用却放在镜囊中。"镜囊"通名"镜套"，是用锦缎或刺绣作成的。古代的不易保存，目下常见的多是明、清两代以来遗物。明、清铜镜在艺术上已不足言，但镜套却有绣得极精美的。镜子使用时或拿在手上，或挂在架子上，在汉代石刻中，我们已看见过它的式样。至于使用情形，全靠镜后纽部那个穿孔，贯上丝绳，手拿，或挂在一定架子上。挂镜子的器具名叫"镜架"或"镜台"，讲究贵重的多用玉石、玳瑁、象牙作成，一般只是竹木髹漆。镜台有用玉作的，是从《世说》温峤用玉镜台作聘礼记载知道。但镜台的样子，却不大引起人注意。传世晋代著名人物画家顾恺之作的《女史箴图》卷子中，保留有一幅古人临镜整容的精美画面。画中两人席地而坐，一个已收拾停当，手执镜子，正在左右顾盼。一个刚把长发打散，背后面却有个侍女理发，面前搁有镜台和脂粉奁具。镜台画作玳瑁纹，是长方形，附在镜架中部。并用文字解释画题，大意是"人人都知道化妆打扮身体，可不大明白更重要是注意品德"。是现存一卷最重要的中国古代教育连环画，在历史意义和美术价值上，都非常珍贵。原画于鸦片战争英军火焚圆明园时，就被英国军官抢走，辗转到了英国博物馆，现在还未归还中国。

曹操《上杂物疏》文件中，还提起过许多种汉代重要日常用具，我们又借此知道汉镜中"错金"和"金银花"是两种不相同技术的生产。次一种如不是平脱法，就应当是捶薄金、银片的加工技术。捶金薄片，商墓中即已发现过。春秋战国之际，河南新郑还发现过细刻龙纹金甲片，因已脱离附件，当时用处还不能具体明白。汉代用薄金片镶嵌漆器上，重要出土记录有蒙古诺音乌拉古坟出土和陕西宝鸡斗鸡台出土的。长沙这次出土一面鎏金镜，一面贴金镜，贴金镜边沿还另刻细致云纹，和本来的齿状纹不同。魏晋六朝以来金银细工有进一步发展，《东宫旧事》和《邺中记》就记载有许多种金银器物和镶嵌工艺美术品，齐、梁诗文更常有形容叙述。但实物知识，我们却并不多。

至于一般青铜镜子花纹，魏晋以来先是半圆雕的中型高圆浮雕鼍龙镜突破旧规，随后是十二生肖鸟兽浮雕分罳作边缘装饰，中圈分布圆式宝相花镜纹占重要位置，直沿用到六朝末年，铭文也由七言改为五言和四言，使用庾子山诗句"玉匣聊开镜，轻灰暂拭尘。光如一片水，影照两边人"是最常见格式。四言最著名的，有"炼形神冶，莹质良工。如珠出匣，似月停空。当眉写翠，对脸傅红。绮窗绣幌，俱含影中"。过去传说是五代西蜀王建赠某妇人的，现在已明白这种镜子产生时代，实早到隋唐之际，这时期镜铭主要是对于女性美的赞颂，花鸟图案和文字体裁都秀美柔和，和使用对象性情要求相适应。有综合十二辰、八卦、小簇宝相花合成一体的，也有沿袭汉代四神镜方法，用狻猊、辟邪、狮子、麒麟作主题，用四分法布置的。大致是六朝末官工、民工镜子通用格式，到初唐犹使用。镜铭虽再不提起"新有善铜出丹阳"的语句，工艺风格依然显出南方特征，铭文和南朝文字也有一致性。主要生产还是南方。《唐六典》即明载扬州贡物中有青铜镜。

三、唐代花式捶银花鸟纹镜

唐镜花式丰富多方，不是本文能够详尽。大体说来，有如下几种新的发展，从新的发现中可以证明。

一、受现实主义影响，写生花鸟镜的流行，大卷枝花多丰满健康，小簇花多秀美活泼，并有各种鸟类穿插其间。

二、融化外来文化，产生了新型的厚胎卷边满枝葡萄镜，葡萄间多用异兽、练鹊、蜻蜓、蝴蝶点缀其间。

三、带故事性的人物上了镜面，计有俞伯牙钟子期故事，孔子问荣启期故事，玉兔捣药嫦娥奔月故事，王子晋弄玉乘鸾跨鹤故事，莲花太子故事（唐镜许多种和当时的道教有密切关系，只有这一式受佛教影响）。

四、花鸟镜中常见而又精美的，有双鸾衔长绶镜，有鹦鹉鸳鸯镜，有小簇花蜂蝶争春镜，有贴金银捶花和金银平脱镜，有嵌螺甸镜。

五、有八卦、万字等等家常镜。同时也起始有了带柄镜子，这是从圆扇得到启发产生的。方镜也发现得较多，大致是便于搁置到镜台上的原因。在造型艺术上的特征，主要即镜形打破了旧有圆形格式，作种种不同花式发展。又镜面有大过一尺，小仅如钱大的。六出花式是常用格式，小型镜制作多格外精美。怪兽、葡萄、狻猊、狮子多作半圆浮雕，宝相卷枝和小簇花多作线浮雕。故事人物镜和双鸾对舞诸镜，在布置上都完全打破平均四分或圆形围绕习惯，作圆状屏风格式，或四方委角葵花式。共通优点是图案设计的现实性，给人一种生动活泼印象。花鸟多从写实出发，达到浮雕高度艺术水平。布置妥帖，是唐代一般艺术设计的特征，唐镜更充分反映这个特征，而且多样化。

这里要特别介绍的，是一面直径只两寸多些，花式金银加工的小小花鸟镜。因为在艺术上它代表了唐镜的新作风，在技术上又代表了唐镜的新成就。

唐代用金工艺计十四种，捶金镶嵌方法应当名叫"贴金"。是把薄质金银叶子贴到镜面捶成的。唐代纯金银器常有出土，且多比较材料，基本花纹已大体明白。一般镜子早期图案，还多用陈、隋旧样，宝相花用"簇六"法或"聚八仙"法是通常格式。鸾衔绶带和鸂鶒、鸳鸯、练鹊、鹡鸰、戴胜、白头翁等等鸟雀和蜂蝶昆虫在花朵间飞息，才正确见出唐代装饰作风。这些花鸟图案在中型镜类已显得十分活泼生动。用贴金法和平脱法反映于大型和极小镜子中，更加精美、细致而完整。工艺成就和社会习俗有密切联系，所以这种金银加工技术的全盛时期，必然和社会发展一致，应当在开元、天宝之际数十年间。姚汝能述《安禄山事迹》，记玄宗和贵妃赠安禄山礼物中，就有许多种金银平脱器物，且有大件器物，正如小说中述玄宗嘱主工事的说"免为大眼孔胡儿所笑"而特作的。当时这种标准式样，已不易见到。但从其他出土金银器物中，和这一面小小贴银镜子中，却可体会到金银工艺美术，在唐代历史全盛时期的成就。

《唐六典》载用金十四种，这种名"贴金"，旧式错金则属于"戗金"即"戗金"一格，至于在漆上嵌镶镂空金银花鸟的"平脱"法，基本上是和它有区别的。后人一般都叫作"金银平脱"，实不大适合。金银平脱和其他加金用具，到肃宗时就一再用法律禁止，不许制造，因此唐墓出土器物虽极多，贴金和平脱镜并不多。在唐代数百年间，全部风格上的发展和变化，我们知识到如今还是不具体的。惟从现存资料如故宫收藏，及肃宗时就流传日本的几件重要镜子看来，却可知唐代标准特种官工镜的花纹和品质。还有镜子花纹和当时锦绣丝绸花纹有相通处，例如小簇花和绫锦刺绣纹样有联系，大卷枝写生却多反映于彩印染缬罗帛上，这是从比较上可以明白的。这些问题，过去少有人注意到，却值得注意，因为借此也可以丰富充实我们对于唐代丝绣花纹的知识。特别重要还是可因此明白一个镜子的花纹，也不是孤立的，必然和其他许多方面有联系的。

我们并且还知道，到了这个时期，一般镜套多从实用出发，已由"筒子"形式改进成为"扁饼"形式和"花式"样子，同时还使用相同花纹锦绣镜囊，前面已提起过。唐代因玄宗八月初五日（一作初三）生辰，由国家把这一天定名"千秋节"，在这一天公私普遍铸造镜子送礼，传说最好的镜工必在扬子江心开炉泻铸。政府上下也多在这一天用镜子作祝贺礼物。唐代诗文中常提起这件事。一般"鸾衔绶带"镜，"回纹万字"镜，"真子飞霜"镜，"八卦水火"镜，大都是在节令中的产物或礼物。小型贴金银花鸟镜和金银脂粉盒子，有比一般银圆还小的，或者是宫廷中和贵族社会亲戚妇女相互馈赠礼物，是便于平日随身携带的化妆用具。

这种金银加工小型花鸟镜，有花如豆粒，鸟如蚊虫，设计构图依然十分谨严周到，统一完整。到宋代，这点特别长处就失去了。唐、宋、五代，西蜀、江南、吴越工艺都有高度发展，写生花鸟更多名家，西蜀、湖南、吴越且大量用金银器。惟青铜镜子工艺上的特征，实无所闻。

古代镜子的艺术[1]

中国金工用青铜铸造镜子，约在春秋战国时期。多数镜子的背面，都有精美的装饰图案，从造型特征和艺术表现看，可以分成两类，代表两种不同风格：

一种镜身比较厚实，边沿平齐，用蟠螭纹作图案主题，用浅浮雕、高浮雕和透空雕等技法处理的，图案花纹和河南新郑、辉县，山西李峪村及最近安徽寿县各地出土青铜器部分装饰花纹相近。有一种透空螭纹镜子，数量虽然不多，做法自成一个系统，产生时代可能早一些。

另一种镜身材料极薄，边缘上卷，图案花纹分两层处理，一般是在精细地纹上再加各种主题浅浮雕，地纹或作涡漩云纹、几何纹及丝绸中的罗锦纹。主题装饰有代表性的，计有山字形矩纹、连续矩纹、菱形纹、连续菱纹、方胜格子嵌水仙花纹、黼绣云藻龙凤纹、长尾兽（蜼）纹，及反映当时细金工佩饰物各式花纹。这部分图案比前一部分有个基本不同处，是它和古代纺织物丝绸锦绣花纹发生密切联系，制作精美也达到了当时金铜工艺高峰，产生时代可能稍晚一些，先在淮河流域发现，通称"淮式镜"。建国后长沙战国楚墓中出土同类镜子格外多，才知道叫它作"楚式镜"比较正确。从现有材料分析，青铜镜子的发明，虽未必创自楚国，但是楚国铸镜工人，对于生产技术的进步提高和改进图案艺术的丰富多样化，无疑

---

[1] 本文原载1958年《唐宋铜镜》题记，中国古典艺术出版社。

有过极大贡献。

镜子埋藏在地下已经过二千三百余年，出土后还多保存得十分完整，镜面黑光如漆，可以照人。照西汉《淮南子》一书所说，是用"玄锡"作反光涂料，再用细毛呢摩擦的结果。后来磨镜药是用水银和锡粉做成的。经近人研究，"玄锡"就指这种水银混合剂。由此知道我国优秀冶金工人，战国时期就已经掌握了烧炼水银的新技术。这时期起始流行的鎏金技术，同样要利用水银才能完成。这些重要发现或发明，是中国冶金史和科学技术发明史一件重大事情，由于新的科学技术的应用，使得中国金工装饰艺术，因之更加显得华美和壮丽。当时特种加工镜子，还有涂朱绘彩的、用金银错镂镶嵌的、加玉背并镶嵌彩色琉璃的，都反映了这个伟大历史时期金铜工艺所达到的高度水平。

到汉代，青铜镜子应用范围日益广泛，图案花纹也不断丰富以新的内容，特别有代表性的如连续云藻纹镜，云藻多用双钩法处理，材料薄而卷边，还具楚式镜规格，大径在五寸以内，通常都认为是秦汉之际的制作。有的又在镜中作圆框或方框，加铸十二字铭文，"大富贵，宜酒食，乐无事，日有熹"是常见格式。或用"安乐未央"四字铭文，必横列一旁。

其次是种小型平边镜子，镜身稍微厚实，铜质泛黑，惟用"见日之光，长毋相忘"八字作铭文，每字之间再用二三种不同简单云样花式作成图案，字体方整犹如秦刻石。图案结构虽比较简单，铭文却提出一个问题，西汉初年社会，已起始用镜子作男女间爱情表记，生前相互赠送，作为纪念，死后埋入坟中，还有生死不忘意思。"破镜重圆"的传说，就在这个时期产生，比后来传述乐昌公主故事早七八百年。又有大型日光镜，外缘加七言韵语，文如《长门赋》体裁，借形容镜子使用不时，作为爱情隔阂忧虑比喻。另有一种星云镜，用天文星象位置组成图案，或在中心镜纽部分作九曜七星，又把四围众星用云纹联系起来，形成一种云鸟图案，这都是西汉前期镜子。

第三种是中型或大型四神规矩镜，用青龙、白虎、朱雀、玄武分布四方作主要装饰，上下各有规矩形，外缘另加各种带式装饰，如重复齿状纹、水波云纹、连续云藻纹、连续云中乌鹊夔凤纹，主题组织和边缘装饰结合，共同形成一种活泼而壮丽的画面。正如汉代一般工艺图案相似，在发展中起始见出神仙方士思想的侵入。这种镜子或创始于武帝刘彻时的尚方官工，到王莽时代还普遍流行，是西汉中期到末叶官工镜子标准式样。有的在内外缘间还加铸年号、作者姓名和七言韵语，表示对于个人或家长平安幸福的愿望。最常见的是"尚方作竟真大巧，上有仙人不知老，渴饮玉泉饥食枣"和"新有善铜出丹阳，和以银锡清且明，巧工作之成文章，左龙右虎辟不祥"等语句。有些还说起购买的做生意凡事顺心能发大财。又有铭文说"铜以徐州为好，工以洛阳著名"。它的产生年代和图案铭刻反映的社会意识，因之也更加明确。

第四种是大型"长宜子孙""长宜高官"铭文镜，字体作长脚花式篆，分布四周，美丽如图画。图案简朴，过去人认为是西汉早期制作，近年来多定作西汉末、东汉初期成品。此外还有由四神规矩发展而成的神人龙虎镜、分段神像镜、"位至三公"八凤镜、"天王日月"神像镜、凸起夔龙镜、西王母车马人物镜，可代表汉末过渡到魏晋时代的产品。八凤镜用平剔法，简化对称图案如剪纸，边缘或作阴刻小朵如意云，富于民间艺术风味。神仙龙虎镜，有的平面浮雕龙虎和西汉白虎、朱雀瓦当浮雕风格相同，形象特别矫健壮美。一般多用浅浮雕，是西汉以来技法。较晚又用圆浮雕法把龙虎简化，除头部，其他全身都不显明，产生年代多在桓帝祠老子以后，有署建安年号的。神仙龙虎镜加"胡虏殄灭四夷服，多贺国家得安宁"等七言诗的，创始于西汉，汉魏之际还有模仿。又有一种高圆浮雕夔龙镜，龙身高低不一，在构图和表现技法上是新发展。特别引人注意的是，西王母、东王公车马神像镜，铜质精美，西王母蓬发戴胜，仪态端庄，旁有玉女侍立，间有仙人六博及毛民羽人竖蜻蜓表演杂技。主题图案组织变化丰富，浮雕技法也各具巧思。有的运用斜雕法，刻四马并行，拉车奔驰，珠帘绣幰，飘忽上举，形成纵深体积效果，作得十分生动，在中国雕刻艺术史上是新成就，后来昭陵六骏石刻及宋明剔红漆雕法，都受它的影响。这种镜子，浙江绍兴一带出现最多，为研究汉代西王母传说流行时代和越巫关系问题，提供了重要线索。

又根据近年出土记录，西汉以来还有鎏金、包金和漆背加彩画人物，各种不同加工大型镜子产生。当时除尚方官工特别制作外，铸镜工艺在国内几个大商业城市，也已经成为一种专门手工业，长安、洛阳、西蜀、广陵都有专门名家，铸造各式镜子，罗列市上出售。许多镜子上的铭文，就把这些事情反映得清清楚楚。这些镜子当时不仅被当成高级美术商品流行全国，还远及西域各属及国外。近年在西北出土镜子，可根据它判断墓葬相对年代。在日本出土汉镜及汉式镜，又得以进一步证明中日两国间文化的交流，至晚在西汉就已开始，比《魏略》说的东汉晚期早过二百年。东汉末年到三国时期，还有一种铁制镶嵌金银花纹镜子，早见于曹操《上杂物疏》记载中。近年来这种镜子在国内也常有出土。镜纽扁平，图案花纹比较简质，和八凤镜风格相近，开启后来应用铁器错银技法。惟铁质入土容易氧化，完整的镜子保存不多。

晋、南北朝三百余年中，除神像龙虎镜、西王母镜，东晋时犹继续生产，此外还有"天王日月"铭文镜，边缘多用云凤纹处理，内缘铭文改成四言，如道士口诀律令。再晚一些又有分罫十二生肖四神镜、高浮雕四神镜、重轮双龙镜、簇六宝相花镜等等。后四种出现于六朝末陈、隋之际，唐代还流行。南北朝晚期，镜子图案逐渐使用写生花鸟作主题后，在技法表现上也有了改进和提高，花鸟浮雕有层次起伏，棱角分明，充满了一种温柔细致情感。主要生产地已明确属于扬州，可说明这阶段南方生产的发展和美术工艺的成就。

唐代物质文化反映于造型艺术各部门，都显得色调鲜明，组织完美，整体健康而活泼，充满着青春气息。镜子艺术的成就，同样给人这种深刻印象。镜身大部分比较厚实（特别是葡萄鸟兽花草镜），合金比例，银锡成分增多，因此颜色净白如银。造型也有了新变化，突破传统圆形的束缚，创造出各种花式镜。大型镜子直径大过一尺二寸，小型镜子仅如一般银币大小。并且起始创造有柄手镜。至于图案组织，无论用的是普通常见花鸟蜂蝶，还是想象传说中的珍禽瑞兽或神话故事、社会生活，表现方法都十分富于风趣人情，具有高度真实感。唐代海外交通范围极广，当时对外来文化也采取一种兼容并收的态度来丰富新的艺术创造内容，在音乐、歌舞、绘画、纺织图案、服装各方面影响都相当显著。镜子图案的主题和表现技法，同样反映出这种趋势。例如满地葡萄鸟兽花草镜、麒麟狮子镜、醉拂菻击拍鼓弄狮子镜、骑士玩波罗球镜、黑昆仑舞镜、太子玩莲镜，都可以显著见出融合外来文化的痕迹。前一种图案组织复杂而精密，用高浮雕技术处理，综合壮丽与秀美成一体，在表现技法中格外突出。后几种多用浅浮雕法，细腻利落，以善于布置见长，结构疏密恰到好处。极小镜面也留出一定空间，使得花鸟蜂蝶都若各有生态，彼此呼应，整体完善而和谐。

唐代统治者宣扬道教，神仙思想因之流行，在唐镜的图案上也得到各种不同的反映。例如嫦娥奔月镜、真子飞霜镜、王子晋吹笙引凤镜、仙真乘龙镜、水火八卦镜、海上三神山镜，图案组织都打破了传统的对称法，做成各种不同的新式样。唐代佛教盛行，艺术各方面都受影响，镜子图案除飞天频伽外，还有根据《莲花太子经》制作的太子玩莲图案，用一些胖娃娃作主题，旋绕于花枝间。子孙繁衍、瓜瓞绵绵是一般人所希望。因此这个主题画在丝绸锦绣中加以发展，就成为富贵宜男百子锦。织成幛子被单，千年来还为民众熟悉爱好。汉代铸镜作带钩多在五月五日，唐人习惯照旧，传说还得在扬子江中心着手，显然和方士炼丹有瓜葛牵连。又八月五日是唐玄宗生日，定名叫"千秋节"（又称"千秋金鉴节"），照社会习惯，到这一天全国都铸造镜子，当作礼物送人，庆祝长寿。唐镜中比较精美的鸾衔长绶镜、飞龙镜和特别加工精美的金银平脱花鸟镜、螺钿花鸟镜，多完成于开元天宝二十余年间，部分且为适应节令而产生。唐代社会重视门阀，名家世族，儿女婚姻必求门当户对，但是青年男女却乐于突破封建社会的束缚来满足恋爱热情。当时人常把它当作佳话奇闻，转成小说、诗歌的主题。镜子图案对于这一个问题虽少直接表现，但吹笙引凤、仙人乘龙、仙女跨鸾，以及各式花鸟镜子中鹦鹉、鸳鸯、鹁鸪口衔同心结子相趁相逐形象，及鱼水和谐、并蒂莲形象，却和诗歌形容恋爱幸福及爱情永不分离喻义相同。镜子铭文中，又常用北周庾子山五言诗及唐初人拟苏若兰织锦回文诗，借歌咏化妆镜中人影，对于女性美加以反复赞颂。

唐代特种加工镜子，计有金银平脱花鸟镜、螺钿花鸟镜、捶金银花鸟镜、彩漆绘嵌琉璃镜，这类具有高度艺术水平的镜子图案，有部分和一般镜子主题相同；有部分又因材料特性引起种种不同新变化，如像满地花螺钿镜子的成就，便是一个好例。这些镜子华美的装饰图案，在中国制镜工艺发展史上达到了一个新的高峰。

唐镜花样多，有代表性的可以归纳成四类：

第一类宝相花图案，包括有写生大串枝、簇六规矩宝相、小簇草花、放射式宝相及交枝花五种。

第二类珍禽奇兽花草图案，包括有小串枝花鸟、散装花鸟和对称花鸟等等；鸟兽虫鱼中有狮子、狻猊、天鹿、天马、鱼、龙、鹦鹉、鸳鸯、练鹊、孔雀、鸾凤、鹡鸰、蝴蝶、蜻蜓等等。

第三类串枝葡萄鸟兽蝶镜，包括方圆大小不同式样。

第四类故事传说镜，包括各种人物故事，社会生活，如真子飞霜、嫦娥奔月、孔子问荣启期、俞伯牙钟子期、骑士打球射猎等等。

特别重要部分是各种花鸟图案，可说总集当时工艺图案的大成。唐人已习惯采用生活中常见的花鸟蜂蝶作装饰图案，应用到镜子上时，更加见得活泼生动（这是唐镜图案最值得我们学习的一点）。花鸟图案中如鸾衔绶带、雁衔威仪、鹊衔瑞草、俊鹘衔花各式样，又和唐代丝绸花纹关联密切。唐代官服彩绫，照制度应当是各按品级织成各种本色花鸟，妇女衣著则用染缬、刺绣、织锦及泥金绘画，表现彩色花鸟，使用图案和镜子花纹一脉相通，丝绸遗物不多，镜子图案却十分丰富，因此镜子图案为研究唐代丝绸提供了种种可靠材料。

唐镜在造型上的新成就，是创造了小型镜和各种花式镜，打破了旧格式，如银元大小贴金银花鸟镜，八棱、八弧、四方委角等花式镜等。

宋代镜子可分作两类：

在我国青铜工艺史上应当占有一个特别位置的，是部分缠枝花草官工镜。造型特征是镜身转薄，除方、圆二式外，还有"亚"字形、钟形、鼎形及其他许多新式样出现。装饰花纹也打破了传统习惯，作成各种不同格式。新起的写生缠枝花，用浅细浮雕法处理，属于雕刻中"识文隐起"的做法。图案组织多弱枝细叶相互盘绕，形成迎风浥露效果。特别优秀作品，产生时代多属北宋晚期。宋人叙丝绸刺绣时喜说"生色花"，有时指彩色写生折枝串枝，有时又用做"活色生香"的形容词，一般素描浮雕花朵都可使用。这种"生色花"反映于镜中图案时，作风特别细致，只像是在浅浮雕上见到轻微凸起和一些点线的综合，可是依然生气充沛，具有高度现实感和韵律节奏感。这一类官工镜子，精极不免流于纤细，致后来难以为继。

另有一类具有深厚民间艺术作风的，用粗线条表现，双鱼和凤穿牡丹两式有代表性，元、明以来犹在民间流行。

北宋在北方有契丹辽政权对峙，西北方面和西夏又连年用兵，因此铜禁极严，民间铸镜多刻上各州县检验铸造年月和地名，借此得知当时各县都有铸镜官匠。第二类镜子的创作，就完成于这种地方工匠手中，文献和实物可以相互证明。

青铜镜子的生产，虽早在二千三四百年前，一直使用下来，到近二百年才逐渐由新起的玻璃镜子代替。如以镜子工艺美术而言，发展到宋代特种官工镜，已可说近于曲终雅奏。劳动人民的丰富智慧和技巧以及无穷无尽的创造力，随同社会发展变化，重点开始转移到新的烧瓷、雕漆、织金锦、刻线等等其他工艺生产方面去了。青铜工艺虽然在若干部门还有不同程度的进展，例如宋代官制规定，还盛行金银加工的马鞍装具。最低品级官吏，都使用铁錾银鞍镫。铁兵器杂件也常错镂金银。宋宣和仿古铜器，在当时极受重视，制作精美的商周赝品，直到现代还能蒙蔽专家眼目。创造的也别有风格，不落俗套。南宋绍兴时姜娘子铸细锦地纹方炉，在青铜工艺品中还别具一格。不过制镜工艺事实上到南宋时已显明在衰落中，特别是在南方，已再不是工艺生产的重点。这时扬州等大都市的手工业多被战争破坏，原有旧镜多熔化改铸铜钱或供其他需要。一般家常镜子，重实用而不尚花纹。在湖州、饶州、临安闻名全国的"张家""马家""石家念二叔"等等店铺所作青铜镜子，通常多素背无花，只在镜背部分留下个出售店铺图记。一般情况且就铜原料生产地区，由政府设"铸鉴局"监督，和铸钱局情形相似，用斤两计算成本，三百十文一斤。镜工艺术水平低落是必然的。私人铸造虽然还不断创造新样子，却受当时道学思想影响，形态别扭，纹样失调，越来越枯燥无味。如有些用钟或鼎炉式样，铸上八卦和"明心见性"语句的，在造型艺术处理上不免越来越庸俗。女真族在北方建立的金政权和南宋政权对峙，生产破坏极大，官私铸镜，虽还采用北宋串枝花草镜规模，此外也创造了些新式样，但就总的趋势说来，工艺上还是在日益下落中，少发展，少进步。

第四讲

漆器、螺甸工艺及马的艺术

到文字由兽骨龟甲的刻镂，转而在竹木简札上作历史文件叙录时，漆墨首先即当作主要材料，和古代史不可分，直到纸绢能完全代替竹木简札的后汉，方告一个段落。然即此以后二千年，墨的制造就依然离不了漆。其他方面且因社会文化一般发达，在日用器物上，生和死两件大事，杯碗和棺木，都少不了漆。武器中的弓箭马鞍，全需要漆。所以说，一部漆的应用小史，也可说恰好即是一部社会发展简史。

宋代宫廷从外贸和南海聚敛中收藏了大量珍珠。照《宋史·舆服志》记载，除珠翠做凤冠首饰，椅披到踏脚垫了也用珍珠绣件。有个时期将多余珠子出售于北方时，数量竟达一千多万粒。珍珠袍服、衣裙、马具也常见于记载。直到元代，贵族还常赐珠衣。珍珠既代表珍贵和尊贵，在美学上占有个特别位置，螺甸因之也重新在工艺品中得到位置，而且应用日益广阔。

漆工艺问题[1]

中国文化发展史，漆工艺占了个特别位置，重要处不下于丝和陶瓷，却比丝和陶瓷应用广泛而久远。且在文化史分期过程中，作过种种不同光荣的贡献。

史前石器时代，文化中的蒙昧期，动物或植物的油脂，照需要推测，很可能就要用到简单武器的缠缚和其他生产工具实用与装饰上。到彩陶文化占优势时，这些大瓶小瓮的敷彩过程，在红黑彩色是否加过树脂，专家吴金鼎先生的意见，一定相当可靠。吴先生不幸早死，有关这一点我们浅学实不容易探讨。山东龙山镇发现的黑陶片上，有刻划古文字明白清楚："网获六鱼一小龟"。时间稍晚，安阳殷墟商代王公古墓中，又有无数刻字龟甲，虽不闻同时有成形漆器或漆书发现，惟伴随青铜器发现的车饰、箭镞，当时在应用上，必然都得用漆涂饰。使用范围既广，消费量自然就已加多。当时生产方式及征集处理这种生产品情形，虽少文献可以征引，但漆的文化价值，却能估计得出。

到文字由兽骨龟甲的刻镂，转而在竹木简札上作历史文件叙录时，漆墨首先即当作主要材料，和古代史不可分，直到纸绢能完全代替竹木简札的后汉，方告一个段落。然即此以后二千年，墨的制造就依然离不了漆。其他方面且因社会文化一般发达，在日用器物上，生和死两件大事，杯碗

---

[1] 本文作于1948年秋冬。

和棺木，都少不了漆。武器中的弓箭马鞍，全需要漆。所以说，一部漆的应用小史，也可说恰好即是一部社会发展简史。

它的意义当然不只是认识过去，还能启发将来。据个人愚见，漆工艺在新的社会中，实有个极光辉的前途，不论在绘画美术上，在日常器物上，它是最能把劳动和艺术结合到应用方面一种，比瓷器更容易见地方性和创造性的，在更便利条件下能产生的。

《尚书·禹贡》称：

> 济河惟兖州……厥贡漆丝。
> 荆河惟豫州……厥贡漆枲絺纻。

可知当时中原和山东均出漆。

《韩非子·十过》篇说：

> 尧禅天下，虞舜受之，作为食器，斩山木而财之。削锯修其迹，流漆墨其上，输之于宫，以为食器。诸侯以为益侈，国之不服者十三。舜禅天下，而传之于禹，禹作为祭器，墨漆其外而朱画其内……觞酌有采而樽俎有饰……殷人受之……食器雕琢，觞酌刻镂。

古史传喜称"尧舜"。商以前事本难征信，不尽可靠，惟漆器物的使用在远古，却是事实。人类文明越进步，漆的用处就越加多。《周礼·夏官·职方氏》记河南之利为林漆丝枲。漆林之征二十而五。或纳贡，或赋税，大致在周初，国家有关礼、乐、兵、刑器物，已无不需要用漆调朱墨作彩绘，原料生产且补助过国家经济。不过世人习惯漆的故事，或者倒是《史记》所记赵襄子漆智伯头做饮器雪恨，及豫让报仇，漆身为癞等等，因为是故事，容易记忆。

战国时有名思想家庄周，尝为漆园吏，专管漆的生产。

《续述征记》称古之漆园在中牟。

第四讲　漆器、螺甸工艺及马的艺术

《史记·货殖列传》称：

> 陈夏千亩漆……皆与千户侯等。

又：

> 通邑大都……木器髹者千枚，铜器千钧，素木铁器若卮茜千石……此亦比千乘之家，其大率也。

记载虽极简单，已可见出当时漆树种植之富和制器之多。《考工记》记百工，均分门各世其业，更可知运用这种生产的漆工艺，早已成为专门家的工作。生产原料和制作成品，多到一个相当数目的人，都可得官，或者说经济地位近于那种官。

更可知在当时漆器加工和铜、铁的比价，实在相当高。有千件漆器，不封侯也等于封侯。

漆工艺彩绘上特别进步，当在战国时。封建主各自割据一方，思想上既泛滥无际，诸子竞能，奇技淫巧亦必因之而大有发展。漆工艺的加工，大致出于这个时期。这从现存寿州楚漆板片及长沙出土漆器，也可推想一般状况。且可明白汉漆器的精美，是继承，非独创。

桓宽《盐铁论》叙汉人用漆器事说：

> 今富者银口黄耳……中者舒玉纻器，金错蜀杯。

叙述价值是漆与铜比一抵十。出处多在西川。这事在扬雄《蜀都赋》中也早已说过。二十年来日本人发掘朝鲜汉墓，更证实了那个记载。所谓"雕镂扣器，百技千工"，照漆器铭文记载，每一件器物，的的确确是用个分工合作方式集合多人产生的。

目前所知，有铭文器物时代，最早的是汉昭帝始元二年，约公元前八十五年。当时即已分木胎和夹纻底子，除朱墨绘画外，还有金、银、铜、贝作镶嵌装饰。彩绘颜色多红黑对照，所作人物云兽纹饰，设计奇巧，活泼生动，都不是后来手艺所能及。《中国绘画史》讨论六法中"气韵生动"一章时，多以画证画，因此总说不透彻。如果从漆画，从玉上刻镂花纹，从铜器上一部分纹饰来作解释，似乎就方便多了。

漆器铭文中又常有"造乘舆髹……"字样，或可当作皇家御样漆器解。大致当时铜器因为与兵器有关，制造上多出尚方专利。漆器则必须就地取材，却得法令认可，所以有"乘舆髹"字样。制造工官位职都不太小，事实上器物在技术方面的进步，也必然和这个有关，当时还有大器，即彩漆棺木。

照汉代制度看来，比较重要的大官，死后即尝得这种赏赐。

《后汉书》记载：

（梁竦）改殡，赐东园画棺、玉匣、衣衾。
（梁商）及薨……赐以东园朱寿器、银缕、黄肠、玉匣、什物二十八种。

袁逢卒，赐以朱画特诏秘器。

漆工艺的堕落，和其他工艺堕落，大约相同，当在封建政治解体，世家子、地主、土豪、群雄竞起争天下的三国时代。汉代蜀锦本名闻国内外，有关当时西蜀经济收入，是国家财政一环。《左慈传》曾称，曹操派人入蜀市锦，因慈钓于堂前铜盘中一举得鲈鱼，拟入蜀购紫芽姜，并托多购锦二匹。曹丕文中却以为蜀锦虚有其名。诸葛亮教令，提及普通刀斧军器不中用，一砍即坏，由"作部"定造，毛病方较少。大约战争连年，蜀之工艺均已堕落，中原佳好漆器更难得，所以曹操当时启奏中，常常提及献纳漆器事情，郑重其事地把一两件皮制漆枕或画案，呈献汉末二帝。谢承《后汉书》称，郭泰（林宗）拔申屠子陵（蟠）于漆工之中，欣赏的可能只是这个人的才能器识，未必是他的手工艺。

到晋代后，加工漆器似乎已成特别奢侈品，也成为禁品。有两份文件涉及这个问题。

晋令曰：

> 欲作漆器卖者，各先移主吏者名，乃得作。皆当淳漆著布骨，器成，以朱题年月姓名。

可知已恢复了汉代旧规矩，做漆器要负责任，乱来不得。

又《晋阳秋》说：

> 武帝时，御府令（又作魏府丞）萧谭承、徐循仪疏："作漆画银槃（一作漆画银带粉碗）"，诏杀之。

不得许可作来竟至死罪。

《东宫旧事》载漆器数十种，就中有"漆酒台二，金涂镮甸"，可知汉银扣器制式尚留存。

又《续齐谐记》称：

> 王敬伯夜见一女，命婢取酒，提一绿沉漆榼。

可知彩漆不止朱墨（绿沉另有解）。

《世说》称：

> 王大将军（敦）如厕，既还，婢擎金漆盘盛水，玻璃碗盛澡豆。

可知当时金漆实相当贵重。

弘君举食檄有"罗甸碗子"，可知漆嵌螺甸还本汉制。

《东宫旧事》又载有"漆貊炙大函一具。"

《释名》称：

> 貊炙，全体炙之，各自刀割，出于胡貊之所为也。

可知当时仿胡食烧烤时髦餐具，也有用漆造的。

《邺中记》则记石虎有漆器精品：

> 石虎正会，上御食，游槃两重，皆金银参带，百二十盏，雕饰并同。其参带之间，茱萸画微如破发，近看乃得见。游槃则圆转也。

正和韩非《外储说左上》所称战国时人为周王画策记载相合。若将古代碾玉、冶金技术进步比证，这种精美漆画是可能的。

漆工艺入晋代日益地衰落，或和社会嗜好有关。晋人尚语文简净，影响到各方面，漆器由彩饰华美转而作质素单色，亦十分自然。世传顾恺之《女史箴图》，一修仪理发人面前漆奁，边缘装饰尚保留汉代规式，已不着花纹。《东宫旧事》所提若干种漆器，都不涉及花样。又南方青瓷和白瓯，当时已日有进步，生产上或比较便宜，性质上且具新意味，上层社会用瓷代漆，事极可能。王恺、石崇争奢斗富，酒宴上用具，金玉外玻璃、琉璃，尝见记载，惟当时较摩登的，或反而是山阴缥青瓷和南海白瓯。尤其是从当时人赠送礼物上，可见出白瓯名贵。从史传上，一回著名宴会，可以推测得出所用酒器大致还是漆器，他物不易代替，即晋永和九年三月，王羲之邀集友好，于山阴会稽兰亭赋诗那次大集会。仿照周公营洛邑既成羽觞随波应节令故事，水边临流用的酒器，大有可能还是和汉墓中发现的漆耳杯相差不多。这种酒器就目前发现已知道有铜、瓷、瓦、玉、铅、漆，各种多由于仿蚌杯而来。惟漆制的特别精美，纹样繁多。

晋六朝应用漆器名目虽多，已不易从实物得一印象。只从记载上知道佛像已能用夹纻法制造，约在第四世纪时，当时最知名的雕刻家戴逵，即在招隐寺手造五夹纻像。随后第六世纪，从梁简文帝文章中，又可见曾令人造过丈八夹纻金薄像。这种造像法，唐代犹保存，直延长到元朝大雕塑家刘元，还会仿造。当时名叫"抟换脱活"，即抟泥做成佛像坯子，用粗麻布和油灰粘上，外面用漆漆过若干次后，再把泥沙掏空即成。后来俗名又叫"干漆作法"，在佛像美术中称珍品。

至于殉葬器物，则因汉末掘墓和薄葬思想相互有关，一般墓葬，已不会有汉乐浪王盱、王光墓中大量漆器出现。在南方绍兴，古坟已多的是青质陶瓷，在北方，最近发现的景县封氏墓，也还是瓷器一堆。所以说陶瓷代替了战国时铜器、汉时漆器，成为殉葬主要物品不为过分。

但是到唐朝，漆器又有了种新发展，即在漆器上镶嵌象生金银珠贝花饰，名"平脱"。方法旧，作风新。这从日本正仓院和其他方面收藏的唐代乐器、镜奁、盒子等等器物可以知道。唐代艺术上的精巧、温雅、秀丽、调和，都反映到漆工艺中，得到了个高度发展。惟生产这些精美艺术品的工师姓名，在历史上还是埋没无闻。

到宋代，方又一变而为剔红、堆朱、攒犀，等等。惟当时上层社会极奢侈，国家财富多聚蓄于上层社会，日用器物多金银，所以代表上层统治者宴客取乐的开封樊楼（丰乐楼），普通银器竟过万件，足供千人使用。不曾提漆器。加之当时开封、定州、汝州，瓷器制作，由国家提倡，社会爱好，官窑器已进入历史上的全盛时代，精美结实都稀有少见，比较上从工艺美术言来，漆器虽因加工生产过程烦琐，依然为上层社会重视，就一般社会说来，似乎已大不如当时官窑青瓷和白定瓷有普遍重要意义了。所以到北宋末年，徽宗知玩艺术而不知处理政治，为修寿山艮岳，一座独夫个人享受的大园子，浪费无数人力物力，花石纲弄得个天怒人怨，金人乘隙而入，兵逼汴京，迫作城下之盟，需索劳军物品时，公库皇室所有金银缴光后，还从人民敛聚金银器物，一再补充。《大金吊伐录》一书，曾有许多往来文件记载。当时除金、玉、珠宝、书籍外，锦缎、茶叶、生姜都用得着。惟瓷漆器和字画不在数内。宋朝政府有个答复文件，且说到一切东西都已敛尽缴光，朝廷宴饮只剩漆器，民间用器只余陶瓷。一可见出当时漆器多集中于政府，二可明白到南宋，北方漆瓷工艺必然衰落。到元朝蒙古人入主中国时，两种工艺必更衰落无疑。从史志记载得知，北宋漆工艺生产在定州，南宋则移至嘉兴及杭州。《武林旧事》称临安各行业时，即有金漆行一业。元代虽有塑像国手刘元，还能做脱活漆像，本人且活到七十多岁，据虞集作的《刘正奉塑像记》，当时却被禁止随便为人造作。漆的应用，到宋代已有过一千五百年历史，试就历代艺文志推究，或可在子部中的小说与农家中早有过记载，惟直到宋代，才有朱遵度作一部《漆经》。书到后来依然散佚不存。仅从现存宋代剔红堆朱器物，还可看出这一代器物特点和优点。元、明二代漆艺高手集中嘉兴西塘杨汇地方，多世擅其业。个人且渐知名，如张成、杨茂、杨埙，或善剔红，或善戗金，知名一时。仅存器物亦多精坚华美，在设计上见新意，自成一格。杨埙因从倭漆取法，遂有"杨倭漆"之名，明、清以来退光描金作小花朵器物，霏金飘霞做法，似即从杨传入而加以变化。张成有儿子张德刚，于明成祖时供奉果园厂，做剔红官器，另外有个包亮还能与之争功。明代漆器的发展水准，因之多用果园厂器物代表。个人著名的应当数黄大成，平沙人，世人因此叫他做"黄平沙"。作品足比果园厂官器。且著有《髹饰录》二卷，为中国现存仅有关于漆工艺生产制造过程专书。明末扬州有个周某，发明杂宝玉石象牙镶嵌，影响到清乾隆一代，产生应用器物插屏、立屏、挂幅作风。清初有卢葵生，工制果盒、沙砚，精坚朴厚，足称名家……

就发展大略作个总结，可知一部有计划的漆工艺史，实待海内学者通人来完成。这种书的编制，必注意两点方有意义：一是它的生产应用实贯穿中国文化史全时期；并且接触每一时代若干重要部门问题，由磨石头的彩陶时代起始，到现代原子能应用为止，直接影响如绘画雕刻，间接影响如社会经济。我们实需要那么一本有充分教育价值和启示性的著述，作一般读物和中级以上教育用书。可是到目前为止，它的产生似乎还极渺茫。

原因是：从史学研究传统习惯上说来，历史变与常的重点，还停滞在军事政治制度原则的变更上，美术史中心，也尚未脱离文人书画发展与影响。换言之，即依然是以书证书，从不以物证书。漆之为物，在文化史或工艺美术史方面的重要贡献，一般学人即缺少较深刻认识，求作有计划有步骤研究，当然无可希望。

我们从古漆器可学些什么

近十年来，出土文物古代工艺品中，使我们视野开阔，计五个部门，即金属加工、陶瓷、漆器、丝绸和雕玉。特别是漆器上的彩绘，丰富了我许多知识，除明白它的工艺图案艺术特征外，还借此明白它和在发展中的社会历史的密切关系。

北京荣宝斋新记，新近用彩色套印木刻法，试印行了十种漆器图案，在美协会场随同其他木刻画展出。凡看过的人都同声赞美，对于二千二三百年前楚漆工的优秀成就，感到惊奇爱好外，还对于现代木刻表现的高度艺术水平尊重和钦佩。这些漆器大部分是从"楚文物展"和"全国出土文物展"中的漆器选印的。数量虽然不算多，却可以代表近年来中国古代漆器的新发现。特别重要是长沙楚墓出土的战国漆器。把这类漆器的花纹，用现代彩色木刻套印，在国内还算是首一次，是惟有政权在人民手中的今天，政府和人民，才会同样重视这种古代文化优秀遗产，把它来当作研究、学习和鉴赏对象的。

楚漆器的出土，最重要是三个地方，即安徽寿县、湖南长沙和河南信阳。起始于一九三三年前后，安徽寿县"李三孤堆"楚王坟的盗掘，除发现近千件青铜器外，还得到一片有彩绘云纹的残漆棺。这片残棺是后来去作调查的李景聃先生，在附近一个农民人家猪圈边偶然看到，知道是从墓中取出，才花了点点钱买回的。漆棺壮丽华美的花纹，让我们首次对于战国时代的漆画，得到一种崭新深刻的印象。上面装饰图案所表现的自由活泼的情感，是和战国时代的社会文化发展情形完全一致的。但是注意它的人可并不多，因为一般学人还是只知道从带铭文青铜器证文献，一片孤立棺板引不起什么兴趣。

两汉书常提起少府监所属东园匠工官，当时专造"东园秘器"，供应宫廷需要及赐赠王公大臣死后殓身殉葬。共计事物约二十八种，中有"东园朱寿之器"，或"砂画云气棺"，同指彩绘花纹漆棺。旧俄时代"科斯洛夫考察团"，在蒙古人民共和国诺音乌拉汉代古墓中发现的彩绘云气纹残棺，上面保存的云中鸿雁花纹，是目下有代表性和说明性的重要遗物，没有它，东园匠所造"朱寿之器"制度是不得明白的。因楚漆棺的出土，和科学院后来在河南辉县发掘，得到一片作黼绣纹图案的残棺，我们才借此明白，汉代流行的丧葬制度，原来多是根据周代旧制加以发展的结果，并非凭空产生。即朱绘棺木，也并非从汉创始。辉县棺上彩绘的花纹，更为我们提出黼绣纹一项重要参考材料，修正了汉代以来说的"两弓相背"的注疏附会，得出了它的本来面目。

长沙楚墓漆器的发现，比寿县器物出土稍晚一些，在抗日战争初期，因商承祚、陈梦家二先生的介绍，才引起部分学人的注意。旧中央博物馆筹备处方面，才当买古董一样收集了几件漆杯案。但是对于它的历史问题和比较知识，还是知道不多。出土有用材料多分散各地私人手中，由于保存不善，大都逐渐干毁。大批特别精美的器物，并且早被美帝国主义者的文化间谍，用种种狡诈无耻的方法，盗运出国。因此国内多数历史学者和美术史专家，直到解放前后，还很少有人知道楚漆器的发现，在新的学术研究方面，具有何等新的意义。

解放以后，由于人民政府保护文物政策法令的实施，一方面把国内私人重要收藏，陆续购归国有；另一方面又学习苏联先进经验，在全国工业建设地区，经常配合一个文物工作组，清理出土墓葬遗址文物。材料日益增多后，战国时期楚文化的面貌，就越加明确，自从前年楚文物在北京历史博物馆举行展出后，许多人才认识到楚文化形象和色彩，实在丰富惊人。反映于文学作品中，曾产生爱国诗人屈原的诗歌，反映于工艺美术，还有当时楚国金工所铸造的青铜镜子，青铜加工兵器，木工作的大型彩绘雕花错金棺板，弓工作的便于远射鱼、鸟的弓弩和矰缴，以及漆工所做的各种色彩华美、造形完整的漆器，特别具有代表性。文学和这些工艺品本来是两种完全不同的成就，却有一个共同的特征，就是"热情充沛，而色彩鲜明"。其实我们应当说，爱国诗人屈原的文学作品的背景，计包括三种成分：一个是土地山河自然景物的爱好，另一个是社会政治在剧烈变化中人民苦难的现实，第三个是劳动人民在物质文化方面创造的辉煌成就。屈原文学作品的风格，是综合了这一切的忠实反映。又汉文化受楚文化影响极深，文学上的关系，比较显著，前人已经常有论述。至于工艺生产方面的影响，由于这些新的发现，才进一步给我们许多启发。

楚漆器加工部分，大约可以分作四类：

一、多色彩绘，如漆盾和人物奁具。

二、朱墨单色绘，如羽觞和圆盘。

三、素漆针刻细花，如大小奁具。

四、浮雕罩漆，如大小剑匣。

楚漆器花纹特征，从总的方面来说，是主题明确，用色单纯，组织图案活泼而富于变化。表现技术从不墨守成规，即或一个漆羽觞的耳部装饰，也各有匠心独运处。在器物整体中，又极善于利用回旋纹饰，形成一种韵律节奏感。例如龙凤云纹漆盾和凤纹羽觞，都得到同样高度艺术成就。构图设计，还似乎未臻完全成熟，却充满了一种生命活跃自由大胆的创造情感，处处在冲破商周以来造形艺术旧传统的束缚，从其中解放出来，形成一种新的发展。最显明的是用三分法处理的圆式图案，本出于殷商青铜和白陶器中的"巴纹"，当时在彩绘木雕上镶嵌的圆泡状的蚌片，也有同样花纹。春秋战国时新流行的"玉具剑"的柄端，也常使用这个圆式图案：或错金，或嵌松绿石，或嵌一片白玉，多用三分法加工。但是因为面积小，变化就不怎么多。在楚漆器中，奁具和盘子类需要范围极广，每一个套奁里外，常用到五六种不同装饰图案，绘画的表现又比雕刻镶嵌简便，因此这种图案，竟达到丰富惊人的美术效果。经过汉代再加以发展，如在他处发现之三辟邪奁里装饰和三熊盘，设计妥帖周到处，在中国工艺图案史的成就上，也应当占有一个特别地位。

楚漆器的花纹，大部分是用龙凤云纹综合组成，却并不像铜器花纹的凝固。从个别优点而言，如漆豆的漆案，因为平面空间比较大，红黑二色对照调子鲜明，即或只用几道带子式花纹作间隔装饰，经常也作得特别美观。羽觞造形不必受定型限制，材料处理伸缩性大，能把完整造形秀美花纹结合成为一体，更容易见出古代楚漆工的大胆和巧思。彩绘大漆盾同墓出土共四件，现存比较完全的计二件，虽大小形式相同，可是每一盾上的装饰图案，都表现出不同风格和性格，图案的综合变化，真是无比巧思。狩猎云纹漆奁花纹，和战国以来一般金银错器花纹，显然一脉相通，也就为我们初步提供了许多物证，明白同式图案的发展，长江流域荆、楚、吴、越工人实有大贡献。这时期金银错和刺绣花纹，其实都是由漆器花纹发展而出。

这些东西值得我们重视，不仅因为它是"战国漆器"，更重要还是"战国时代装饰艺术的作风"。种种花纹图案当时无疑还曾反映到造形艺术各部门，特别是建筑彩绘装饰上，具有那个时代风格的特征。

汉代漆器在材料应用和图案设计两个方面，都进一步有了新的成就。首先是特种漆器的制造，已成国家特种手工业生产一个重要部门，除政府所在地的长安、洛阳，少府监所属工官东园匠，经常大量生产各种"乘舆髹器"，此外西蜀的广汉和武都各地，也特别设立工官，监造各种精美漆器，并把成品分布到国内各个地区去。这些金银加工漆器，通名"金银文画扣器"或"参带金银扣器"，艺术价值既高，同时也是当时货币价值极高的特种工艺品。

这种金银加工漆器，在器材应用上的新发展，是用麻布、丝绢作胎的夹纻器，多加上金银及铜鎏金附件，通例是平面部分用柿蒂放射式图案（多如水仙花式），腰沿部分则作叁带式，另加三小熊作脚。这么一来，既增加了器物的坚固结实，同时又增加了华美。图案沿用旧形式部分，也有了充实和变化，如圆式图案利用三分法表现，因为需要范围日益广大，就创造了许许多多种好看新样子。又从魏武《上杂物疏》和《东宫旧事》记载，结合汉墓出土陶漆器看来，得知汉代以来当时还盛行径尺大小长方形"巾箱""严具""方盝"和收藏文具、药物的筐匣，都需要用长方式和带子式装饰。圆筒形的奁具，边沿也需要带子式装饰，因此更促进了这一式图案的多样化，打破了战国以来龙凤云纹反复连续的规律，并打破了图案组成的习惯，代替以种种不同的新画面。一个时代的艺术，内容必然反映出一定程度的社会思想，汉代统治者重儒术，企图利用孝道来巩固政权，孝子传故事就成了漆器中的主题画。汉代现实生活喜骑射游猎，狩猎图反映到各种工艺品装饰图案中，漆器也有份。汉代宫廷方士巫觋最善于附会神仙传说，影响政治文化各方面，到东汉夹书律废除解禁后，这类信仰并且逐渐由宫廷流行到广大民间。例如云气纹中的四神及其他杂鸟兽作主题的装饰，一切工艺品上无不加以反映，彩绘漆更作成多种多样的发展，云气纹中还常有羽人仙真夹杂其间。传说中最普遍的西王母，在造型艺术青铜、砖石各部门都有表现，在漆器上无例外也占了一个特别位置。由于造型艺术上的西王母形象普遍反映是在东汉，我们就有可能把几个过去认为是六朝人伪托的汉代小说，产生时代提早一些，因为两者都不会是孤立产生的。

　　汉代由于铁冶生产发展，提高了农业和手工业生产，加以文景两朝数十年间，政治上对于人民压迫比较缓和，知道节用惜物，在这个劳动人民生产物质积累基础上，帝国大一统的局面，到武帝刘彻时代才逐渐完成。这时期国境四方的军事活动，郊天封禅仪式的举行，都不惜大规模使用人力物力，表示统治者政治上的大排场和成功的夸侈。更因神仙传说的浸润，长安宫廷园囿中，根据《史记》《汉书》《三辅黄图》《汉旧仪》等记载，向上拔举的土木建筑，多已高达数十丈，神明台还相传高达百丈，云雨多出其下。每年祀太乙岁星时，还必用太祝率领三百名八岁大童男女，各穿锦绣衣裳，在台上歌舞娱神！为仿效方士传述的海上三神山景象，在长安挖掘了个昆明池，池中作成蓬莱、方丈、瀛洲三山，上面还放下各处送来的黄鹄白鹿、奇花异草，建筑更极华丽无比。气魄雄伟正是这个时代的特征，这点特征也反映到漆工艺的装饰设计上。这时期最有代表性的纹样，多是山云华藻起伏绵延中，有羽人仙真往来其间，鸿雁麋鹿，虎豹熊罴，青鹖白兔，野彘奔虺驰骤前后。图案来源或从两个矛盾部分综合而成：一个是纯粹社会现实享乐生活的写照，另一个却是对于神话传说的向往。汉代宫廷文人司马相如等，曾分别用富丽文辞来形容铺叙的场面，在日用漆器上，常常结合成为一个画面，而加以动人表现。

汉代金银加工的特种漆器，文献上如《汉书·贡禹传》的《奏议》、《盐铁论》的《散不足篇》、《潜夫论》的《浮侈篇》，早都提起过，近三十年全国范围内汉墓均有精美实物出土，已证明历史文献记载的完全正确。从朝鲜民主主义人民共和国和蒙古人民共和国出土有铭刻文字的汉代漆器，更得知当时生产分工已经极细，一件小小羽觞，由作胎糅到完成，计达七八种不同分工。绘画向例由专工主持，这种画工必须具体掌握生物形象的知识，能够加以简要而准确的表现，还必须打破一切定型的拘束，作自由适当的安排，不论画的是什么，总之，都要使它在一种韵律节奏中具有生动感。齐梁时人谢赫，谈论画中六法时，认为画的成功作品因素之一，是"气韵生动"。过去我们多以为这一条法则，仅适宜于作人物画好坏的评判。如试从汉代一般造形艺术加以分析，才会明白，照古人说来，"气韵生动"要求原本是整个的，贯穿于绘画各部门——甚至于工艺装饰各部门的。一幅大型壁画的人物形象，可以用它来作鉴赏标准，一个纯粹用静物组成的工艺图案，同样也应当符合这种标准。最值得注意一点，即大多数工艺图案，几乎都能达到这个要求。汉代漆器图案，"气韵生动"四个字，正是最恰当的评语。

还有一个问题，也值得附带一提，就是这种工艺图案，还另外为我们保留了一点汉代社会史的材料。《三国志·魏志》记载中国名医华佗事迹，曾提起过他常教人古代导引养生之术，即所谓"熊经鸟申却行返顾五禽之戏"。这种"五禽之戏"，极明显是从西汉以来就曾经被海上方士当成延年益寿的秘密方技传授的。以熊、鹿为主的五禽名目，史传上虽有记载，形象活动，世人却少知识。研究中国医药卫生史的人，也还少注意到。可是我们如果试从汉代漆器多留点心，就会发现，漆器图案中的鸟兽名目行动，竟多和《华佗传》中说起的"熊经鸟申"大致相合。这绝不会是一种偶然的巧合。熊、鹿活动形象变化之多，古代方士注意它的运动规律，用来当作锻炼身体的模仿学习对象，正是十分自然的。

《华佗传》所说的"五禽之戏"，也就是鱼豢著《魏略》，记邯郸淳初次会见三国名诗人曹植时，曹植解衣科头，朗诵俳优小说数千言后，当面表演的"五椎锻"。"五椎锻"原属于卫生运动技术一类，也就是古代的导引法，是"熊经鸟申返顾却行五禽之戏"。传习来处，当时或得于郤俭、左慈诸方士，还有可能和古代印度、波斯文化交流有些渊源。

我这点推测，可能是完全不对的，但是从这么一个问题说来，也就可见从实物出发，对于中国物质文化史的研究探讨，还是一条新路，值得有人向前迈进一步。在全国范围内，数量以十万计（将来还会以百万计）的出土文物，对于今后文史研究的影响，也是极明显的。多数人如依旧照过去对于古文物情形，只把它当成古董看待，货币价值既不高，很多又缺少美术价值，保存文物的重要性将不容易明确。惟有能够把它当成古代物质文化发展史的地下材料看待，才会觉得这里有丰富的内容，值得我们用一种新的态度来发现，来研究，来理解！依个人浅薄私见，历史科学能否成为一种科学，就决定于研究者方面，对于新的材料的认识态度而定。我们业已理解到，如孤立片面地从文献学出发，贯穿史料，对于古代社会的面貌，文献不足征处，将永远成为空白；如相反，善于把这百十万件分布全国各个不同地区的地下文物，好好地和历史文献结合起来，从一个更全面、更扎实的认识基础上，学习运用马列主义，进行新的分析探讨，就有可能，把许许多多的问题，逐渐明白清楚，文化史的空白处，也都可望逐渐充实填补起来。正犹如我们对于古代漆器一样，本来只是从文献上知道一些名目，并且由于宋、明以来《三礼图》《三才图会》等书中半出于猜想的图画，对汉以前事多附会曲解，所得印象更不可靠。通过了近二十年多数人的劳动，在一定时间中，把出土材料分析综合，并联系其他出土材料作进一步比较，就可由"完全无知"进而为"具体明白"。并且由几件乍一看来，平凡普通，破烂皱缩的漆器上的残余花纹，因此明白了从战国到汉末，前后约六百年时间中的彩绘装饰艺术的作风。而这种艺术作风，原来和社会各方面关系，又还如此密切！因此让我们深深相信，必然还有许许多多历史问题，出土文物可以帮助我们具体解决。

一九五五年七月，北京历史博物馆

螺甸工艺试探[1]

这个草稿应属于古代漆工艺史部分，举例虽较简略，还有代表性，提法也较新，可供漆工艺史或工艺史参考。

作者陈列说明，某一时期漆器或镶嵌器也应分明它前后有什么联系，从发展上说才有道理，孤立即无话可说。

——作者题于原稿封套

一、螺甸工艺的前期和进展

近年来，工艺美术品展览会中，观众经常可见到一种螺蚌类镶嵌工艺品，一般多使用杂色小螺蚌，利用其本来不同色彩，及不同种类拼逗黏合而成花鸟山水，有的从赏玩艺术出发，做成种种挂屏、插屏、盘盒，有的又从日用目的出发，专做烟灰碟和其他小玩具，或精工美丽，或实用价廉，在国内外展出，都相当引人注意，得到一定好评。我国海岸线特别长，气候又温和适中，螺蚌种类极多，就原料说来，几几乎取之不尽，用之不竭。因此由广东到东北，沿海各都市工艺美术研究所，对于这一部门工艺生产，如何加以发展，是个值得注意研究的问题。特别是这种取之无尽的原料，如能较好地和沿海几个都市同样富裕的童妇劳动力好好结合起来，它的前

---

[1] 本文作于1963年。

途实无限美好。将在旧有的螺甸工艺中，别出蹊径，自成一格，在赏玩艺术、实用艺术和玩具艺术生产中，都必然有广阔天地可供回旋。

在新的工艺品展览中，在文物艺术博物馆中，在人大礼堂各客室和其他公共花园及私人客厅里，我们又经常可看到用薄薄蚌片镶嵌成种种山水、花鸟、人物故事画面的挂屏、插屏、条案、桌椅、衣柜、书架及大小不同的瓶、盒、箱、匣，不论是家具用具还是陈设品，花纹图案多形成一种带虹彩的珍珠光泽，十分美丽悦目。总名叫"螺甸"器。做得特别精美的，上面还加有金银，或和金银综合使用，则名叫"金银嵌软螺甸"。若系径寸大切磨略粗蚌片镶嵌面积较大花纹到箱柜上的，名叫"硬螺甸"。这种蚌片或在玉石象翠杂镶嵌占有一部分位置，则称"杂宝嵌"。前者多精细秀美，后者却华丽堂皇，各有不同艺术成就。这些工艺品产生的年代，一般说来，较早可到唐代，已达高度艺术水平；最多的为明、清两代，是全盛期也是衰落期。这个以蚌片为主的工艺品种，照文献记载，虽成熟于唐代，其实源远流长，属于我国镶嵌工艺最古老的一种。但是又和新近出现的嵌贝工艺，实同一类型，关系十分密切。因为同样是利用海边生物甲壳作为原料，来进行艺术加工，成为赏玩陈设美术品或日用品的。它不仅丰富美化了人民文化生活的内容，也代表我国工艺品一部门艺术成就，在世界美术博物馆镶嵌工艺陈列品中占有一定地位，十分出色，引人注目。

螺甸原属于镶嵌工艺一部门，主要原料是蚌壳。一般多把蚌壳切磨成薄片、细丝，或切碎成大小不同颗粒，用种种不同技术，镶嵌于铜木漆器物上，和漆工艺进展关系且格外密切。但应用和做法以及花纹图案，却又在不断发展变化中，因此于历史各个阶段里，各有不同成就。即同一时代，也常因材料不同，器物不同，艺术要求不同，做成各种不同艺术表现。例如同属明代螺甸器，大型家具如床、榻、箱、柜、椅、案，和案头陈设插屏，及大小盘盒，就常常大不相同。有时甚至于把这些东西放在一处，即容易令人引起误会，以为"螺甸"若指的是这一种，其他就不宜叫作螺甸。也有器物大小差别极大，加工技法艺术风格又极其相近的。前者或出于地方工艺特征，例如山西、北京、苏州、广东生产就不一样。即或采用的是同一主题画，山西用大蚌片在木制衣箱柜门上镶嵌大折枝牡丹图案，底子不论红黑，一般多不推光，花样也以华丽豪放见长。至于苏式条案，这一丛牡丹花却多做得潇洒活泼，具迎阳含露清秀媚人姿态，漆面且镜光明澈可以照人。至于用小说、戏文故事题材做的小件盘盒，艺术风格不同处就格外显明。但也有由于个人艺术成就特别突出，影响到较多方面较长时期生产，令人一望而知这是某某流派的。例如明代苏州艺术家江千里，一生专以做金银嵌软螺甸小件器物著名，小只寸大杯子，三寸径小茶碟，大不过径尺插屏盒子。并且特别欢喜作《西厢记》故事（有的人且说他一生只作《西厢记》故事），由于艺术精深，影响到明、清两代南方螺甸制作风格，大如床榻、桌案，小如砚匣、首饰箱、杯盘，形成"江千里式"。和张成、杨茂做的剔红漆器，杨埙做的描金倭漆，都同样产生极大影响。除此以外，还有个时代因素，也影响到生产器物和艺术风格。比如唐代铜镜背面和琵琶、阮咸背面，都有螺甸做成的，以后即少见。清代到乾隆以后，玻璃镜子和其他小幅插屏画绣，都流行用广作螺甸框子，因此京苏也多仿效。道光以后，卧室堂房家具流行红木嵌螺甸，因此广东、苏州产生大量成分螺甸家具。从镶嵌工艺应用范围说来，我们还没有发现历史上另外尚有比螺甸工艺在应用上更广泛的。

我们若想知道这部门工艺美术品种较详悉，明代漆工艺专书《髹饰录·坤集》内中曾记载下许多不同名目，反映得相当具体。明代权臣严嵩被抄家时，还留下个家产底册，名叫《天水冰山录》，也列举了好些螺甸家具材料。若把这两个文献记载，结合故宫现有大量螺甸器，和其他大博物馆收藏实物，以及被帝国主义者豪夺巧盗流失海外实物图片加以综合，有关这部门工艺美术知识，显然即将丰富扎实许多。

螺甸工艺的起源和进展，与蚌器的应用分不开。由应用工具进而为艺术装饰，又和玉石情形大体相同，都可说是"由来已久"。所以在镶嵌工艺中，名称虽不古，事实上出现却较早于其他镶嵌工艺。因为蚌器的应用，是在新石器时代，已成为某些地区某些部落当成利于刮削简便合用辅助工具的。锯类的出现，有两个来源：在西北某些地区为细石片镶嵌于骨柄上做成，中原或南方某些地区，最早便是用蚌壳做成。由于原料易得，因此在新石器时代，成为辅助生产工具。由于光泽柔美，且容易处理，因此在青铜时代，有机会和玉石同样，转化为镶嵌装饰工艺原料，施用于建筑和其他器物方面。这自然只是一种"想当然尔"的说法，惟和事实相去必不太远。

试从出土古文物注意，我们即得知殷商时，由于青铜工艺的进展，雕文刻镂的工艺，也随同工具的改变而得到长足进展，代替了延长数千年的彩绘艺术，而作出许多新成就。青铜器母范代表了当时刻镂工艺的尖端。此外骨类的刻镂成就，也比较突出。玉石用双线游丝碾的做法，也是划时代成就（且直到战国，技术上犹并未超过）。为进一步追求艺术上的华美效果，利用各种不同原料的综合镶嵌艺术，因之应运而生，反映到工艺各部门，特别是几个主要部门，成为奴隶社会上层文化美学意识的集中反映。较原始的情形，我们还无知。我们能接触到的，还只是青铜文化成熟期，在青铜器上的镶嵌工艺。主要加工材料是松绿石、美玉和骨蚌片。可能还有些其他混合油漆矿物粉末彩料。为什么恰好选这几种材料作镶嵌原料？试加分析，即可知这也并非偶然事情。玉和骨蚌的性能，都是古代工人由于工具利用十分熟悉的材料，而松绿石却是青铜原料一部分。这些材料有时综合使用，有时单独使用，全看需要而定。比如玉戈、玉矛、玉斧钺、玉箭镞，多是主要部分挑选青白美玉，却用青铜作柄，柄部即常嵌松绿石颗粒拼成的花纹图案。反映漫长石器时代已成过去，因而从石料中挑选出光泽莹润温美难得的玉类，加以精工琢磨，作为象征性兵器而出现。这种兵器一部分在当时也有可能还具实用价值，正如《逸周书·克殷篇》所叙述，武王当时得反戈群众和西南八个兄弟民族共同努力打败了纣王，纣王在鹿台自杀后，武王还用玄钺、素钺亲自动手把这个大奴隶主的头砍下悬旗示众，表示天下归于姬周。但一般只是象征尊贵与权威，制作美丽重于实用却十分显明。还有一类，主要部分全用青铜，只器身和柄部花纹图案用松绿石镶嵌的。除上述的几种兵器外，尚有一种弓形带铃器（可能是盾类装饰），随身佩带小刀及车马具，和部分礼器与乐器。就中又还有完全把玉石退缩到附属地位，和松绿石蚌壳位置差不多的，例如有种大型青铜钺，

第四讲　漆器、螺甸工艺及马的艺术

刃面阔径将达一尺，中心部分有个二寸大圆孔，孔中即常镶嵌一个大小相等小玉璧，璧中有一小孔，孔中又再嵌一松绿石珠，其他柄部、刃部有花纹处也满嵌松绿石。这类兵器照文献记载，是历来为最高统治者或主兵权的手中掌握，象征尊严和权威的（汉代将帅的黄钺和后来的仪锽，都由之而来）。蚌类和青铜器结合，也只是在这类斧钺中发现过。最多是在另一方面，和漆木器物的结合。

从比较大量材料分析，商代青铜镶嵌工艺，主要材料是用松绿石做成的（部分可能使用油漆混合其他矿物粉末彩料填嵌。因为兵器类有许多凹陷花纹，还留下些残余物质）。所得到的艺术效果，实相当华美鲜明。很多器物虽经过了三千多年，出土后还保存得十分完整。至于焊接药料是和后来金工那样，用明矾类加热处理，还是用胶漆类冷处理，这些问题尚有待金工专家进一步作些探讨。青铜斧钺孔中也还有用揿入法镶嵌可以活动的，从开孔内宽外窄可以知道。

从青铜器镶嵌工艺看来，它是个重点工艺，却不是唯一的孤立存在的事物。铜、陶、石刻容器的成形，或本于动植原形，如觥尊兕觥；或本于竹木器，如簠簋笾豆。除容器外，当时竹木器应用到各方面也是必然事情。兵器必附柄，乐器得附架，礼器、食器势宜下有承座而上有盖覆。此外收藏衣物和起居坐卧用具，都得利用竹木皮革，由于青铜工具的出现，竹木器物工艺上更必然得到迅速进展，扩大了彩绘刻镂加工的范围。镶嵌工艺使用到竹木器上，也必然随同出现或加多。用青铜作为附件的用具也会产生。至于骨蚌类用于竹木器物上增加艺术上的美观，自然就更不足为奇了。我们说骨蚌类使用于青铜器方面虽不多，一起始即和漆木器有较密切的联系，这种估计大致是不会太错的。在来源不明的殷商残余遗物中，经常发现有大量方圆骨片，一面打磨得相当光滑，一面却毛毛草草，且常附有些色料残迹。另外有种骨贝情形也多相同。若非全部都是钉附于衣服或头饰上遗物，有可能当时是胶合黏附于器物上的。而且它当时并非单独使用，是和其他彩绘刻镂综合应用的。

安阳侯家庄大墓出土遗物中，还留下二十余片高约尺余、宽近二尺的残余彩绘花土，上面多用朱红为主色，填绘龙纹、兽纹。图案结构，龙纹和铜盘上情形相似，多盘成一圈，兽纹则和武官村墓大石磬虎纹极其相近（记得辉县展览时，也有这么一片朱绘花纹，时代可能比安阳的早一二世纪）。在这类材料花纹间，就还留存些大径寸余的圆形泡沤状东西，或用白石或用蚌片做成，上刻三分法回旋云文（即一般所谓巴文），中心钻一小孔，和其他材料比较，且可推知小孔部分尚有镶嵌，若不是一粒松绿石，便是其他彩料。因为一般骨笄上刻的鸟形眼孔，和青铜钺上玉璧中和蚌泡中心，加嵌松绿石具一般性。

这种径寸大泡沤状圆形蚌饰，在古董店商代零散遗物中相当多，由于习惯上少文物价值，所以无人过问。既少文物经济价值，也不可能作伪。究竟有什么用处，还少专家学人注意过。考古工作者既未注意，一般谈工艺美术的又不知具体材料何在。事物孤立存在，自然意义就不多。但一切事物不可能会孤立存在。试从商代青铜器、白陶器做的尊、罍、敦、簋、盘、斝、爵等略加注意，会发现几乎在各种器物肩部，都有完全近似的浮沤状装饰，三分法云纹虽有作四分的，基本上却是一个式样，才明白这个纹样在商代器物上的共通性。这些蚌片存在也并非孤立。从形状说最先有可能仿自纺轮，从应用说较早或具有实用意义，把带式装饰钉固到器物上，增加器物的坚固性。特别是在木器上使用时，先从实用出发，后来反映到铜陶上才成为主要装饰之一部门。从铜陶上得知这类圆形蚌器曾用在圆形器物的一般情形，从朱绘花上又得知用在平面器物上情形，从青铜斧钺上且知道还使用到两面需要花纹的器物上情形。

尽管到目前为止，有权威性专家，还抱着十分谨慎的态度，不能肯定那份朱绘残痕为当时彩绘漆器证明，且不乐意引用《韩非子·十过篇》中传说的朱墨相杂的漆器使用于尧舜，对于商代有无漆器取保留态度。但事实上漆的应用，却必然较早于商代，而成熟于新石器时代，由长时期应用而得到进展的。

在新石器时代或更早一些，人类和自然斗争，由于见蜘蛛结网得到启发，学会了结网后，捕鱼狩猎加以利用，生产方面显然得到了一定进展。

用草木纤维做成的网罟类，求坚固耐久，从长期经验积累中，必然就会发现，凡是和动物血浆接触，或经过某种草木液汁浸染过的，使用效能即可大增。这类偶然的发现，到有意识的使用，成为一定知识，也必经过一个时期。此外石器中由小小箭镞到大型石斧，都必须缠缚在一种竹木附件上，使用时才能便利，求缠缚坚固，经久不朽，同样要用血浆和草木液汁涂染。漆的发明和应用，显然即由于这种实际需要而来。至于成为艺术品，还是第二步。这也正和我们蚕桑发明一样，如《尔雅》叙述，古代曾经有个时期，为驯化这种蠕虫，桑、柞、萧、艾等不同草木均曾经利用过。后来野生蚕只有柞蚕，家养蚕以桑蚕为主，同样是经过人民长时期共同努力的结果，不可能是某某一人忽然凭空发明。漆的发明过程也不例外。

所以我们觉得，在青铜文化高度发达的商代，还不会使用漆器，漆工艺还不能得到相应进展，是说不过去的。它的发明与应用只能早于青铜工艺成熟期，而不可能再晚。

商代这种圆泡状蚌饰，大致有两种不同式样，一种作⌒式，一种作⊂⊃式，形状不同由于应用不同。前者多平嵌于方圆木漆器物上，或平板状器物上，后者则嵌于青铜钺上。现存故宫和其他博物馆这类蚌器，在当时使用，大致不出这两个方面。这是目前所知道的较早螺甸。

这个工艺在继续发展中，从辛村卫墓遗物得知，圆泡状蚌饰还在应用，另外且发现有嵌成长方形转折龙纹的。又这时期当作实物使用的蚌锯、蚌刀已较少，只间或还有三寸长蚌鱼发现，和玉鱼相似，或直或弯，眼部穿孔，尾部做成薄刃，有一小切口，还保留点工具形式，事实上只是佩戴饰物。玉鱼到春秋战国转成龙璜，蚌鱼便失了踪。失踪原因和其他材料应用有关，和生产进展有关。

文献中材料涉及螺甸较重要而具体的，是《尔雅》"兵器"部门释弓矢，说弓珥用玉珧为饰。考古实物似尚少发现。从其他现存残余文物中，也未见有近似材料可以附于弓珥的。事实上蚌类器材饰物在春秋战国时已极少使用，主要原因是由于社会生产进展，工艺上应用材料也有了长足进展。金属中的黄金，在商代虽已发现薄片，裹于小玉璧上，到这时，却已把这类四五寸阔薄片,剪成龙凤形象,捶成细致花纹,使用于服饰上。又切镂成种种不同花纹,镶嵌于青铜器物上,较早还只在吴越特种兵器上出现,随后则许多地方都加以应用,大型酒器也用到。人民又进一步掌握了炼银技术,作成半瓢形酒器,或和黄金并用,产生金银错工艺。又学会发明了炼砂取汞的技术,因此发明了鎏金法。并能把金银做成极细粉末,用作新的彩绘原料。雕玉方面则由于发现了高硬度的碾玉砂,不仅能切割、刻镂硬度较高光泽极美的玉石,且能把水晶、玛瑙等琢磨成随心所欲的小件装饰品。到战国以来,由于商品交易扩大范围,中原封建主为竞奢斗富,不仅能用南海出的真珠①装饰于门客的鞋上,并且还可以由人工烧造成各种彩色华美透明如玉的琉璃珠,作为颈串或镶嵌到金铜带钩及其他日用器物上去。有的且结合种种新发现材料,综合使用,做成一件小小工艺品,如信阳辉县等地发现的精美带钩,见出当时崭新的工艺水平。相形之下,蚌类器材在装饰艺术中,可说已完成了历史任务,失去了原有重要位置,由此失踪就十分平常而自然了。

二、螺钿工艺的进展

螺钿工艺在美术中重新占有一个位置,大致在晋南北朝之际,而成熟于唐代,盛行于唐代。特别是在家具上的使用,或在这段时期。直延续到晚清。

照文献记载,则时代宜略早一些,或应在西汉武帝到成帝时,因为用杂玉石珠宝综合处理,汉代诗文、史传中均经常提起过。宫廷用具中如屏风、床榻、帘帷、香炉、灯台和其他许多东西,出行用具如车挛、马鞍辔……无不有装备得异常奢侈华美价值极高的。出土文物中,也发现过不少实物可以证明。例如故宫所藏高过一尺、半径过一尺的鎏金大铜旋,器

---

① 真珠,同"珍珠"。

物本身足部和承盘三熊器足，就加嵌有红绿宝石和水晶白料珠子等。其他洛阳各地出土器物，镶嵌水晶、松绿石和珠玉的也不少。前几年，江苏且曾发现过一个建筑上的黑漆大梁板，上嵌径尺青玉璧，璧孔如嵌一径寸金铜泡沤，上还可承商代斧钺衔璧制度，联系近年洛阳西汉壁画门上横楣联璧装饰，可以对于《汉书》中常提过的汉代宫殿布置"蓝田璧明月珠"叙述，多有了一分理解，得到些崭新形象知识，为历来注疏所不及。汉代官工漆器物中，除金扣黄耳文杯画案外，又还有剪凿金银薄片成鸟兽人物骑上舞乐，平嵌在漆器上的。金银、珠玉、松绿石、红宝石、水晶、玛瑙，以及玳瑁，均有发现，惟蚌片实少见。主要原因不是原料难于技术加工，可能还是原料易得，不足为奇。

杂宝嵌工艺在晋南朝得到进展，大致有三个原因：

一、出于政治排场，晋《舆服志》《东宫旧事》《邺中记》《南齐书·舆服志》，即有一系列关于这方面的记载。

二、出于宗教迷信，由《三国志·陶谦传》到《魏书·释老志》《洛阳伽蓝记》和王劭《舍利子感应记》，及南北史志传中许多记载，都提到这一历史阶段，由于南北统治者愚昧无知，谄佞神佛，无限奢侈糜费情形，魏晋时托名汉人遗著几个小说，和时代相去不多的《神仙传》《拾遗记》，内容所载人物事迹虽荒唐无稽，美而不信，但记载中有关服食起居一部分东东西西，却和汉代以来魏晋之际物质文化工艺水平有一定联系，不是完全子虚乌有，凭空想象得出。

三、为豪门贵族的竞奢斗富的影响。如《世说·汰侈篇》及南北史志传记载，和当时诗文、歌咏，无不叙述到这一时期情形。

西晋以来，工艺方面进展的重点似均在南方。如像绿色缥青瓷的成熟，绿沉漆的出现，纺织物则紫丝布、花练、红蕉布、竹子布，无不出于南方。北方除西北敦煌张骏墓的发掘，传说曾出现过大量玉器，且有玉乐器、玉屏风等物出土，此外似只闻琉璃制作由胡商传授，得到新的进展，大有把玉的地位取而代之之势。夹纻漆因作大型佛像，也得到发展。其余即无多消息。关于雕玉，南方更受原料来源断绝影响，不仅无多进展，且不断在破坏中。如金陵瓦棺寺天下闻名三绝之一的玉佛，后来即不免供作宫廷嫔妃钗鬓而被捶碎。加之由于神仙迷信流行，用玉捣成粉末服食可以长生的传说，成为一时风气，葛洪启其端，陶弘景加以唱和，传世玉器因此被毁的就必更多！（这也就是这一时期南北殉葬物中均少发现玉器另外一个原因。）当时琉璃已恢复生产，而且得到进一步发展，由珠子和小件璧环杯、碗而作成屏风，和能容百余人的"行殿"，也可说即由于代替玉的需要而促成。当时豪族巨富如石崇，虽说聘绿珠作妾，用真珠到三斛。另一妾翾风，则能听玉声，辨玉色，定品质高下。但和王恺斗富争阔时，提及的却是紫丝布、珊瑚树一类南方特产。且力趋新巧，以家用待客饮食器物，能够全部是琉璃作成为得意（这种琉璃碗有时又称云母碗，专为服神仙药而用。近年在河北省景县封氏墓曾出土两件）。

外来文化的影响，也起了一定作用。因为许多杂宝名目虽然已经常在汉代辞赋中使用，至于成为一般人所熟悉，还是从佛经译文中反复使用而来的，六朝辞赋中加以扩大，反映虽有虚有实，部分大致还是事实。例如常提到的兵器、鞍具、乐器和几案、屏风的各种精美镶嵌，大致还近事实。使用材料且扩大到甲虫类背甲、翅膀，日本收藏文物品中，就还留下个典型标本。蚌片镶嵌，既有个工艺传统，且光彩夺目，原料又取之不尽，且比较容易技术加工，和漆工艺结合，并可得到较好艺术效果，螺甸重新在工艺品中占有一个位置，就不是偶然而是必然了。

它产生、存在，而实物遗存可不多，大约有三个原因：

一、由于和日用漆木器结合，保存不容易。

二、由于和宗教结合，历史上好几次大规模毁佛，最容易遭受毁坏。

三、由于当时生产即属特种工艺品，产量本来就不大。

七弦琴多称金徽玉轸，事实上琴徽最常用的是螺甸，这种乐器恰好就最难保存，何况其他特别精美贵重器？《北史》称，魏太后以七宝胡床给和尚，照佛经记载，七宝中必包括有"车渠"，车渠即大蚌类。

唐代把螺甸和金银平脱珠玉工艺并提，一面征调天下名工，作轮番匠至长安学习传授技术，一面又常用法律加以禁止，认为靡费人工，侈奢违法。两者都证明这个工艺品种是属于特种高级工艺而存在的。在一般制造为违法，官廷生产却无碍。特别是用法令禁止，恰好证明它在民间还有生产，而且相当普遍，才需要用法令禁止！

从现存唐代镶嵌工艺品比较分析，和部分遗存唐代实物螺甸镜子、乐器和其他器物艺术成就分析，我们说在这个历史阶段是中国螺甸工艺成熟期，大致是不错的。正仓院几件遗物和近来国内出土几件镜子和其他器物，证实了我们这个估计。和当时佞佛关系密切，杂宝镶嵌的讲经座，《杜阳杂编》即叙述得天花乱坠。这个书记载虽多美而不信，但从另外一些文献，如韩愈《谏迎佛骨表》及间接形象反映，如敦煌壁画初唐到晚唐各种维摩变讲经座，各种佛说法图经座中镂金布彩情形看来，《杜阳杂编》有关这部分叙述，倒不算过分。实物材料之难于保存，还是和前面说到的几个原因分不开。主要大致还是其中第二个，会昌毁佛和五代毁佛，几次有意识的大变动，因之保留不多。

有关这一阶段的螺甸花纹，过去可说无多知识。不过一切东西不可能是在孤立情形下产生的，螺甸花纹图案也不例外，必然与其他镶嵌工艺有一定联系。如鸾含长绶、串枝宝相、鹊踏枝、高士图、云龙，一般工艺图案都惯常使用，螺甸也不例外。唐代镶嵌工艺图案有它活泼的一面，也有它板滞的一面，镜子是个最好的例子。金、铜加工由于处理材料便利，就显得格外活泼，螺甸受蚌片材料限制，不免容易板滞。这自然也只是相对而言。克服由于材料带来的困难，得到更新的进展，似在宋、明间，特别是明代约三百年，江南工人贡献大而多。

这个工艺进展若从分期说，应说是第三期。清初百年宜包括在内。

三、螺甸工艺的全盛期

宋代生产上的进展，影响到工艺普遍进展。许多日用工艺品不一定比唐代精，可是却显明比唐代普遍，陶瓷是个显著的例子。其次是丝绣。再其次就是漆工艺。唐代漆艺以襄州所产"库路真"为著名，照《唐六典》

记载，有"花纹"和"碎石纹"两种。"库路真"，究竟是某种器物名称，如鞍具或奁具，还是漆器中某种花纹（如犀皮中剔犀或斑犀，或如东邻学人推测，与狩猎纹有关），是个千年来未解决的问题。但唐人笔记同时还说到，襄样漆器天下效法。既然天下效法，可见后来已具普遍性，技术加工和艺术风格，总还可从稍后材料中有些线索可寻。敦煌唐画有作妇女捧剔犀漆画雕剑环如意云的，是否即其中之一？又传世画宋人《会乐图》，从装束、眉眼、服装看来为唐元和时装，筵席间也有近似玳瑁斑漆器。从各方面材料加以分析，库路真器有可能和犀皮漆、描金漆两种关系较深。宋代临安漆器行中即有金漆行与犀皮行，可说明两个问题：

一是分行生产，反映生产上的专业化。

二是产量必相当多，在当时已具有普及性，不是特种工艺。

至于螺钿，则大致还属于特种产品。两宋人笔记和其他文献记漆事的甚多，有三个记载特别重要：

一是《大金吊伐录》中几个文件，有个关于金军围城向宋政府需索犒军金银，宋政府回答，宫中金银用器已聚敛尽罄，所用多漆器。说明当时宫廷中除金银器外，必大量使用漆器。另一文件是贿赂金兵统帅礼物的，中有珍珠嵌百戏弹弓一具。证明正仓院藏唐代百戏弹弓，宋代还有制作，并且是用珍珠镶嵌而成。

二是《武林旧事》记南宋绍兴年间高宗到张俊家中时，张家进献礼物节略，较重要的除织金锦明明为特种高级纺织物，还有两个螺钿盒子，用锦缎承垫。其所以重要，或不仅是螺钿器，可能盒中还贮藏珠玉宝物。但特别指出螺钿，可见必然做得十分精工。

三是南宋末贾似道生日，谄佞者进献螺钿屏风和桌面，上作贾似道政绩十事，得知当时寿屏已有用本人故事作题材应用的。详细内容、艺术安排虽不得而知，但从宋时屏风式样、唐代金银平脱琴、螺钿镜人物故事处理方法，和元明间螺钿漆门、几案、插屏柜等布置人物故事方法，及宋、元人物故事绘画习惯，总还可得到一种相对知识。

至于唐、宋以来螺钿重新得到抬头机会，重新在美学上产生意义，另外有个原因，即由于珍珠在这个时期已成艺术中重要材料。宋代宫廷从外贸和南海聚敛中收藏了大量珍珠。照《宋史·舆服志》记载，除珠翠做凤冠首饰，椅披到踏脚垫子也用珍珠绣件。有个时期将多余珠子出售于北方时，数量竟达一千多万粒。珍珠袍服、衣裙、马具也常见于记载。直到元代，贵族还常赐珠衣。珍珠既代表珍贵和尊贵，在美学上占有个特别位置，螺甸因之也重新在工艺品中得到位置，而且应用日益广阔。

元明间人，谈漆艺较具体的为《辍耕录》。《辍耕录》叙漆器做法，计四部分，黑光、朱红、鳗水、戗金银诸法，而不及螺甸。《髹饰录·坤集》"填嵌"第七中，即将"螺钿"列一专目，称一名"蜔嵌"，一名"陷蚌"，一名"坎螺"。又有"衬色蜔嵌"。"雕镂"第十，又另有"镌蜔"，既属雕镂，则可知还是从唐代做法而来。又"㓊斓"第十二，子目中还有综合做法，如"描金加蜔"，"描金加蜔错彩"，"描金错洒金加蜔"，"描漆错蜔"，"金理钩描漆加蜔"，"金双钩螺钿"，"填漆加蜔"，"填漆加蜔金银片"，"螺钿加金银片"等等不同做法。

《天水冰山录》所载漆家具器物中属于螺甸的有"螺甸雕漆、彩漆大八步等床"，"螺甸大理石床"，"堆漆螺甸描金床"，"嵌螺甸有架亭床"。仅仅床榻大器即有这么许多种，其他可知。

通俗读物《碎金》，也记载有许多名目，不及螺甸。《格古要论》里也说及一些问题。作者曹昭虽在明初，补充者王佐时代实较晚。王佐曾官云南，因之有关云南剔红漆艺较熟悉。谈螺甸品种较详细的还是《髹饰录》里"坤集"中部分记载。由此得知，明代实螺甸漆制作全盛期。但现在部分时代不甚明确遗物，却显明有些实由宋元传来。

明人笔记称，元末明初南京豪富沈万三家中抄没时，有许多大件螺甸漆器，多分散于各官司里，大案、大柜的制作，不计工本时日，所以都特别精美。又《天水冰山录》记权臣严嵩被抄家时，家具文物清单中，也有许多螺甸屏风、床榻。当时实物虽难具体掌握，但从现存故宫一个大床和几个大案，历史博物馆几个大柜和长案、木器等看来，还可知道，明代螺甸家具艺术上基本风格，技术上加工不外两式：有用大片蚌片嵌大丛牡丹花树的，多不加金银，通称硬螺甸，历史博物馆所藏的几个大黑漆木箱，可以作为代表。黑漆不退光，暗沉沉的，花朵布置也比较犷野，装饰气魄和元明间青花瓷图案还相近，制作时代可能亦相去不多远。数量不怎么多，生产地有说出于山西绛州，无正面可靠证据，但也缺少反面否定证据。另有一式即历博所藏大柜、大案，和故宫在建国后接收的一架大床，和另外收购几个长案，多用金银嵌细螺甸法，通称软螺甸，作人物故事，楼台花鸟，精工至极。部分且用飘霞屑金蚌末技法，并用大金片做人物身体。构图布置谨严细致，活泼典雅。八尺立柜，丈余长案，人物不过寸许，不仅富丽堂皇，也异常秀美精工，可称一时综合工艺登峰造极之作。惟时代过久，因之部分金片多已脱落，修补复原不免相当困难。

传世江千里金银嵌软螺甸，做小插屏匣盒及茶托酒盏，加工技法或即从之而出，时代则显明较晚。这些大件器物的其中一部分，是否即明人所说元明间沈万三家中物？或同样出于江西工人所作，原属严家器物？实有待进一步从器物中花纹图案，特别是人物故事题材设计，加以分析比较。但有一点可以肯定，即这类工艺进展，显然和南方工艺不可分。因为《髹饰录》作者生长地嘉兴西塘杨汇，是南方漆工艺集中处，工匠手艺多世传其业，这个书的写成，"乾集"部分内容虽可能本于宋人朱遵度《漆经》，"坤集"做法品种其实反映元、明成就。

从加工技术说，剔红、斑犀、刷丝、戗金、雕填、螺甸，各有不同特征，比较上金银嵌软螺甸工艺特别复杂，因此传世遗物也较少。惟从艺术成就而言，则比明代宫廷特别重视的果园厂剔红成就似乎还高一些。

四、十八九世纪的商品生产

到十七八世纪由康熙到乾隆的百年时间，漆工艺普遍得到进展，惟重点或在四个部门：剔红、泥金银绘、五彩戗金雕填和剔灰。主要是宫廷中的剔红器，料精工细，成就就格外显著。大件器物且有高及丈余的屏风，和长榻大案。其次是描金和雕填，大如屏风，小如首饰箱、镜匣、盘盒，也无不做得异常精美。特别是泥金用"识文隐起"法制作的盘盒类，达到高度艺术水平。花纹图案和器形结合，成就格外突出，为历史所仅见。第三即犀皮类多色"斑犀"和"绮纹刷丝"，和雕填描金相似，举凡《髹饰录·坤集》中所提到的各种综合加工品目，差不多都在试制中留下些精美遗产，现在大部分还收藏于故宫。第四是产生于明清之际一种"剔灰"漆，以大件屏风和条案占多数，中型圈椅、交椅、香几，则多反映于明清之际画像中。一般多黑漆剔出白地，主题部分山水、人物、花鸟为常见，也作博古图，边沿则用小花草相衬。北京、山西均有制作。技术流传到如今还有生产，多供外销。至于螺甸漆，在和明代或清初成品比较下，工艺成就不免有些下降，并未突破江千里式记录。但有了一点新的发展，为其他漆工艺所不及，即和其他新的工艺结合，以新的商品附件而出现，生产数量日有增加，生产品种也随之越来越多。并由此应用风气，重新扩大到家具方面，成为十九世纪高级家具主流。例如由于玻璃镜子的出现，结束了使用过两千多年圆形铜镜的历史使命，出现了一二尺长方挂式银光闪闪的玻璃镜，和七八尺高屏风式大穿衣镜。较早还只限于贡谀宫廷而特制，过不多久，即成高级商品。这类新产品的镜框座架，一般多用紫檀、鸂鶒、花梨、红木等镶螺甸做成。自鸣钟来自海外，不多久广州、苏州均能仿造，外边框盒部分，除鎏金和广珐琅装饰，也流行用螺甸装饰。此外用平板玻璃作材料，在反面用粉彩画人像或山水花鸟画，以及时间稍晚，用"百鸟朝凤"作主题画的广东绣双座案头插屏，和其他陈设品，几几乎无不使用硬木螺甸框架。总之，到了十九世纪初叶，凡是带一点新式仿洋货的工艺品和高级用品，用得着附件时，即有螺甸出现。即通常日用品如筷子、羹匙，也有螺甸、漆木制成的。从数量、品种说，实达到了空前需要。至于装饰花纹，广式串枝花为常见，附于贵重器物上为宫廷特别制作的，间或还具清初工艺规格，用金银嵌软螺甸法。至于一般性商品制作，即不免结构散乱，花叶不分，开光折枝艺术性也不怎么高，有的且相当庸俗。主题画面采用明、清戏文故事版画反映的，由茶盘发展而成烟盘，工艺精粗不一，章法布局已不及明、清间同样主题画精细周到。这也正是一切特种工艺转成商品后的必然情形。道光以后，这部门工艺又发展到一般中上层家庭使用成堂、成套硬木家具上，成为达官贵人家中一时时髦事物。这类硬木家具，多用灰白大理云石或豆沙色云石作主要部分镶嵌，边沿则从上到下满嵌螺甸，大如架子床、带玻璃镜衣橱、条案、八仙桌、杨妃榻、炕床、梳妆台、独腿圆桌、两拼圆桌、骨牌凳、太师椅、双座假沙发，无不使用到。北京颐和园和历史博物馆，就还各自留下许多这类家具器物，代表这一时代工艺成就。且有为当时新式特别会客厅专用高及一丈五尺、宽过二丈开外镜橱，除八面方圆镜子，其余全部镶嵌螺甸花鸟草虫的。

此外即由于帝国主义的侵略，有意毒化全中国人民，鸦片烟在中国流行后，约半世纪中，在贵族客厅，达官衙署和有帝国主义借通商为名强占的租界区内，新式旅馆和大商号中，社会风气无不用鸦片烟款待客人，邀请客人上炕靠灯，几几乎和解放前敬奉客人烟茶情形相似。吸烟必有一份烟具，除枪灯外，即搁置备用烟斗高二三寸、长约尺余的斗座，和承受一切烟具的长方烟盘，比较讲究的，也无不用硬木螺甸器做成……

由于生产各部门对于螺甸器的需要，因此这部门工艺，在十九世纪中国逐渐进入半殖民地化过程中，百业凋敝不堪情况下，反而得到广大市场，呈历史空前繁荣。部分关心特种工艺的朋友，谈及螺甸工艺进展时，常以为进入十八世纪，这部门生产即因原料供应不及而衰落，若所指仅限于明代特种高级工艺品江千里式金银嵌软螺甸器，是不怎么错的，若泛指一切螺甸器，却大都是把这种种全忽略过去了。事实上三千年来螺甸应用上的广泛，和数量上增多，十九世纪的生产，可说是空前无比的！这是螺甸工艺的尾声，也反映帝国主义侵略势力打进中国大门以后，中国特种工艺生产所受影响格外显著的一个部门。它的真正衰落与结束则和延长数千年的封建腐朽政权一道，于太平天国反帝反封建革命到辛亥革命三四十年中。

五、螺蚌类在其他方面的应用

螺蛳、蚌壳和贝类，在螺甸镶嵌工艺以外，作为珍贵难得的材料加以利用，历史上比较著名的一件事情，是《逸周书》中提起过的"车轮大蚌壳"和有朱鬣的白马，同认为天下难得之物，当时作为贿赂，把周文王救了出来，免遭纣王毒手，在政治史上起过一定作用。商代遗物中，则经常发现有一二寸径花蚌蛤，上面用棕红粉白颜料，绘画些齿纹、水纹图案，这些东西在当时是纯粹玩具，还是一种内贮油脂类化妆品用具，已不得而知。《周礼》称，古代贵族埋坟，必用蜃粉封闭，即烧制大蛤作灰而使用。实际材料似乎还少发现。惟近年来出土楚墓多有在棺椁外用一厚层白膏泥作封土的，隔绝了内外空气和其他有机物侵蚀，墓中许多文物因之而保存下来，或即循古礼制一种代替材料做法。汉代人则用"车渠"琢成各种器物。车渠是一种甲壳极厚的大蚌，琢成器物多作哑白色，切割得法打磨光莹也有闪珍珠光泽的。直到明、清，还流行用来制作带钩和帽顶，并且清代还成为一种制度，官僚中较低品级必戴车渠顶。唐代人欢喜饮酒，又好奇，因此重视海南出产红螺杯、鹦鹉螺杯，诗人即常加以赞美。明、清到近代还继续使用，惟一般多改作水盂和烟灰碟，再也想不到这东西过去就是诗人所赞美的贵重酒器了。又本于印度佛教习惯，举行宗教仪式，常用大玉螺作为乐器，通称"法螺"。敦煌唐代壁画即有反映。后来喇嘛教沿袭使用，且成为重要法器，明、清以来制作精美的，边沿还多包金嵌宝。左旋螺则因稀有难得而格外贵重。由于宗教迷信，和其他几种器物并提，通称"八吉祥"或"八宝"。除实物在宗教界看得十分重要，还反映到千百种工艺品装饰纹样中。又兄弟民族中也有把这种法螺代替号角，用于军事上和歌舞中的，如唐代白居易诗记骠国乐，乐队中就有吹玉螺的。

贝类商周除天然产外，还有骨、玉、铜和包金的种种。或作为商品交换中最早的钱币，或用于死亡者口中含殓，或作为其他人身装饰品和器物镶嵌使用。古诗中有"贝胄朱绥"语，则显然在周代还有用红丝绳串连装饰在武将甲胄上，表示美观、象征权威尊严的。从近年发现云南滇人遗留文物中大量贝类的发现，又得知，西南地区到西汉时还用它作为货币使用。直到晚清，南方小孩子所戴风帽，用贝作为坠子，也还常见。蒙、藏妇女，则至今还有把小贝成串编排于辫发上，当成难得装饰品的。汉代又流行一种贝制卧鹿形玩具，用大玛瑙贝作鹿身，用青铜作鹿头、脚，大耳长颈，屈足平卧，背部圆润莹洁，且有点点天然花斑，十分秀美。《史记·封禅书》说，汉代方士喜宣传海上三山，上有白色鸟兽，长生不死。乐府诗亦有仙人骑白鹿语。金银错器上还有仙人驾双鹿云车反映。这类用大贝做的鹿形工艺品，可能也即产生于武帝时代，由于仙人坐骑传说而成。

三国时，曹植和其他文人均作有《车渠碗赋》，文字形容显得光泽明莹，纹理细密，和缠丝玛瑙极相近。近年山东鱼山曹植墓出土文物中除一个金博山冠饰外，还有一套玉佩，一个青精石器，和一个小小圆盏式玛瑙佩饰，和文章形容极相合。可证明前人说车渠为宝石之一种，还有一定道理。用海蚌类作车渠时代必比较晚些。

从一个马镫图案谈谈中国马具的发展及对于金铜漆镶嵌工艺的影响关系 [1]

这是一个唐代金银错的马镫复原图。图案组织在唐代应属于"鹊含瑞草"一格，常反映于唐代一般工艺品的装饰中。原物于一九三八年在南西伯利亚哈喀斯自治共和国境内发现，苏联专家叶甫鸠霍娃（吉谢列夫夫人）曾作文介绍于苏联《物质文化史研究所简报》第二十三期一册内。从马镫形式和图案处理看来，是唐代的标准式样，和我国西北各地发现的唐代文物，及中国科学院考古所近年来在西北武威发现的平脱马鞍、平脱饭碗，共同给我们一个重要的启示，就是唐代物质文化影响的广泛性，以及和西域各地区民族的相互密切关系。当时这种出自人民的精美工艺品，不仅丰富了中国物质文化的内容，也提高了中国边沿地区各个兄弟民族物质文化的享受，和许多重要发明一样，更影响到世界各国文化的发展。唐代文化一部分，实吸收了西域文化，并印度、波斯文化，例如音乐就是一个好例。即妇女骑马，也显然是由于西北人民生活习惯影响中原。但是中原物质文化成就和生活习惯，却有更多方面影响到西域。这从近五十年来高昌、楼兰、交河城、武威、敦煌各地洞窟遗址和坟墓大量古文物的发现，及南疆石窟有纯粹中原式样的唐代建筑彩绘可知。世界许多国家，如印度、埃及、土耳其都发现过大量唐代越州系青瓷，有的直接生产于浙江，有的又产于

---

[1] 本文作于1954年冬，据原稿编入。文中列出的图像未见对应图稿。

福建、广东，更可知祖国劳动人民所创造的物质文化，对世界所做的伟大贡献，和自古以来东方诸文明古国的友谊长存。

金银平脱工艺，在唐代本属于国家官工业生产。照《唐六典》记载，国家官工业本源于汉少府监，到唐代更分门别类，组织庞大。少府监工人有一万九千八百五十人，将作监工人有一万五千人，还仅指经常宫廷消费和赏赐官僚宗亲物品生产而言。至于特别兴造，如龙门石窟，即另外设官使监督，征调人工常以十万计！工人学习掌握业务技术，各有不同年限。好些种一二年可学成，镶嵌刻镂必四年才满师。唐官工部分采用应差轮番制，从全国各处挑来的，多"技能工巧"，不得滥竽充数，到一定时期又可返籍就业，金银平脱技术，也因此在长安以外得普遍流传。在制作上，它的全盛时期，必在开元、天宝之际。姚汝能著《安禄山事迹》卷上，即载有金银平脱器物许多种，例如——

银平脱破方八角花鸟药屏帐、金银平脱帐、金平脱五斗饭罂、银平脱五斗陶饭魁、装金平脱函、金平脱匣、银平脱胡平床子、金平脱酒海、金平脱杓、金平脱大盏、金平脱大脑盘、金平脱装具、金平脱合子、金平脱铁面碗。

照唐人笔记叙述，这些东西都是当时特别为安禄山而作的，和当时长安新造的房子一道，经玄宗嘱咐过，"彼胡人眼孔大，不必惜费"而完成的。这些器物虽然已经不存在，我们从近年出土现藏历史博物馆几面有代表性大镜子，及肃宗时流传日本，现在还保存得上好的几面金银平脱大花鸟镜子、七弦琴和天鸡壶及其他漆嵌螺钿乐器、家具等等实物，并近年长安一带唐墓中出土平脱贴银镜子、西北发现马鞍等物看来，还可知道它在工艺上所达到的高度艺术水平。"安史之乱"，中原重要生产和文化成就都遭受严重破坏。事平以后，肃宗即一再下令禁止，如《唐书·肃宗纪》，至德二年十二月戊午诏：

> 禁珠玉宝钿平脱，金泥刺绣。

但从禁令中却反映出，政府虽一时不会大量制造，各个地区还是能够制造。到各地生产稍稍恢复，藩镇军阀势力抬头时，这部门工艺，也自然和音乐歌舞相似，在各个地区，特别是南方各州郡，都逐渐得到发展的机会。《唐书·文宗纪》，即位就停贡"雕镂金筐，宝饰床榻"，可知还有这类器物继续在生产，在进贡。《唐书·齐映传》，贞元七年任职江西观察使，希复相位，因刺史作六尺银瓶，映乃作八尺银瓶呈贡。王播太和元年五月，自淮南入觐，进大小银碗三千四百枚。到唐末五代时，西蜀、南唐、吴越、荆楚、岭南一些割据军阀，除大量制造金银器物、金银棱瓷器和精美丝绸锦绣，作为彼此间结好的礼物外，西蜀统治者甚至于用七宝镶嵌溺器。这种精美尿壶虽不可得见，王建墓中平脱宝函的制作制度，却还留给我们一个印象。岭南刘䶮则用珍珠络结马鞍。天宝时，杨氏姐妹好骑马，并竞选俊秀黄门作导从，马和马具都特别精美。世传《虢国夫人出行图》中骑乘，和《唐人游骑图》，及五代赵岩绘《游骑图》《杨妃上马图稿》等，犹可见骑乘鞍具规模。至于一般乘骑用的金银装鞍镫马具的制作，本于上行下效的风气，自然越来越普遍。这事情从稍后一时统一中国的北宋，把骑乘鞍具当成一种官品制度来加以限制处理，就可以明白。法令的限制，恰恰反映出滥用金银装鞍具，必在稍前一时唐末五代军阀各自称王作霸的时期。

又《唐六典·卷三》称，襄州贡物有"漆隐起库路真"，又有"乌漆碎石文漆器"。《文献通考》则改称"十盛花库路真二具"，"五盛碎古文库路真二具"，学人多不明白意思何在。史传又有"襄州漆器天下仿效"名"襄样漆器"，值得仿效必有原因。但是"库路真"是什么意义？却难于索解。《南史·卷七十·侯景传》，其部从勇力兼人的名"库真部督"，库真似和武勇相关。东邻学人曾就"库路真"一名辞作比较探讨，推测有"狩猎人"含义，以为它或和金银平脱螺甸作狩猎纹装饰，及犀毗漆制鞍具有关。解释似相当正确。因为鞍具在前桥上作狩猎纹装饰，有武威出土唐代马鞍可证！其实这种装饰图案，还源远流长，有可能从西汉以来就已经使用，反映到工艺各部门，一直延续发展下来的。"隐起"属于技术范围，必和同时代的金银带銙"识文隐起"技术处理同式。照宋李诫《营造法式》"雕琢篇"说明，则为浅浮雕法，从明黄大成《髹饰录》解释，又近于浅"剔红"作法。瓷器花纹中和临汝青瓷的雕法相近。若这类材料值得引证，那"隐起"就正是通考说的"花库路真"！可证剔红法实出于唐代。至于"乌漆碎石文漆器"，显明和"斑犀"相近。一般说"剔红"和"犀毗"起于宋代的，由此却为我们提出了一点新线索，证明《因话录》一书中提起犀皮，系唐代以来马鞍鞯涂漆磨成花纹，并非完全无因。这种做法并且可以由唐代再上溯到更早一些时期。不过通考明说"五盛""十盛"，一盛是否指一具还是一层？若从唐代实用器物注意，唯两种东西相近：

一即魏晋以来墓中常见的分格陶器（这种陶器本系仿漆器而作，近江苏已发现一实物，晋人称九子方樏、十二子方樏或即指此物。即元、明之细点盒。清康熙改圆式，内多改成小瓷碟）。

一即由筒状奁具衍进的蔗段式套盒，因此"五盛十盛库路真"，如不是马鞍，或许指的正是平脱漆作狩猎纹装饰和犀毗漆作碎石纹的榍子食盒或分层套奁！

唐代襄州漆器，至今虽然还少实物出土，惟从敦煌壁画供养人，和《张议潮出行图》侍从行列手中捧的器物看来，还可明白一点规模。或如首饰巾箱，亦即魏武《上杂物疏》中所说的严具，或如捧盒、拜帖匣子，或如花式五撞七撞套奁（如上博元漆奁），胎榇则包括有丝绸、竹、木、革、纸。如系泥金银彩绘，也必然和同时一般器物装饰图案相差不远。如系斑犀漆，则和唐釉陶中的"绞釉""晕釉""三彩斑纹釉"，及丝绸中的各种染缬花纹发生联系。这也就是说，从同时期工艺生产花纹上注意，我们还有希望明白理解一些过去不易埋解的问题。漆器值得全国仿效，又必然还有发展，宋代器物中也还留下许多和犀毗漆接近的几种瓷器花纹，例如临汝青瓷，水和镇紫褐地黄花，或铁锈黄地黑花瓷，建阳窑"鳖甲""玳瑁""银星"诸斑茶盏，可供参考。这些深色釉有花陶瓷，和当时的漆器及纺织物印染图案，必然都有密切联系。正如同漆器中的"刷丝"一格，本源于宋代歙州"刷丝砚"而起，宋代刷丝漆已不易得，我们从歙砚谱几十种刷丝砚材说明中，依然还可以明白《髹饰录》中提起的"罗纹刷丝""绮纹刷丝"种种不同刷丝漆的色泽和基本纹样。故宫清初漆器还有此一格，有人亦以为犀皮，其实应为"刷丝"，多色的则应当叫作"绮纹刷丝"。

唐代的马具装饰纹样和使用材料，既不会是孤立忽然产生，实上有所承，下还有发展，我们值得从中国车马应用的历史，看一看装具上的历史发展，对于新的文史研究，应当还有一点用处。

服牛乘马，照史传叙述，中国人在史前就已发明。不过从出土实物考查，马具的装备，最先是为驾车而作的。安阳出土甲骨文宁，关于马具的名目，虽不怎么多，但出土青铜马具实物，却相当完备。马络头已用许多青铜圆泡密密固定在皮条上，马颈项已悬有小小青铜串铃。虽还未使用衔口铜嚼环，嘴边排沫用青铜镳饰，也有了各种不同式样。控制轮轴的青铜軎、辖輨、軔，控制马匹行止的镳靷、游环，及人字形车轭，除调节马车行走步骤节奏的銮铃素朴无华，大都印铸有殷商时代流行的精美花纹。马具且有镶嵌孔雀绿石的。算算时间，至少已在三千一百年前！

又因科学考古的工作日益谨慎周密，比较材料也日益丰富，我们还得以逐渐明白了这些器物的位置和作用，可把它和《考工记》叙车制，古诗文中形容驾御车马的"两骖如舞""六辔沃若"文字相互印证。自汉代以来，历史学者从文字注疏中钻研，始终难于索解的，出土实物已为我们提出丰富材料，帮助说明。

战国时人批评统治者的奢侈时，常说用"珠玉饰狗马"。其实这种风气早从商代就已开始。根据安阳发掘报告，当时殉葬小狗，就有用精美青铜和美玉什件装饰头脸的。并且古代狗的品种，也有了比较具体知识。例如春秋时赵盾故事中所提起的"君之獒不如臣之獒"的短嘴大狗，和秦代李斯和他儿子出猎所牵的"细腰黄犬"，都已经从出土汉代明器中得到证实。从统计字数上考查，还可知道全旧汉墓葬狗形象，大部分属于竖耳卷尾狗。可知这是汉代一种普通狗种。至于供狩猎用的细腰黄犬，惟辉县汉墓发现过一群，此外即山东嘉样刻石、洛阳空心砖上反映较多。

西周以来，随同封建社会政治组织，车马服章无不有一定制度。车饰什件用铜，木制轮、舆、辕、衡必涂漆绘朱，车盖用帛，并各随爵位等级大小高卑不同。虽然至今还少见完整成分实物发现，但考古所在河南濬县（今浚县）发掘得到的材料，和其他比较材料，已经可帮助我们证明这个时代车乘装饰的特征。西周青铜器中的大卷云纹和鱼鳞纹，就在车器上得到同样反映。车上绘饰，也可从青铜器和漆陶杂器物纹饰，体会出一些基本规律。这阶段社会分散成好几百诸侯封地小单位，各自占有一套工奴，一片封地，近于在自给自足情形中，延续了一个相当长的时期，生产发展比较迟缓。从青铜器花纹的少变化和金属货币的数量稀少，也同样可以看出问题。

春秋战国时期，在若干诸侯领域中，由于铁的发现，生产工具有了基本改变，生产上有了进一步发展。生产品增多后，交换需要也增多了。周王朝政权日益衰弱，在诸侯竞争霸权掠夺资源大小兼并过程时，技术工人一再集中，社会享乐要求也增多了，对于交通和战事所不可少的车马具和兵器的改进，都显明起着极大影响。诸侯会盟，就常在车马、衣服、器仗上比赛。齐国新兴商业都市临淄，市民阶级平时还以两车相撞"击毂"为乐。诸侯好马，则"食上大夫之禄"。相马有专书，制车有专工，"千金买马骨"更成历史有名故事。车马具的种类和式样，显然都因之丰富和提高。在这时期古墓出土物中，除各式青制镳及车轴外，还新发现了青铜马嚼环和羊角形镂刻彩绘的骨镳，及种种形式不同花纹美丽的青制当颅，和其他车饰。如河南信阳墓中发现套在辔引上的薄银管。更出现了青铜金银加工的马具。主要还是驾车马身和车身的各种附件。诗史中提起的"约軝凿衡""金錽镂钖"，无一不有制作精美的实物出土，可以和文献相互印证。战车的装备，也从出土实物和其他青铜器上刻镂车子、陶俑车子，发现了好些不同式样。至于这种加金钿工技术上的发展，如联系其他器物装饰图案比较，以个人私见，有可能是由于长江流域的生产发展，由吴越金工促

第四讲　漆器、螺甸工艺及马的艺术

进的。因为银子单独的提炼，和南中国的丰富原料发现必有关系。兵器的制作，吴越工曾著名一时。近世出土特别精美的青铜镶嵌金银戈剑，就常有吴工造作文宁。又从图案花纹分析，凡属金银加工车马具，也显明和南方的荆楚漆工艺活泼流利的装饰纹样比较接近，却和同时在淮河以北黄渭流域及燕晋各地流行，用密集式半浮雕，或透雕蟠虺、蟠螭为主纹的青铜器装饰有相当距离。金银加工技术出于南方，这种说法虽还缺少具体证实，我们至少可以那么提出，就是这种新兴的镶嵌艺术，正和同时新起的青铜镜子一样，技术上的提高，和花纹图案的多样化，南方吴越、荆楚金工有特别贡献。它的图案组织比较接近于当时的绘画和刺绣，却和传统的青铜雕刻作风不大相同。（虽然一般青铜车马具的花纹，基本上还是商周以来铜器纹样！）

这种金银加工青铜车马器，近三十年来出土实物具代表性的，除过去洛阳金村发现一部分，及其他出土地不明白，现藏故宫博物院和历史博物馆的器物以外，应数中国科学院考古所数年前在河南辉县的发掘品特别重要。其中如辕首部分的龙头，和其他管状、片状大小附件，用金银线、片、点镶嵌而成的涡云龙凤纹图案，组织上融合秀美与壮丽而为一的艺术作风，充分表现出这部门工艺的高度成就。花纹奔放而自由，更反映在这个历史阶段上，造形艺术各部门，从传统形式束缚求解放的精神。艺术中最先得到解放的是彩绘。彩绘漆和金银错工艺本属于同一系列，因此反映得也格外明白清楚。

中国人骑马始于晚周，最先从赵武灵王试用于对抵抗游牧民族内侵的军事上。但在中原和长城边沿地带，至今还未闻有战国时骑乘用青铜马鞍镫发现。照《盐铁论》和《急就章》叙述，早期骑乘马具，多用青铜和皮革做成，金银装高桥鞍和绣锦障泥掩汗，似到汉代中期才使用。金属马镫的发明，也不可能早于加金鞍具。现存一个战国晚期错金铜镜子，上面有个刺虎骑士形象，就像是有鞍鞯而无马镫。汉初古墓出土物中，也未闻有金属马镫出土。镜子上骑士虽有鞍鞯，汉石刻中更有许多骑从，鞍鞯形制分明，殉葬明器中又有种种铜、陶、玉、木、马匹出土，去年长安并且出了一个三四寸大青铜骑士，不过除四川汉墓出土那一个残陶马鞍，我们对于汉代马鞍实际知识还是不多。至于马镫有无，却可从四方面推测得出，至晚在西汉中叶已经应用。一从洛阳出土一般大型空心花砖上骑士形象，其次是一般汉代釉陶奁壶狩猎图案，其三是辽阳汉墓彩画骑从，其四是四川汉墓方砖上浮雕骑从。这些骑士的驰骤形象，多两脚向上挟举，必足部有所踏蹬，才能够做成这种姿势。若从那面错金镜子注意，骑士虽系跪于马背，表示十分紧张，障泥前那个环状带穗东西，比例上虽小了些，却有可能就是最早踏镫式样。骑马习惯虽从西域传来，御马附件却为中原人民的发明。较早马镫或者只是一个皮圈套，属于鞍鞯一部分，正和鞍鞯一样，实用必重于装饰。照汉代社会习惯，爵位品级稍高必坐车，只有随从才骑马，即用鞍镫，也不会如何特别讲究。

《盐铁论》说：

> 古者庶人贱骑，绳控革鞮皮鞯而已。今富者鞔耳银镊，黄金琅勒，罽绣掩汗。

马鞍镫具使用金银加工，表现美术的要求，必然是汉代文景以后，社会生产发展到一定程度时，才会出现。从政治上分析，到武帝刘彻时代，或者才会更进一步加以制度化。特别是花纹图案的定型化。原因之一是由于封禅郊天，配合政治需要，特别重视仪仗排场，散骑侍从的鞍具，才可能有一定纹样的金银装裹。原因之二是王公贵族游猎，骑马在薮泽中驰骤，追逐飞禽走兽，当成社会上层重要娱乐风气时，实用以外还要好看，鞍镫才会受特别重视。原因之三是在西北和其他区域军事进行中，"楼烦将"和"越骑都尉"一类人的乘骑，也容许把鞍具做得更漂亮一些。工艺上各部门生产品质的提高，主要都是和社会生产发展相适应，同时又必然和社会背景有一定联系，鞍具的进步也不能例外。

《西京杂记》有关于精美鞍具的种种描写，认为是武帝时创始，长安仿效。这部书的时代虽可怀疑，提出的问题却和大宛天马南来，及社会生产发展情形一致。金银装鞍具，必木漆制作的"高桥鞍"才相宜，制作材料的改变，也必然由于这个时代的应用而起始。乐府诗起于西汉，盛行于东汉，就常有金银鞍具的形容。而且越来越讲究。《三辅决录》记梁冀曾用一"镂衢鞍"讹诈平陵富人公孙奋钱五千万。如不是实物十分精美，是无从用它借口的。

汉代青铜工艺加工技术约计三种，即金银错、鎏金和细纹刻镂。二、三两种又常似同而不尽同。鎏金有素的，有加嵌杂宝石的，有加细云纹刻镂的。本来多系仿金器而作。一般青铜细纹刻镂的可不一定鎏金。诗歌中提起的金银鞍，加工部分虽仅乐浪汉墓一些镂空银片实物可证，我们却可以推测，如不是用"金银扣参带"法，把带式金银片包裹在木漆制的高桥鞍上，就应当是用"金银平脱"法，把镂空金银片镶嵌在高桥鞍上。前一种还可能加有朱绿彩绘。后一种即刊金银片镂花。汉代西蜀广汉武都工官作的漆器，全国著名，特种鞍具生产，除长安少府工官，这些地区也可能有一定生产，因为同是产马地区。如用金铜马镫，总不外前述三种青铜技术加工处理。至于鞍镫的花纹，如和社会信仰联系，必作羽人云车种种形象，如阳高古城堡汉墓出土的金银错器表现。如和社会生活联系，必作骑士山中射猎，虎豹熊罴、鸿雁雀兔骇跃腾骧形象，如朝鲜大同江边汉墓中发现的金银错器表现。又或者如一般釉陶博山炉花纹，把人间现实游乐，和神仙不死愿望，结合而成一体，加以艺术处理的。一个时代有一个时代的装饰风格，反映于各种器物上，在陶、漆、大型空心砖制作上，都可以见到游猎的图案，我们说同时期的鞍具使用这种花纹，和实际情形相差应当不会太远。这种狩猎纹装饰图案的本来，还可说有可能实起源于鞍具。因为在鞍具上反映畋猎之乐，是比在其他器物上更合主题要求的。这种金银加工鞍具，东汉末曹操父子遗文中均提起过。曹植有《进银鞍表》，又有《玛瑙勒》。又战国以来，已经发现过在铁制器物上作金银加工艺术，到东汉还继续，曹操《上杂物疏》曾提起过好几十面金银花纹铁镜，可以和近年出土错金铁镜实物相互印证。东汉晚期镜纽多加大，即近于由铁镜影响。

有铁镜即可能有铁皮马鞍。如《陇上歌》咏陈安事,"铁锻鞍"必非自晋创始。金银装鞍具至今少出土实物,试推测原因,当由于东汉以来,一般殉葬日用器物虽还用实物,其他却多用陶瓦明器,车乘则通用小模型。附属骑从马俑也极少见。

魏晋以来,统治阶级除战争和狩猎用马,一般代步多用牛车或步辇(即榻式肩舆)。牛车则如《颜氏家训》所形容的式样,名长檐车,出土物有不少反映,石刻也有。步辇也有三式,《女史箴图》上一个具代表性。鞍具在应用上得到更进一步发展,逐渐成为社会上比较多数人使用,实在西晋末羌胡民族内侵期间。由于战争需要,鞍具改良,铜铁质马镫大量出现,也必然是在这个期间中。羌胡骑马民族的内侵,历史进入五胡十六国阶段,黄河流域生产和物质文化,大部分都遭受严重破坏。但由于实际需要,漆工艺还是得继续保存下来。在历史文献上常提起两部分器物,和金银加工及漆工艺就关系密切,一是兵器甲仗,二是乐器,都有做得特别讲究的。如"金银装鞍镫辔勒""金银锁子甲""金银铠"和"明光漆铠""金银画饰矛矟弩弓"。

《世说》称谢玄:

在寿春败,临奔走,犹求玉贴镫。

可知最讲究还有用玉作的。

《北史·张大渊传》称:

得赐绿沉漆铠,兽文具装。

刘义恭启事称:

金梁鞍制作精巧。

《南齐书》记庐陵王子卿：

> 作银鞍还用纯银作镫。

何承天有"银装筝"，褚渊有"金镂银柱琵琶"。大件器物则数鱼宏家"银镂金花眠床"。色漆中新起的有"绿沉漆"，汉末已出现。曹操用绿漆奁具花纹华美。流行于南方，刘桢元嘉中劾广州刺史韦朗，就提起他在任内作"绿沉银泥屏风"。梁简文帝又有镂银、雕花、卷足、绿漆书案。《邺中记》记石虎时情形，除本人经常一身金光熠耀，还有上千侍从女骑兵，也同样满身金彩。又工人作"彩漆游盘，金银参带，茱萸纹细如破发，上置百二十酒盏"，还可以自由转动。又作"五明莫难扇"，搥黄金极薄嵌入，上画仙人鸟兽。又有种种彩漆，或木兰色，或郁金色，或绿沉色。得知东晋北方彩漆工艺还有极高水平。不过就社会情形说来，主要生产还是军事上用的种种器甲鞍具。至于一般人民生活上应用漆器，金银彩画是被严格禁止的。

晋令：

> 欲作漆器卖者，各先移主史者名，乃得作。皆当淳漆布骨，器成，以朱题年月姓名。

《晋阳秋》记萧谭因为人私制"银画漆粉碗"而被杀。《南齐书·高祖纪》，也有"禁用金银文画饰漆器"记载。但照《东宫旧事》《南齐书·舆服志》记载说来，却可明白当时对百姓即严禁，宫廷中实有种种金银装彩绘漆器，如《东宫旧事》即载有漆四升杯子四十，尺盘三十，漆注八盒，匕五十，碗子一百，画银带唾壶，书台，三十五子方槃二，沓盖二，马凿书簏，金彩装花簏，又漆注绮织簏二十枚。漆要扇……车具舆辇更做得异常精美。这种禁令还一直影响到唐、宋民间漆器的制作制度。

《唐六典》称：

> 民间作器物，必著明作者姓名年月，方许出售。

历史博物馆发掘河北钜鹿遗址时，得到一件北宋素漆盘，还用朱漆记载当时价钱。杭州新出土一份南宋临安府窦家造的素漆器，上面也有造作店铺和年月，刻在漆器边沿上。可见，直到宋代，民间漆器都还遵守这种古老制度。

彩绘漆和金银装鞍具，历史文献和诗歌中既常道及。
又《干宝晋纪》并称：

> 泰始以来，中国相尚胡床貊盘，及为羌煮貊炙。贵人富家，必有其器，吉享嘉会，皆以为先。

胡床是"交椅"，相传因汉灵帝喜好而流行。晋代才相习成风气，使用日多。直到宋代，上至帝王，下及官吏，出行时还特别用一仆从肩扛自用交椅。军营帐幕中的虎皮金交椅，则直沿袭用到明、清。由胡床的应用，中国人方改变了古代的坐法，逐渐养成两脚下垂的习惯，到晚唐，由方榻和直几、曲几相结合，才产生男子用的"直背靠椅"和"圜曲圈椅"。又由另外一种妇女薰香使用的竹制金银画漆衣薰笼，才发展成唐、宋妇女坐的"半圜矮圈椅"和"鼓式绣墩"，及"月牙机子"，对于中国人生活起居方式，引起完全的变化。"貊盘"则和中国人饮食习惯发生联系。"羌煮貊炙"在当时社会虽流行，吃的究竟是些什么东西？我们知识可并不多。"羌煮"可能和"束晳饼赋"吴均"饼说"提及的"馄饨""馎罗""水引饼""汤饼""牢丸"面食有关。是中原人民生活采用面食为主食的发轫。"貊炙"也是一种不同传统的菜食。照刘熙《释名》解释，以为是"全体炙之，各自以刀割"，已近于后世烧烤。"胡床"虽已知道是交椅，哪一种交椅更近于早期交椅式样？"貊盘"和普通盘子，形式上又有什么不同？试从这个阶段出土文物，及反映到壁上和纸绢上画迹考查，似乎还有一点线索可寻。绘画中极重要的，是传世《北齐校书图》。这个画卷照《画录》记载，有作顾恺之《文会图》，或《勘书恻》，有作唐阎立本《北齐校书图》，又有截取中间部分，加上树木背景，题作五代邱文播《义会图》的。现存传世卷子可能晚到宋代，本来画稿必传自北朝，因为主要衣著器具都是北朝制度，不能早也不会晚，惟马形已近唐代或更晚式样，和北齐马式不大合。画中一胡床，却可代表早期的胡床，形象极具体。卷中主要部分大榻群像中，除琴砚外，还有个豆式高脚承盘，或可当貊盘称呼。实物则应数河北景县北朝封氏墓出土一个豆黄、浅绿二色混合釉同式高脚盘可以比证。这种式样的器物，汉墓中犹未发现，它的高度又恰好适合游牧民族帐幕中使用。同式承盘到隋、唐还得到不断发展，有印花，有刻花，不作三彩花纹，就作刻画串枝宝相，前者和漆中的"斑犀"漆极相近，后者近于金银器及印染丝绸花纹。如"貊盘"兼指花纹的斑点而言，就应当是"犀毗漆"的前身，是由此发展而成襄州"碎石纹漆器"的。又《东宫旧事》载"漆貊炙大函一具"，可知貊炙中还有方形器。函必有盖。我们试从同时方形器加以注意，同属晋南北朝时期，南方绍兴出土缥青瓷中，曾出现过一种长方形有盖分槅器物，槅数多不相等，北方也出过这种瓦器，基本上都近于从竹篾编织出或卷木作胎而成的漆器。如果"貊炙"不尽如刘熙《释名》所说，却兼对南方近海民族通称，原物本来或者还是绿沉漆做成的！这种食器多分成九槅或十二槅，近于晋人常及的"九子十二子方槃"。貊炙必加盐、蒜，晋人记载中常道及。也可能还包括许多不同品种的蜜饯煎炙杂食，作法则来自岭南或山越方面。

"胡床""貊炙"我们只是在这里附带提出，具体说明还有待专家专文商讨。这里主要是说涉及金银加工镶嵌及有色漆工艺，在晋南北朝以来，它的发展和这些事事物物部分不开。这种镶嵌刻镂工艺，从政治风气说，隋代初期不会得到如何特别发展的机会，从社会生产说，却又必然在一定期间后，续有发展。例如装饰纹样，仅从敦煌洞窟壁画藻井、天盖、佛背光布置而言,也反映出这种纹样上的华丽和细致特征。新近河北曲阳、四川绵阳及山西刻石群像的出土,更可证明在这个历史阶段中,时间虽不过二三十年,艺术上的成就和装饰上的特征,十分鲜明,唐代初期工艺上的成就,大都是从这个固有基础上继续发展的!

唐代重干漆造像,因迎神赛会,便于各地转移。干漆造像法,就是汉代"夹纻"法,和元代的"抟换脱活"法的结合。谈漆工艺史的,多以为传自南方,因东晋雕刻家戴逵就擅长这一道,曾作过夹纻佛菩萨。齐梁均有作夹纻佛菩萨记载。其实如就技术说,战国楚墓中就已发现"布骨"羽觞、饭盘、奁具等等器物。汉代更通行金银扣参带式漆器,就是为增加夹纻漆器坚固而发展的。朝鲜出土汉漆器有好些就是夹纻器。怀安、洛阳、长沙都有出土,不过,转用到佛像造作上,从晋代起始。北朝和南方一样,夹纻法必广泛用于当时佛像塑造上。杨衒之作《洛阳伽蓝记》称,宗圣寺像高三丈八尺,节日出游,倾城仕女往看,照情形而言,像高三丈八,是只有用夹纻法做成的涂金布彩漆像,才便于抬出行香的。又遇佛生日,有集中洛阳城中一千多庙宇佛像到三千躯,其中一部分,也应当是夹纻漆作的。这些雕塑虽已无一存在,从新发现麦积山部分塑像和河北曲阳、四川绵阳各地出土的同时期雕塑看来,精美程度必然是和《伽蓝记》叙述情形相差不远的。

唐代贞观初期,政治上相尚俭朴,不重华侈淫巧。但工艺依然继续相对保存。张彦远《法书要录》记,萧翼帮太宗设计,从辩才和尚赚得兰亭真迹后,即得赐金银镂花瓶各一。到武则天以女主专政时期,社会生产一回复,风气更日趋变化。官宦贵戚子弟,上承陈、隋华靡享乐习惯,无不在车马、园池、歌姬、舞女衣服装饰上用心,竞富斗美。宫廷重要兴建和宗教迷信铺张处,更加惊人。史传称太平、安乐公主,及诸宠臣亲贵园池第宅华美处,多和天宫景象相近。薛怀义命工造一夹纻佛像,一手指即能容数十人。龙门奉先寺石窟雕凿,动用人工数万,并设一专使督工,现存二天王像还高达数丈。这一面反映社会生产的发展,一面也反映人民在工艺上的伟大成就。

第四讲 漆器、螺甸工艺及马的艺术

唐代国家牧养官马，由四十万匹到七十万六千匹。并于全国重要交通大路上，每三十里设驿站一处，共设一千六百三十九处水、陆驿站，陆站经常都各有一定数量的公用马匹。私人行旅，男女多用马代步。唐人喜郊外游山玩水，男女都能骑马，因之鞍具自然也日益华美，当成一种炫耀手段。装饰品和实用器物各部门，金银加工的艺术和漆工艺结合，因之才在开元天宝之际，出现有时代特征的金银平脱，成为国家官工业之一种。这种工艺技术上的基础，我们说它是由于南北朝金银闹装鞍具的制作，和乐器中的琴、筝、琵琶，用器中的奁盒、薰笼、书案等等生产，而得到巩固和提高，才产生唐代精美无匹的金银平脱漆，比较符合历史本来。这种工艺，到宋代还将继续影响马具制作。

中国写生花鸟画和水墨山水画的发展，在绢素纸张上得到一个确定的特殊重要地位，影响中国绘画史约一千年。这种成就过去人多孤立地认为是五代宋初三五名家高手的成就。这是把绘画和其他方面生产分别开来的一种解释，不够正确的。其实从原料和社会要求两方面看来，花鸟山水画的发展，主要还是当时生产发展所促成。黄筌父子、徐熙祖孙和荆关董巨等人的成就，是由于隋、唐以来，工艺方面先有个花鸟装饰图案的底子，有百千种不同优秀成就，反映于当时的各种日用工艺品上，为人民所熟悉，所喜见乐闻。对于山水园林的爱好，又从晋六朝以来，即反映于诗文中，早成一个单独部门。到唐代男女郊游，看山玩水已习成风气。各州郡生产的颜料，品质又日益提高。特别重要还是唐末五代以来，江南造纸制墨的手工业，不仅品质有了极大改进，产量也普遍提高。西蜀和江南，更因社会比较安定，生产发展，宗教迷信日益薄弱，寺庙中自然也就无从吸收更多艺术家从事于以宗教为主题的人物画。社会现实的要求，对艺术家课以一种新的任务，"接近自然，反映现实"！因此这些花鸟山水画家，才能够在那个历史阶段中，艺术创造得到进一步的成功！

写生花鸟在工艺上的普遍反映，实成熟于唐代。这个时期，丝绸、瓷器、彩绘、木刻、金铜镶嵌，无不有制做得栩栩如生的作品。特别是青铜加工镜子和平脱镶嵌，花鸟格外精美。丝绸锦缎和乐器、家具装饰图案，都有在小簇花鸟和山水画背景中，作狩猎纹形象。唐人诗文中经常形容过的"金银鞍""宝马雕鞍"的鞍具制作，既无科学院在武威唐墓发现的平脱马鞍出土，我们也可推测得出，这时装饰花纹，必和同时一般镶嵌工艺花纹十分相近！

至于马镫的式样和品质，我们目下得到的实物，虽无花纹，但去年长安底张湾出土的大型陶马，曾配有一对鎏金马镫，故宫博物院陶瓷馆陈列一个唐三彩大型陶马，也配有相同鎏金马镫。由此可知，这时代马镫比较精美的，或用金银做成，鎏金却是常见格式。至于马镫的形式，从实物和雕塑、绘画作比较研究，我们对于它的特征，因此也逐渐明确，知道至少有三种基本式样：

一、如昭陵六骏，踏脚部分多作长条形，整体却比较扁圆。

二、如传世实物，和《虢国夫人出行图》《唐人游骑图》，虽同样是条子式，上部把柄较长，整体也较高些。

三、如《张议潮出行图》侍从骑士所见，踏脚部分多作圆盘式，已近于宋、明以来铁作马镫样子。五代以来，铁作器物已日益普遍，大如佛塔，小如钱币，都有用铁做的。马具中的踏镫，更宜于用铁制。这种马镫或在晚唐即已流行。《张议潮出行图》的骑从，用的大致就是铁镫！

到宋代，政治上因赵匡胤弟兄统一了五代以来军阀割据的局面，社会生产还在继续发展中。由于政治上的新中央集权，兼并了各个偏霸时，虽得到土地和物资，同时也接收了许多官僚，因此官僚组织特别庞大。五代以来，地方各自为政，衣服无制度，金银闹装鞍具的滥用，必须加以整理，才重新加以等第，和官位品级发生联系。必然因为是竞奢斗巧，不合制度，才禁止逾越制度。但是，求合新的制度，另一面也就更发展了这部门生产中的官、私手工业。

宋王栐著《燕翼贻谋录》称：

鞍具之别，亦始于太宗，太平兴国七年正月，诏"常参官银装丝绦，六品以下，不得闹装。仍不得用刺绣金皮饰鞯。未仕者乌漆素鞍"。则是一命以上，皆可以银装鞍也。

《宋会要稿》曾把天禧二年各种鞍辔官价列出，共计约三十种不同式样。最贵者为"金镀银闹装"，值二百二十三两。最贱的为"微窊"和"白成银铰具"，各值十二两。一般高级官僚用"金镀银铰具"分三等，计一百两、八十两及七十两。"漏尘宝相花"八十一两。此外还有"麻叶""宝相花""洛州花"（或指牡丹）、"陷墨花凤子金解络促结""频伽三镮""孩儿三镮""鹿儿三镮""鹦鹉三镮""白成银陷墨银花瑞草""龟鹤""麒麟""蛮云子"等等名目，价值都不相同。这必然是把五代以来各个地区流行的图样所做的一种新的安排。从《宋史》卷一百五十记载，我们还得知道，这些鞍具除货币价值以外，和官制品级的密切关系。例如赐宰相、亲王、枢密使，必金涂银闹装牡丹花铰具，值八十两，配有紫罗绣宝相花雉子方鞯、油画鞍、白银衔镫。赐使相枢密副使、参知政事、宣徽使、节度使等等，金涂银闹装太平花铰具，值七十两，配有紫罗绣瑞草方鞯、油画鞍、陷银衔镫。……皇亲分六等，宗相女婿分二等。赐契丹使值七十两，副使值五十两。因社会情形不同，政令也时有更改。景祐三年，则五品以下不许用闹装银鞍。政和三年，诸王又特赐金花鞍鞯。宋代宗室功臣都是世袭恩荫制，每遇国家有大事，如与契丹订约，郊天，帝王大婚，还另外赠赐一大批官爵，在朝、在野大小官僚达四万余名员。六品以上都可用闹装银鞍，起码小官也可用银花鞍，可知鞍具制造，官、私生产量必然都不小。会要虽提起过许多种不同花纹，这方面实物知识，我们是不多的。只能从部分绘画，和《营造法式》"雕琢"与"彩绘"部门，及反映于其他陶瓷、铜铁杂器等花纹联系，得到一种近似的印象，知道部分必从唐代传来，部分新起，事实上认识还不够具体。又宋代虽一再禁令人民仿效契丹服装和骑乘制度，但是在聘问往还中，却照例要赠送契丹及西夏来使闹装鞍具，因此在辽墓或西夏古墓中，如发现有纯中原风格的精美鞍具，是不稀奇的。（热河辽驸马墓出土闹装银鞍具，即近于宋制。）特别是在西北方面，元昊部属骑士用银装鞍，还极普遍。他们和中原马具的区别，我们还少知识。

惟北宋以来，一般器物中用铁已成风气，马具中的踏镫，凡说"银衔镫"的，有时另一记载又说是"陷银马镫"，可知是铁嵌银，正和其他器用制度相合。花纹多用"球路""连钱""万字流水"作锦地纹，或另留出开光部分，再在上面嵌刻动、植物花纹。由于铜韧而铁脆，材料性能不同，马镫式样因之条子式渐少，圆盘式日多，是必然的发展。宋代马的应用范围虽还广泛，至于和其他生产比较，关于马鞍具的制作，却显明可以看出算不得是生产重点，随同社会生产发展中，人民的创造力，已转移到造纸、造墨、刻书、烧瓷器、制茶、炼矾，从胆矾水中取铜、织锦、染缬、作剔红漆器等等，和其他许多方面去了。宋代妇女已少骑马习惯，这是和唐代大不相同的。

惟宋代金银细工、漆工，和唐代比较，技术依然还在发展中。宋代特种金属矿的开采，是历史上极兴盛时期。海外贸易送出去的多是丝绸、瓷漆器。进口物除香药外，也吸收了许多金银。金银器和金银胎漆器的使用，数量范围远比唐代更多、更广。当时不仅官中有大量金银器和金银胎精美雕红漆器，并且部分瓷器也用金银包口。民间还保留大分量金银作种种使用。北宋虽也想继续用神道设教愚弄人民，并减轻外来压力，在开封就很修建了几处大庙宇，以为可吸收人民的信仰，增加统治上的威信。如用六年时间修建玉清昭应官，集天下名画师用分朋比赛法日夜赶工，共完成一千三百多间的房子装饰画。文人官僚也欢喜阿谀附会，作了许多谈鬼志异的笔记小说。可是人民却日趋实际，已不如六朝、隋、唐对于鬼神的热烈迷信。北宋虽一再禁令人民不许滥用金银，并提起十八九种在服饰上用金的名称，但《东京梦华录》记，开封有七十二店，日夜贩卖酒食，其中二十座大酒楼，都能容纳上千主顾，一般多用金银酒食器。一座樊楼即有过万件酒食器。一二人看座吃喝点什么，上桌的金银酒食器皿，也重过二百两。小酒摊子还用银碗、银杓上酒。汴梁失陷，金人把公、私金银数千万两都搜刮而去。到南宋建立临安行都时，《梦粱录》叙市容极详细，藉此得知烧去不多几年的临安，就已恢复了往日繁荣，各种商业都分门别类，金珠彩帛交易，还是动辄千万。漆器类则分行出售，"金漆行"外还有"犀皮行"，可知生产量之大，和生产上的明确分工。

宋代除剔红漆器代表特种生产，比一般描金漆、彩绘漆及各式不同犀毗，在技术上的进步，是生产越加普遍。例如犀皮漆就有许多种。"斑犀""剔犀""滑地福儿犀"，都成熟于这个时代。就中唯螺甸平脱不及唐。又当时军事上用漆也极多，作器仗常过百万件，铁片甲和稍矛类一般都得上漆。作箭达千万枝，箭杆也有部分得涂漆！契丹辽和两夏都是骑马民族，特别喜好畋猎，契丹骑兵五十万，鞍具当时即著名精美。惟不过在工艺上的特征，我们却少具体知识。契丹多用唐制，马具也近于唐代制度。惟必然有些不同处，宋政府才用法令禁止。如近年热河辽驸马墓出土鞍具，则似属于宋之闹装鞍具，金铃累累，起于北朝诞马，于北朝俑中犹有反映。传世李公麟绘《免胄图》，即唐郭子仪单骑见回鹘故事。骑兵装备有研究价值。因马甲为羌胡民族所惯用，北朝以来骑俑即常着甲，骑士则穿裲裆衫，当颅部分作华饰，向上翘举如金冠。这种马饰在古匈奴族墓葬中就早有发现，应即古所谓"金钖"。

蔡邕《独断》记载：

金钖，高广各四寸，在马颡前。

这种用镂金铜加其他装饰马首之物，宋唯卤簿引驾马有之，《宋史》卷百五十有"铜面插羽"形容，这画上的马头还相近。这类装饰既不会是画家凭空而作，但在万千种历代墓俑和石刻壁画车马形象上均少见到，它的来源，还需要进一步探讨。西北洞窟壁画，又从未发现过这种马头装饰，或者来自中国偏东北部游牧民族，也未可知。

宋代马具虽有种种不同制作，以名目种类而言，并且比历史上任何时代都多些，惟宋代肩舆已经流行，通称"担子"，先还只是宗室老臣上朝可用，稍后即越加普遍。特别是中层以上妇女出行，唐代骑马风气已完全结束，即出城游观扫墓，能坐轿的也必用轿。到南宋，因东征西伐，道路险阻，带兵大官既多文臣出身，百官于是都用轿了。当时理学家虽有"以人代畜"议论，请求政府用法令限制，还是无从限制。理学家本人出行，大致也还是要坐轿了。另外一个原因，即由于江南马匹不多，军用马就不足数。国家为吸收来自西北的马匹，茶马司还在川蜀特设官锦坊，专织特种锦缎，并掌握茶叶生产，便于每年按期用"和买"制交换西北、西南各属军用马匹。

　　明人因笔记常提及元代"戗金"器和技术处理，后人多误以为元代始有在器物上加金习惯，正如把古代金银错认为是夏代发明又通称"商嵌"一样。其实戗金如指用金银片、丝、星点嵌于铜漆器物上，是由春秋战国起始，用于青铜兵器、容器、车马器上。到汉代，更在铁、漆及丝织物上也使用到，并进一步普遍发展了鎏金法和泥金银法。一直使用下来，从未断绝。唐代禁止用金十四种，可知当时至少服饰用金技术即已达十四种。宋代禁止用金十九种，还仅就衣饰上用金而言。元代"戗金"虽使用于铁兵器什件上比较多，从部分遗物看来，也可明白是这部门工艺的继续，而且是技术衰退时期。正和社会各部门重要生产一样，在这个将及一世纪的时间中，游牧民族落后政治统治中，国家适合军事需要的官工业，在组织上虽若更加严密，更加专业化，提高了生产上的品质和数量，例如毛纺织物，和加金丝织物，在技术上也得到一定成就。此外来自人民的戏剧小说，因当时吸收了许多有文学才能人士，生活又面对群众，得到许多新的成就。棉花则由黄道婆从岭南传来种植和加工技术，于长江下游松江一带大量种植后，人民得利极大。至于其他一般生产文化，实际上居多是停顿或后退的。即"戗金"技术，和先前比，也少进展性。游牧民族军事统治者，对于乘骑的爱好和重视，虽由来已久，在欧、亚二洲广大地区进行的大规模军事行动，更必须靠几十万铁骑来维持。马镫在西方的传播，就有人认为是从这个时期起始，因之改变了世界古代旅行、射猎及战争技术。然而元代马具，却未闻有何特别改进处。日人从传世画马名家任月山的一幅画迹引证，认为元代马镫本于宋制。其实这幅画从马形说来，正和一般传说赵松雪画马情形相同，多从唐代粉本摹写而成，并非元代马式。到目下为止，关于元代鞍具的实际知识，我们也是不够多的。比较可靠还是从明初骑乘注意，能够明白得到一点印象。

元代漆工艺成就在南方民间。著名的如张成、杨茂，在设计上和制作艺术技法上，都是优秀的。明初由张成儿子张德刚主持的果园厂剔红漆器的成就，基本上还都是从元代两大名家技术得到的。陶宗仪著《辍耕录》，曾提到元代漆器种种生产作法，并叙述及"戗金"漆器。又从元明之际通俗识字读物《碎金》一书中，还可知道在这个时期，漆器中已有如下各种名目："犀皮""厮浆""锦犀""剔红""朱红""退红""四明""退光""金漆""桐叶色"……一面可知宋元以来有色漆的种类，另一面也也可推想这种多色漆，在宋元以来必然大部分都有机会用到木制高桥鞍具上。至于马镫的制作，我们知道"双虹饮梁"或"二龙戏珠"必流行于元代，而影响到明、清。至于从画迹上来考查这时期的鞍镫，似乎还需要在画迹年代上，先做出正确判断，才可用作根据，不至于错误。因为一般传世《番骑图》，从明代以来绘画鉴赏家，为简便计，在著录上提人名，多一例把它当成"胡虔""胡瓌""东丹王""陈居中"等人遗笔，提主题，总不外"番骑""射猎""游骑"等事。其实这些画幅是包括有回鹘、契丹、女真、西夏、蒙古……一系列不同对象的旧画，更包括三四个世纪许多有名、无名作者的成就。对于这些绘画的引证，是应当谨慎一些，详明时代，比较妥当的。

明代在马具鞍镫工艺问题上，正和明代青铜镜子工艺一样，时代虽然比较近，历史文献也比较详悉，但一到必需联系实物来商讨举例时，特别是从"发展"上有所说明时，我们知识反而越加不具体！从日用铜镜子说，是因为大型镜子制作比较汉、唐简陋，在工艺上多不足保留，却在玻璃镜子兴起以后，把它当成废铜熔化了的。鞍具不易从土中发现，则有两个原因：

一是殉葬时纸作明器车马，多当场焚化。

一是坟墓中已无用真实马鞍殉葬的制度。

但明代鞍具的制作用银风气，从记载上说"錽银事件"还是可以知道。明代青铜金银加工技术，可分作三个方面来认识：

第一是基本上发源于金银错，技术上有了进一步突破，因之衍进成为一个新的生产部门的，是景泰年中"掐丝珐琅"的出现，"景泰蓝"因此成为中国工艺美术具世界性一个部门。早期景泰蓝属于国家官工业，主要生产品和果园厂漆器相近，是为装点宫廷需要产生的瓶炉圆器。到清代，才作多方而发展，也有用作鞍镫的。由于不切实用，并且容易损坏，虽有鞍具制作，还是缺少发展性。

第二部分是直接由青铜加金技术衍进而出，在仿古鼎炉彝器制作上加嵌金银丝花纹，有署名"石叟"的作品，在明、清两代士大夫玩宣德炉成风气时期，十分流行。不过器物多仿作，因之真伪难分。又有虽同样直接由金银错技术发展，却用"剔红法""堆花法"做成芝麻地或锦纹地加凸雕龙凤折枝花等等鼎炉瓶壶器物，厚鎏金，还影响到清代造办处制作。在明、清铜工艺成就中自成一格的，有署名"胡文明"制器。数量、种类虽不如石叟作品之多，艺术成就却比较高。但所作器物多属于当时所谓"清玩"一格，马具鞍镫还少见。又云南昆明元、明以来就有"乌铜走银"技术，在继续生产小件日用品，直延续到现代。技术上有用近于唐、宋人说的"识文隐起"法的，也有完全平嵌，如金银嵌和唐银平脱两种技术混合的。不过花纹既多用一般折枝花鸟文字，又多从墨盒等小件应用器物上发展，因之和石叟作品已同源异流，更不大容易看得出他和古代金银错彼此关系了。二十年前，中国偏西南各省区，山地行旅交通，用马力代步需要还相当多，因此马鞍具在这些地区，也还有一定生产量，昆明地方的马鞍，还常有用彩漆绘成精美图案的，因色漆重髹，磨光处红黑斑斓，十分美观，还可证《因话录》说的古犀皮色泽来源。马镫更有种种不同的式样，既可发现长柄把条子唐式铜马镫，也容易见到错金银作"球路""连钱""狮子滚球""双龙抢宝"等花纹的宋、元、明式马镫。其中也有可能就是元、明旧作。重要是它的形制。值得加以收集，因为再过十来年，这些马具恐怕就快要消失了。云南乌铜走银技术的流传，唐式马镫的继续，正和云南槌金箔技术一样，据个人私见，它可能和唐代南诏时军队攻西川，携掠四百特别技工回滇有密切关系。因此就技术说，它还反映唐代川蜀金工的成就，算得是古代"蜀郡西工"一个分支。

第三部分是技术保存于长江下游和广东、江西，大至床榻、屏风、衣柜、条案，小如酒盏、茶盘。无不生产的金银嵌螺甸漆工艺，通称软螺甸金银嵌。这是最源远流长一个部门，因为金银嵌较早作品，虽只在春秋战国时墓葬发现，至于螺甸作装饰镶嵌，安阳侯家村彩绘浮雕龙纹残土上，就已有圆泡状蚌片发现。濬县（今浚县）辛村卫墓的螺甸镶嵌长方片，更近于在漆器上的残件。明代以来，因南方生产发展，海外通商贸易范围日益增加，市民阶级中的中产分子生活多比较富裕，特别是寄住在江浙如苏、杭、嘉、松、湖一带城市，直接或间接以靠掠夺劳动人民劳动果实为生的地主官僚商人富户，这些人的爱好，比官廷中的爱好还更广泛地刺激了这部分生产品质的日新月异。正和其他许多种特殊工艺一样，嘉定、杭州、松江刻竹器，宜兴作陶壶，苏州嘉兴作缂丝，苏州雕玉、刻象牙，都得到发展机会。《髹饰录》在这一类漆器上，提起的名目就有几十种，可见技术上的多样性。这些不同加工技术当时都必然会反映到马鞍上。明人笔记称，江西庐陵富户家中作螺甸漆器，床榻、衣柜当时都是聘请工人到家中定作，不计工本，不问年月。严嵩抄家时，留下一个财产底册，也提起很多这种大件床榻工艺美术品。（历史博物馆收藏漆器家具中，还有一对明代制作高及八尺的大柜，全部用软螺甸金银嵌法，表现元、明人杂剧本事，人物不及二寸大，楼阁、树木全用宋代界画法做成的。）当时还有用同一主题，一生专作小件器物的，例如苏州人江千里，就以作《西厢记》小件酒器茶盘而著名。

明代金银加工工艺，无论在种类和艺术成就上，虽然都有显明彰著的发展，时代又还近，但马鞍具可没有留下特别精美的东西。除前提两种原因，另外还有两个不同原因：

一是轿子的流行，因为到明代晚期，不仅官僚富户可以坐轿，照《金瓶梅》叙述，山东一个小县份的妓女，出门也坐轿子。

二是特别精美的金银装鞍具，多因剥取金银而毁去，想保存也不容易保存！

第五讲

古人的"脚"与"手"

尽管商代以来，制车工艺，即已达到相当高水平，唐代因为国家养马到了四十五万匹，一般妇女出行也骑马，而全国还设有驿站、官邸，因公出京上京的，都可照当时等级制度得有使用相应马匹和住处权利。但是到了近六百年的明、清两朝，反而做武将的，也有出门不会骑马，只坐到四人或八人抬的"官轿"里的事情！

两马驾的"骈车"，那倒比较容易明确。不仅用马，还有用"鹿"用"牛"的，倒像是读书人闻所未闻。照应用说，这种两马骈车，是最容易控御的。所以孔子谈教育中的六艺之一的"御"，那驾车技术的训练，虽不明指马数，有可能只指一马。

从使用方面看，由奴隶仆从执掌，为主人障风蔽日，象征权威的成分多于实际应用。

谈辇舆[1]

《史记·夏本纪》称"禹行四载",四种交通工具中有"山行乘樏",注解恐难得详尽。特别是这种古代交通工具本形及其以后发展,用以书注书方法,不免顾此失彼,读者既得不到原来形象具体知识,更难得到在历史发展中,这一奴隶社会残余转入封建社会制以后种种知识。试从形象出发,结合史志记载,相互印证,看是不是可得到些新的常识。

金文中常见"辇"字,反映奴隶制社会,奴隶主虐待奴隶现实,用人当牲口使用四人拉车的情形。殷商发掘是否有遗物出土,不得而知。《史记》提"山行乘樏",集注会注必有解释,不是本人所能深究。唯就"山行"二字而言,可以推测得知,必是"抬举"而不是"推挽"。(古有舆人之诵,得知周代还在使用,但是否即"樏",个人为无知。)汉石刻千百种,似无形象可征。四十五六年前,记得曾展出个五代周文矩《大禹治水图》,有不少人夫开山运石,是不是同时也有樏的形象,已难记忆。至于清代那个一丈多高大青玉雕的《大禹治水图》,时间差距过远,不可望发现有用证据。

直到近年,云南昆明附近石砦山发现的大量青铜器群,在一个铜鼓边缘装饰图像中,却有个西南夷酋长出行图,给了我们不少新启发。这个酋长是稳稳当当半躺式坐在个四人肩扛的家伙里的。人人耳着大环,头缠长

---

[1] 本文作于1971年夏。

巾，前后亲信随从，均腰围虎皮，表现得十分明确具体。不仅证实了二千多年前古代"桦"的式样和坐法，还同时证明了此后千余年唐人樊绰著《蛮书》里提起的南诏酋长随身亲信官必身披"波罗皮"的事实。因为《蛮书》就说"波罗即老虎"。这个图像的出现，即可证明"山行乘桦"的制度，还可说明《蛮书》所称南诏土官必腰围虎皮，西汉以来就是这样，延长千年还未大变。（并且因此明白明以来犀毗漆中"斑犀"又称波罗漆的由来，技术实传自云南，首先或多用鞍鞯，和赵璘《因话录》记载，说犀毗出于南诏鞍鞯叙述相同。）

汉石刻多成于东汉，且集中于山东或徐州一带地区，交通发达，没有"桦"的应用形象，事极自然。但为时稍后，就有发现，反映在《女史箴图》卷中。文章出于西晋著名文人陆机（即《文赋》作者），文章辞约而意深，不愧为好文章，画则历来以为成于东晋顾恺之手笔。就画言画，产生有可能还较早一些些，因为内中"人莫不知修容"一段中，有个梳头宫女，发髻后曳一长鬈，完全是汉代制度，和近年出土壁画多相同，而地面席前搁置一漆奁，汉末似名叫"银参带严具"，见于曹操《上杂物疏》，在严可均辑《三国文》中，当时即作为贵重事物，所以缴还政府的。东晋则受法令禁止，已不使用。所以原作可能还早几十年。出于陆机同时的画家之手。这个卷子或是重摹，时代又较晚于顾好几个世纪，疑出自隋人。因为：

一、题字和隋代字体极相近。末题顾姓名，当时似还无这个习惯。

二、奁具上柿蒂画得不大对，显明已不懂制度。这当另作商讨。

更重要还是这个画卷里有个八人抬的似床非床，似榻非榻，上加纱罩帐子的一个坐具，内坐一人似乎还在从容读书的样子，晋代名称应叫"八杠舆"或"平肩舆"。又还另有个砖刻形象，除上作罩棚，不是纱帐，其他大同小异。记得《晋书》或《南史》曾提作"半肩舆"，而侍从鼓吹必着"荷叶帽"，这个砖刻上即前有鼓吹，后有仆从，果然帽子多像个倒覆荷叶，可知流行时代，宜在公元二三世纪间。如不文图互证，认识是难具体的。

到唐代，则发展成为"腰舆"或"步辇"。唐代名画家阎立本、立德，具家学渊源，画艺多于其父隋名画家阎毗。传世《列帝图》即出其手，内中梁武帝也坐了个有脚的平榻状东西，旁附双杠，似由四人抬扛，和前者相似而不大同。特征在用手提，齐腰而止，照史志称呼，宜名"腰舆"。当时大致只限于宫廷中短距离使用，出行是不抵事的。

阎立本既承家学，唐初由虞世基等制定官服制度仪卫规则时，阎氏弟兄即参与绘图。如用《列帝图》和敦煌唐初贞观时壁画《维摩说法图》下列帝王大臣听经形象相比证，可知《列帝图》所绘必有所本，非驾空而成。特别是关于"腰舆"的应用形象，必有一定真实性。因为凡事不孤立存在，这个"腰舆"实上有所承而下有所启，同时又还可能有别的相同存在的。

传世名画还有《步辇图》，绘李世民从容坐在"腰舆"上接见吐蕃使者形象。前有一着青绿执小笏赞礼官，腰系"帛鱼"，后即吐蕃使者，拱手而立。步辇前后有宫女四至八人，穿紧身小衣，波斯式金锦卷口裤（和洋服裤极近），软底锦�靯靴（即后人所谓小蛮靴），披长帛，腕着蛇形金钏，《拈花图》似乎也有过（这种蛇形金钏似外来物，实物只明万历七妃子墓中曾出土过）。李世民着黄色常服，黑纱幞头，相当文静，须角虽上翘，却与后来诗文形容虬髯可挂角弓（似应为如角弓）不大合，无背景，显明近于刚从宫中出来，半道相遇而停下来接见的。似不符合应有排场。好像是时代较晚什么人，把阎作《职贡图》不一定是吐蕃使者中一人，配上隋炀帝一类人物"夜游图"凑合而成。因此是否成于阎之手笔实可疑。但这问题不是本文拟商讨的。只就"步辇"而言，得知是用丝绳一端系在杠上，一端挂在肩头，手扶杠杆行进的，应用情形是相当明确的。唯宫女衣着上身似有点不三不四，在唐代为仅见，近于孤立存在，值得研究。

（史称黄巢入长安时坐在肩舆上。将不外以上几种式样。个人认为参考前三式似乎妥当些。至于《列帝图》《步辇图》中所见，似近于宫廷中物，应用到黄巢入长安场面，实不大合适。目下陈列画面则似参取最早一式，即石砦山式。但如参第三式或较接近真实。）

再晚些，即传为晚唐画家周昉在所做的《宫中图》卷里所见的一个方轿式形象，却像是为封建帝王小公主一类带游戏性的东西，也可说是"凤辇"的雏形，因为杠头前端刻了个凤头（记得宋摹唐人绘《阿房宫图》中一个游船，也画作凤形）。

照史传记载，这时已开始出现"担子"，计分两种用途：

一为在官中朝见时，特赐年老大臣，作为一种特别恩宠待遇。正如清代"赐紫禁城骑马"差不多；

一为出远门代替了骑马旧习惯，改用人力代马。

两种"担子"究竟有什么区别，我们却近于无知。官里应用只有《宫中图》小型凤辇可得大略印象，上远路则无图像足征。直到五代人绘画里，还是只有《游骑图》传世（赵岩绘《游骑图》）！

记得故宫八年前名画展览时，曾有一大幅金碧山水，原本即近于逸笔草草（金碧山水还无此一格），绢素又十分破碎，且尺幅极大而景物极细，故宫专家定为"唐"，却照例并不说明什么是唐，特征何在。其实证明非唐，倒有二特征值得注意：

其一，其中过桥、入庙，到处有不少成形的二人抬轿子出现；

其二，即画中人物衣冠别致，非唐非宋，多戴一种高筒尖帽，为任何图像所少见，违反了凡事不孤立规律。

是否较后一时高丽画？大有可能。不过对于字画时代鉴定，有的是专家"权威"，我从来少发言权，只是从制度上提提而已，疑是五代十国滨海偏霸所属作品，也还少证据。但肯定不会是唐代中原画家手笔，则从大量出现轿子可知。

因为直到北宋，燕云十六州割去后，马匹显然已相当缺乏，全靠川蜀，茶马司锦坊织锦和茶叶等换取川西北山马备军用、官用。北宋官制定鞍镫制度时，还分二十（十八？）来种，最高级为"金银闹装鞍"，官价要二百多两银子才备办，即最小的县令，"铁制银衔镫鞍具"，也还得十二两银子。史志还提到县令许可用八到十二仆从，戴曲翅幞头（一称卷脚幞头），还得知内中有个仆从，照例专扛一张有靠背可折合的交椅，把它套在颈子上上路的。留下两个画面可以作证：一个在《清明上河图》中，在开封市人众往来中，有那么一位知县和仆从出城；另一个在天籁阁藏宋人画册中，有幅题作《春游晚归图》的，明明白白也是县官"走马上任"的情景，才独

第五讲 古人的"脚"与"手"

自骑马，而用上八到十二个随从抬抬扛扛前后相随，正和史志叙述相合。（无知收藏家或商人，随意题个"春游晚归"，有知的"专家"，也即省事原样展出，就只这个画册里至少就有三幅名称和内容不符合，还少有人提到！）

宋代官制品官出行必骑马，但妇女出行，特别是清明扫墓，坐"小轿"已成习惯。《东京梦华录》上就记载得极详细，还说清明出城扫墓，归来必在轿前插雪柳。《上河图》就反映得清清楚楚。这像还只是统治阶级中层使用的。开始还有更简便些，切合山行的式样，即传世郭熙名画《西湖柳艇》大轴画幅里所反映的当时西湖游客所乘"四川滑竿"式的工具。传世横卷中还有个颜晖绘的《钟馗出游图》也坐了那么个东西，印于波士顿藏中国名画中，或张大千辈伪作。（这个简便式样，直到我在双溪乡下默写这个小文时，住处附近的区医院，还经常可看到由较远山村来诊病的老人，由二亲人抬扛而来。）

宫廷中，似乎也还依旧使用装备较完美的轿子，最有代表性，最传世萧照所绘《中兴桢应图》卷中的反映，已开启后来明、清两代轿子基本式样。

这就是《史记》所称"山行乘樏"由奴隶社会延长到封建社会末期的历史发展。也反映长期封建社会阶级压迫的一个方面。历史本来是不断发展前进的，但经常也会在某一方面、某一地区、某种事物中，不仅会保留些封建制度残余，甚至于还反映奴隶社会制度人不当人的残余。所以尽管商代以来，制车工艺，即已达到相当高水平，唐代因为国家养马到了四十五万匹，一般妇女出行也骑马，而全国还设有驿站、官邸，因公出京上京的，都可照当时等级制度得有使用相应马匹和住处权利。但是到了近六百年的明、清两朝，反而做武将的，也有出门不会骑马，只坐到四人或八人抬的"官轿"里的事情！使明、清政权的贪污腐败，极端无能，终于崩溃，被人革命打倒，这个当然不是主要的，但即就这一件小事说来，也可以明白"一叶落而知天下秋"的趋势、发展，是终于积累如此如彼的种种，促进了封建皇权的倾覆，在势是无可避免的。

（附）篮舆、板舆

或问："晋南北朝史志记载可能还有个什么简便的玩意你忘了，试想想看！"

当然忘掉的还不少，一个人即绝顶聪敏，无一本书，无一个实物图，无一个形象图，这么过考，也怕难及格的。何况我这么一个公认为笨拙的人。严格地要求，是肯定不过硬的，那就得包涵包涵了。

三四十年前读《陶潜传》里，似曾提到过他上庐山应庐山高会时，由于山路高，年岁老，要子侄们用篮舆或板舆抬上山去。究竟应当是什么样子，似乎没见过。但到北宋李公麟绘了个《庐山会图》，记得却像个四方平板小筐筐，是子侄挑上去的，离地不及二尺，倒也方便省事。此外还有个署名《靖节轶事》的小画册，笔道细如明代尤求，也署名李公麟，好像也有那么两人有一个扁担各挑一头的办法，在行进中。稿似相当旧，但是那个篮舆似乎不会早于宋代，而且显明不像是从实用物画出的。

谈车乘[1]

《穆天子传》称周穆王驾八骏马会西王母于瑶池之上。有无八马车出土或形象出现？世传八骏图时代多较晚。这个文件，似出于晋束晳整理太康二年汲郡出土竹简搞出来的。所以汉石刻及壁画均无反映。即到南北朝，画面上也未见到。唐代只李世民墓前"昭陵六骏"，虽反映的是他本人作战坐骑实物形象，且各有名称。装备的"五鞘孔制"且为唐代鞍具制度，见于史志。但多少或受了点八骏传说及名目影响。

个人所见，似乎还是元、明人所作《八骏图》。是否由赵松雪创始，已难记忆。

传世五代人绘《汉武帝见西王母图》（或《会上元夫人图》？）并无车乘表现，只背景作瑶池水波。

《诗》称"六辔沃若"，又古文有"驾朽索而御六马"，可见古代必有"六马车"。有没有形象可证，或遗物出土？照诗文称引应当有。遗物似未闻发现，图像也未在汉石刻有反映。

汉代郡守似有"五马"之称，石刻和砖刻宜有反映，也没有见过。或者另有解释，不得而知。

《司马相如传》似有"不乘高车驷马，不归故乡"语。应作何解？有无形象可证？是不是司马相如文传，难于记忆。"高车"或指"高轮"或"高

---

[1] 本文作于1971年夏。

盖"，即车中那个高高的伞盖。蜀中近年出土汉浮雕砖即可证明。传世或出土铜鎏金水仙花式的"盖弓帽"，就是在伞盖末端，有整份出土物，数目难记忆，不过据此可知，这种高伞盖，是可撑可收的。如复原，或能个六分近似。但河南浚县卫墓出土驷车复原实物，得知西周还没有用伞盖，虽曲辕在中，旁各二马，但直衡和套马颈部之轭，彼此相互关系，如何才能达到"控纵自如"情形，模型所见，似还不大具体。报告或已有具体叙述，不妨查查。汉末两晋间还有些四马车形象，反映到绍兴出土铜镜子上，主题却是"西王母会东王公"所乘车。车作轿子式，两旁有窗，四马奔驰，后垂长长丝绸车帘，似由后面上车。汉石刻也有同式车子，只独马。记得曹操借故把三国时著名文士杨修杀害后，曾写了个信给杨修父亲汉太尉杨彪，送了些礼物，又用他的妻子名义，给杨修母亲一些礼物，内中有一辆车子，似名叫"通明绣幰四望七香车"。名称过长，不大容易记得清楚，可能有些遗漏。照时代估计，应当和镜子上形象相近，大致只是独马。它的特点是轿子式，后面拖曳长长绣幰，还影响到隋唐贵族妇女用小黄牛驾的"金犊车"或"油碧车"。镜子上四马，或因西王母的身份，本意或许用八骏马，受画面限制，只用四马表现。另外，还有同时或晚些传为顾恺之画的《洛神赋图》所乘四马车，车后斜插二火焰边长旗，即史传所称"王者乘九斿之车"，马前两旁还各有执弹弓任保卫责任的"附马"，真正名副其实的"附马"。照画中男女人物衣冠制度说来，至早是北朝人手笔，比顾可能晚二百年或更多。因为给画中洛神着齐梁时装，男子臣仆着北朝装，此画出现事实上还可能更晚些。时代必在隋、唐间，才会这么办。极可能，是隋代画家作的。因为赋中"蛟龙挟毂，鲸鱼为卫"，鱼龙形象和敦煌隋壁画反映极相近。而执弹弓附马，也是隋、唐制度。记得说的是王公贵族出行时，用来驱逐拦道行人，也即镇压人民意。（后来"弹压"二字，可能即由此而出。是否这样，得问问编字典专家！）

这个"王者九斿之车"，虽不一定出于东晋顾恺之手，但是用到晋代大事件上，还是可以参考。比如说，我们如绘"淝水之战"，谢玄十二万人如何击溃了苻坚数十万人马情形，史传记载，还曾提及当时苻坚做皇帝的车驾御辂也丢失了，用这个车作参考，似比用别的合适一些。比较后些，宋初作《绣衣卤簿图》和清《卤簿图》或《南巡图》御辂都更壮观些，但不如前者时代较接近。

此前一定还有不少四马车图像，只是限于见闻，难提意见。

"执辔如组，两骖如舞"，《诗经》中所提，是否和三马车有关？

说起《诗经》，我真惭愧，也可说"读过还背诵过"，也可说"毫无知识"。因为六十年以前，记得在私塾上学时，每天温书，内中《诗经》最容易背，内容可比《论语》深得多。如"关关雎鸠"，老秀才塾师，也讲不出所以然。好奇心强，问得多些时，就得自己搬凳子，到孔夫子牌位前，伏在凳上，被狠狠揍二十板，事后还得向牌位作个揖，搬凳子自归原位。因此一提《诗经》，就联想到这种封建教育。加之时间过了半世纪多，就多模模糊糊了。好像还有个"两骖雁行"，若只重在解释字义，查查《十三经注疏》省事，如所说恰指的是三马车，图像似无反映。或许是由于我孤陋寡闻，提不出形象证据。还依稀记得《左传》上或别的提到个故事，说某马必蹶，或和三马车有关？至于两马驾的"骈车"，那倒比较容易明确。不仅用马，还有用"鹿"用"牛"的，倒像是读书人闻所未闻。照应用说，这种两马骈车，是最容易控御的。所以孔子谈教育中的六艺之一的"御"，那驾车技术的训练，虽不明指马数，有可能只指一马。不过后来说的骖乘，似即指车旁的卫士骑从而言，如汉代四川蜀中画像砖，骈车旁二骑从，《洛神赋图》中二挟弹弓骑从而言。这种专门知识，恐得问"专家"！因为记得历史博物馆曾陈列过不少马数不等的模型车，向"专家"请教，不会错。我说的可能是"专家"不注意的小问题，是常识，是客观现实。

扇子史话

扇子，在我国有非常古老的历史。出于招风取凉、驱赶虫蚊、掸拂灰尘、引火加热种种需要，人们发明了扇子。

从考古资料方面推测，扇子的应用至少不晚于新石器时代陶器出现之后，如古籍中提到过"舜作五明扇"。但有关图像和实物的发现却较晚。目前所见较早的扇子形象是东周、战国铜器上刻画的两件长柄大扇，以及江陵天星观楚墓出土的木柄羽扇残件。从使用方面看，由奴隶仆从执掌，为主人障风蔽日，象征权威的成分多于实际应用。

战国晚期到两汉，一种半规型"便面"成为扇子的主流。其中以江陵马山楚墓出土、朱黑两色漆篾编成的最为精美。便面一律用细竹篾制成，上至帝王神仙，下及奴仆烤肉，灶户熬盐，无例外地都使用它。

魏晋南北朝时期，"麈尾""麈尾扇""羽扇"及"比翼扇"相继出现。"羽扇"前期本由鸟类半翅制成，后来用八羽、十羽并列，且加了长木柄。"麈"是领队的大鹿，魏晋以来尚清谈，手执麈尾有"领袖群伦"含义。"麈尾扇"传由梁简文帝萧纲创始，近于麈尾的简化，固定式样似在纨扇上加鹿尾毛两小撮。"比翼扇"又出于麈尾扇，上端改成鸟羽，为帝子天神、仙真玉女升天下凡翅膀的象征。

隋唐时，"麈尾"虽定型，但使用范围缩小。"纨扇"起而代之，广为

---

① 本文原载1987年《人民画报》第8期。

流行。"纨扇"亦即"团扇",主要以竹木为骨架,制成种种形状,并用薄质丝绸糊成;历来传说出于西汉成帝朝(公元前32—前7)。南北朝时,纨扇扇面较大,唐代早期还多作腰圆形,近乎"麈尾"之转化。唐开元、天宝以来才多"圆如满月"式样。纨扇深得闺阁喜爱,古代诗词中多有反映,如:

团扇,团扇,美人并来遮面。

银烛秋光冷画屏,轻罗小扇扑流萤。

团扇复团扇,奉君清暑殿。秋风入庭树,从此不相见。

借团扇刻画出少女种种情态或愁思,可见扇子的功能已大为扩展。

宋元时期纨扇尽管还占主要地位,且更多样化,但同时也出现另一新品种"折叠扇",即折扇;一般认为是北宋初从日本、高丽传入的。南宋时生产已有相当规模。但扇面有画的传世实物连同图像反映、画录记载,两宋总计不到十件,元代更少。这种情况也许因当时多用山柿油涂于纸面做成"油纸扇",不宜绘画,只供一般市民使用;或与当时风习有关,虽也有素纸"折叠扇",但只充当执事仆从手中物,还不曾为文人雅士所赏玩,因而尚未成为书画家染翰挥毫的对象。元代山西永乐宫壁画,保留了大量元人生活情景,"折叠扇"仍只出现于小市民手中。

到了明代,折扇开始普遍流行,先起宫廷,后及社会。明永乐年间,成都所仿日本"倭扇",年产约两万把。早期扇骨较少,后来才用细骨。扇面有加金箔者,特别精美的由皇帝赏给嫔妃或亲信大臣,较次的按节令分赐其他臣僚。近年各地明代藩王墓中均有贴金折扇及洒金折扇出土。浑金扇面还有用针拨画山石人物的,极似倭扇格式。也有加画龙、凤的,可能只限于帝后使用。至于骚人墨客等风雅之士,讲究扇面书画,使之更近于工艺品。当时的川蜀及苏州都是折扇的主要产地。折扇无疑已成为明代扇子的主流，影响到清代，前后约三个世纪之久。

歌舞百戏用扇子当道具，也是由来已久。唐、宋"歌扇"已成为诗文中习用名辞，杂剧艺人不分男女，腰间必插一扇；元杂剧中扇子已成为必不可少的道具，习惯上女角多用小画扇，大臣儒士帮闲多用中型扇，武臣大面黑头等则用白竹骨大扇，有长及二尺的。演员借助扇子，表现角色的不同身份和心理状态，妙用无穷。剧目和文学作品中也有以扇为主题的，如"桃花扇""孙悟空三借芭蕉扇""晴雯撕扇"等，可见其影响之大。

折扇外骨的加工，明代已得到极大发展。象牙雕刻，螺钿镶嵌，及用玳瑁薄片粘贴，无所不有。但物极必反，不加雕饰的素骨竹片扇也曾流行一时，甚至一柄值几两银子。清代还特别重用洞庭君山出的湘妃竹，斑点有许多不同名称，若作完整秀美"凤眼"形状，有值银数十两的。至于进贡折扇，通常四柄放一扇匣内，似以苏、浙生产的占首位。

清代宫廷尚宫扇，包含各种不同式样。雍正四妃像中，即或执折扇，或执宫扇。宫扇一般式样多为上宽下略窄，扇柄多用羊脂玉、翡翠、象牙等珍贵材料加工而成，扇面还有用象牙劈成细丝编成网孔状的，这实在只是帝王的珍玩，已无任何实用意义。

至于农人，则一律是蒲葵扇。《雍正耕织图》中，他本人自扮的老农也不例外。高级官僚流行雕翎扇，贵重的有值纹银百两的，到辛亥革命后才随同封建王朝覆没而退出历史舞台。后来京剧名角余叔岩、马连良扮诸葛亮时手中挥摇的雕翎扇，大约从北京的前门外挂货铺花四五元就可买到。

第六讲

织绣染缬

唐有"双矩锦""盘绦绫",和其他花纹一样,内容似还少人分析过。比较说来,这类丝绸花纹,实同源异流,同出于古代竹篾编织物,由之影响发展而成,且可代表较原始提花织物纹样。时期早可以到三千年前的商代,晚也必在春秋战国时期中即已成熟。古人所谓"纯锦""重锦",或陈留出的"美锦",这种矩纹锦即或不占主要地位,也必然有一定地位。

在金元之际,丝织物的生产,由色彩综合为主的要求,转而为用金来做主体表现,正反映一种历史现实,即民族斗争历史中,文化落后的游牧民族武力一时胜利时,就会形成一种"文化后退"现象。

谈锦——矩纹锦的本源及其发展[1]

中国织锦，从比较可靠的文献——《诗经》《左传》《国语》等称述，至少已有了约二千五六百年的历史。古代所谓贝锦、重锦、纯锦，虽为二千年来经、史学人时常称引疏解，实物究竟应当是个什么样子，却少有人具体提出。即或比较后来一些记叙，由于近半世纪的出土实物日益增多，把文献和实物相互印证，工作上得到许多便利，有种种可能，过去学者通人如汉代郑玄释《三礼》，晋代郭璞注《尔雅》，唐代颜师古注《急就章》，及明、清以来如顾炎武、赵翼等，孤立引书、证书，即再博学多通，不易弄得清楚明白的问题，也可起始从文物互证得到许多新的认识、新的理解。例如对于《急就章》中涉及丝绸部分，前人以为属于色泽形容的，新的发现已明白大部分实为花纹形象。但从整个情形说来，这部门生产成就及其在发展中如彼如此原因，问题还可以说是一片空白，不仅仅是汉代的知道的不够多，即近五百年生产，也还是所知有限。既未在艺术史研究工作范围之内，也不曾在国内几个有条件大博物馆，成为一个专题研究课目，布置一点人力，来起始认真作些初步探索工作。因此文化史或艺术史涉及这部门艺术成就时，多缺少应有理解，只能空泛交代几句不着边际的说明，居多完全触不着本题。一面涉及百十万劳动人民，累代连续生产了大几千年，还留下实物以十万计的艺术品，我们对之还十分陌生；另一面

---

[1] 本文作于20世纪60年代初期。

是明、清以来，少数文人、画家，在笔墨艺术风格上，略有突破，直到如今，还在艺术上占用若干篇幅，作详尽分析，而在艺术出版物上，也一再重印，还在国内作各种不同规模的展出。从这一点上，让我们感觉到，若对于"民族优秀遗产"的"古为今用"要求落实时，发生困难是意中事。特别是关于丝织物这一部分在艺术上的伟大成就，所抱的轻视、忽视态度，是不大合理的，有负于古人的。因不揣鄙陋，试从常识出发，作些探索工作。抛砖引玉，实有待国内专家学人共同努力。

唐有"双矩锦""盘绦绫"，和其他花纹一样，内容似还少人分析过。比较说来，这类丝绸花纹，实同源异流，同出于古代竹箧编织物，由之影响发展而成，且可代表较原始提花织物纹样。时期早可以到三千年前的商代，晚也必在春秋战国时期中即已成熟。古人所谓"纯锦""重锦"，或陈留出的"美锦"，这种矩纹锦即或不占主要地位，也必然有一定地位。

双矩锦得名虽出于唐代，敦煌唐代壁画服饰部门和边沿彩绘部门，均少有反映。恰说明唐代装饰艺术在丝绸上的要求，已将重点放在团窠图案一类以宝相、牡丹、地黄、交枝小簇花为主的植物纹样，和鸳鸯、鸾凤和其他鸟鹊含绶穿花等动物图案相互交错处理上，较古式的矩纹图案已不再占重要位置。但是它的继续生产还是事实。而且还在发展中，千年来依旧生产，且衍进变化成种种不同花式。在稍后的宋代及近三百年，在锦类生产中，还续有发展，做出百十个新花样。

矩纹锦在唐代，似只在张萱《捣练图》卷中一个骨牌凳垫子上绘出过。从比较得知它和青绿簟纹锦、金银锭式锦均同属一格。传世实物虽不多，惟《营造法式》彩绘部门，却还保留下好些种不同格式。明、清仿宋锦实物，以康熙有代表性，大致还可找出卅种不同样子，可以证实它原来的式样和衍变的过程。由此明白它在提花彩锦中出现，可能比龟子锦还早些。锦纹基本既从竹箧编织物而出，至少商代已可能有这种花纹产生，而在春秋战国时期却逐渐成熟，发展成各种相似而不同的图案。尽管到目下为止，还未发现过这种锦缎，另外一时必将从新的发现实物中得到证实。因为一切事物不是孤立存在，而又必然和其他事物有一定联系，且在不断发展中的。我们无妨从"联系和发展"来作些初步探索：

一、商代白陶器上有相同连续矩纹图案。

二、同时或早些青铜器上也有相同矩纹图案（方鼎上反映特别具体）。

三、安阳出土一个白石雕刻人像，衣服上即使用这种矩纹图案，而且反映得十分清楚明白。

特别重要便是白石刻人像上的花纹，虽间接却具体。且不仅商代各物上存在种种相同花纹图案，此后也还并未绝迹失踪，还继续反映到工艺品中，成为装饰图案一部门。

一、春秋战国中原地区各处出土青铜车轴头上还有这种连续矩纹，地子或作芝麻点，或作羽状卷云纹。时间比楚式镜子上反映当略早些。

二、楚式青铜镜子上，主要花纹图案之一种，且形成种种不同变格式样，地子或作整齐细致羽状卷云，或作不规则螺旋云纹。由于过去对于它的来源成因不明白，或称"山"字镜，或称"T"字镜，或称"矩形"镜，或称"规矩"镜，可极少注意到它和纺织物纹样的关系。并且它既和"山"字可能有一定联系，也和礼制玉中的"蒲纹"不可分割。

三、战国或秦汉之际大型空心砖边沿有这种连续矩纹。从类似砖上使用◇◇◇ ◇◇纹已确知为丝绸中的绫纹，则砖上连续矩纹，更必然是一种织物花纹。

四、战国玉璧上有这种连续矩纹，此外玉羽觞、玉具剑上之玉璲上，也使用过这种连续矩纹。这个一般可说是一种云纹的变格，事实上却更近于连续矩纹的缩小。（周代礼制玉说的蒲纹，如非指这类纹样，即应当是另外一种青苍玉大璧上所反映的一种直格纹和纵横交错的条纹。至于《三礼图》所绘在璧上作小簇写生蒲纹，则只是宋人以意为之，完全不符实际。因直到目下为止，出土周代大小玉璧千百件，还从无作《三礼图》上那种写生般蒲纹的。）

五、长沙战国楚墓出土彩绘俑，有些衣沿作这种连续矩纹。如结合史志上说的"衣作绣，锦为沿"的记载，则无疑这种花纹，事实上即当时一种锦纹。最具说服力也是这个俑上衣沿的反映，和商代那个白石刻人像花纹一样，是直接出现于衣服上的。

六、山西侯马近年出土大量铸铜用陶范，有几个约四寸长人形陶范，有著矩纹短短花衣的，也有著条子式三角回旋云纹花衣的。这个材料且进一步为我们说明，既有全身矩纹图案，又有间隔条子式花纹图案，白陶早已发现过这种条子式作 ◇◆ 方折回旋云纹，彩陶则间隔条子也常有发现。白陶上矩纹且和人形泥范上衣著花纹完全一致。由此可知，当时生产这种花纹纺织物，至少已有几种不同方式，幅面较窄只堪作衣沿或腰带用的，或和目前还在西南苗族、西北回族用粗毛编织的带子式材料技术相差不多，是属于原始腰机地机，用手指凭操作习惯理经提花，而用一种木石璋式刀具或牛肋骨作工具，代筘压线进行的。这虽是种原始提花机，而直到如今，却还在边远地区继续使用。十八世纪海南岛黎族使用的工具全份，还陈列于北京故宫博物院。运用这些工具进行织作方法，则在云南石砦山出土铜器上，还有极典型形象保存，陈列于北京历史博物馆。这还是一千九百年前时留下来的。（至于西藏式织氆氇工具，却已有了进一步改进。）同一时期也正是中原地区如陈留襄邑使用新式提花机织出"登高望四海""长生无极""韩仁"诸彩锦时！从这些发现为我们提供了一种新的假定，即由商代到东周，这种矩纹彩色提花纺织物至少有两种不同幅度：一种不过三五寸宽，楚俑所用衣边，是不用剪裁照原来幅度缀上的。商白石人像和侯马泥范人形所穿花衣材料，却是照古代二尺幅筘立式提花机作成的。

矩纹锦在汉代已少见，同式花纹反映到其他装饰图案也少见。说明了一个问题，即由于生产发展，织机改进，这类近似几何规矩图案已不能满足生活要求。因此汉代彩色花锦出土不下数十种，基本纹样多是云山中鸟兽奔驰为主题，打破了传统束缚，自出新意。图案来源不外从两个方面：即反映现实主义的游乐狩猎生活，反映于文字则产生《羽猎赋》《上林赋》等叙述，其次反映浪漫主义的对于神仙方士长生不死的迷信情形，反映于文字，则有如《史记·封禅书》《汉书·武帝纪》有关海上三山等叙述，及乐府诗关于博山炉形容。这两种思想，影响到工艺装饰图案各部门，产生冠饰上的盾形金博山，和陶井栏青铜灯上的金博山形装饰。产生五鹿充墓出土的错金戈戟附件上的花纹，上作仙人驾鹿车在云中驰逐，各种鸟兽骇跃腾骧于山云间。产生朝鲜汉代古墓出土的同式错金银附件花纹，上作骑士射虎，及孔雀、鸿雁、麋鹿、野豕于山云中奔走驰逐。影响到翠绿釉陶和栗黄釉陶鼎或尊盖部博山，产生千百种各具巧思的金铜博山炉。反映于丝织物，则成各种大同而小异的锦纹，而以较著名的"韩仁"锦和"登高望四海""新神灵广""明光"诸锦最有代表性。事实上这种锦纹也可以说是立体博山炉的平面化，图案来源是共通的，都出于海上三神山的传说。这种锦纹的成熟，如据上面文字分析，早或在秦始皇，晚亦不会到武帝以后，因为"登高望四海"必然和当时封建统治者大奴隶主妄想长生不死上泰山封禅有密切关系。锦上字体也具秦刻石风格。有些也可能早到战国中晚期，因为花纹作 式云纹，正和战国楚式铜镜花纹及彩绘漆盾花纹有共通点。古代有关丝绸名目的"绹"和"绮"，可能和这个花纹有关。"长乐""明光"则系秦汉宫殿名目。这种花纹锦缎，直到晋代还继续生产。《邺中记》所说"大登高""小登高""大明光""小明光"，及《南史》称"仙人鸟兽云气异样花纹"，和米芾所见晋永和时"仙人鸟兽云气织成锦"必然有密切联系。或简直就是同一织物。到北朝晚期或唐代初期，锦类才有进一步变化，龟子纹锦或属固有格式，连珠团花、对羊、对灵鹫、对天王狩猎、野猪头等图案，则有可能来自西域，或更远一些地区。根据见多识广的张彦远记载，说窦师纶在成都做行台官时，出样制作的瑞锦，游龙翔凤诸花样。既称章彩奇丽，流行百年不废，可知花纹图案组织及和色方面成就，均必有过人处。从日本正仓院所藏唐代实物及敦煌唐代彩绘壁画种种壮丽丝织图案还可窥见大略。韦端符《李卫公故物记》和《唐六典》罗列了部分绫锦名目，并特别对于一近似织成锦式刻丝衣袍花纹加以赞美。陆龟蒙《古锦裙记》则记述所见特种锦裙，虽说或陈、隋间物，其实以鸟衔花使用习惯而言，则大致成于唐初。

双矩纹绫锦见于《唐六典》诸道贡赋，盘绦绫锦则著录于较晚的大历禁织绫锦纹样诏令中，李德裕《会昌一品集》"谏织缭绫奏议"也提起过。唐代以来，大撮晕彩锦类，虽已达到和色极高艺术效果，惟在应用方面似以本色花绫和染缬比较广泛。红紫使用有一定限度，惟青碧色不受何等拘束。

  彩锦类在历史各阶段中如玄宗开元初年和肃宗时，常因政治上原因，一再明令禁止。矩纹和盘绦在织法上比较简单，且切合新流行于上中层社会坐具垫子类需要，从而得到发展是意中事。但从"谏织盘绦缭绫奏议"中，可见比一般本色花绫还是华美难织，货币价值也必然较高。直到宋代，社会生产有进一步发展后，锦缎花纹也因提花技术有了提高，更重要是丝绸生产数量的扩大和品种的加大，彼此竞新立异，因此由比较简单的龟贝锦发展而成的八答晕锦，由团窠锦发展而成的大宝照锦，由一般花纹比较疏朗的素地串枝牡丹锦发展而成的满地金，或间金红地藏根满地花加金锦。灯笼式也由北宋成都起始织造金线莲花灯笼锦而发展成各种各样不同式样。梭子杏仁式樗蒲绫，也由唐代遂州所织，到宋代发展而成许多相似不同花纹，有对凤、游龙、聚宝盆、牡丹等等，就织法说则有罗、纱、缎，就材料说有织金，有间金，有装花，有本色花等等。从簟纹发展而出的矩纹锦，这时节由于应用面的扩大，也得到进展，从《蜀锦谱》和后来些《博物要览》所记宋代几十种绫锦名目中试加分析，即可知至少有×种和簟纹有关。或由之发展而成。即明代普遍流行，清代又在南京、苏州大量织成的万字地大小折枝串枝花式，明人所谓"落花流水"锦，不下百种式样，也无一不是由之发展而来。这类宋锦实物虽保存已不多，但《营造法式》彩绘部门若干种花式，基本上即是锦缎式样，可以用来和现有明、清同式锦缎互证，给我们对于它有深一步认识。

织金锦[1]

中国丝织物加金,从什么时候起始,到如今还是一个问题,没有人注意过。比较正确的回答,要等待地下新材料的发现。以目下知识说来,如把它和同时期大量用金银装饰器物联系看,或在战国前后。因为这个时代,正是金银错器反映到兵器、车器和饮食种种用器的时代,是漆器上起始发现用金银粉末绘饰时期,是用金捶成薄片,上印龙纹作为衣上装饰时期。但是文献上提及锦绣时,是和金银联系不上的。春秋以来只说陈留襄邑出美锦、文锦、重锦、纯锦。"锦"字得名也只说"和金等价",不说加金。迄今为止,还没有发现过这时期墓葬中丝织物加金的记录。长沙战国古墓中,得来些有细小花纹丝织物(新近还发现棺木上附着的黼绣被),可不见着金痕迹。陕西宝鸡县(今宝鸡市陈仓区)斗鸡台,发掘过西汉末坟墓,虽得到些鸟兽形薄金片,或是平脱漆上镶嵌的东西,可不像是衣服上的装饰。西北楼兰及交河城废墟中,掘出的小件丝绣品,其中有些金屑存在,丝织物还极完整,不见剥损痕迹,当时是用金箔粘贴,还是泥金涂绘,又或只是其他东西上残余金屑,不得而知。东汉以来,封建帝王亲戚和大臣的死亡,照例必赐东园秘器,有用朱砂画云气的棺木、珠襦玉柙。这种玉柙,照《后汉书·舆服志》解释,是把玉片如鱼鳞重叠,用金银丝缕穿缀起来裹在身上的。一般图录中还没有提起过这种实物式样。中国历史博

---

[1] 本文原载 1953 年 9 月 3 日《新建设》第 9 期,当时以《中国织金锦缎的历史发展》为题。

物馆中有份刘安意墓中出土遗物,有骨牌式玉片一堆,上下各穿二孔,穿孔部分犹可看出用金缕的方法,还是用细金丝把玉片钉固到丝织物上。当时这种金丝有一部分必然外露,但决不会特别显著。

《史记》《汉书》都称西北匈奴、胡人不重珠玉,欢喜锦绣。汉代以来中国每年必赐匈奴酋长许多锦绣。中国向大宛、楼兰诸国换马和玉,也用的是锦绣和其他丝织物。这种丝织物中,是有加金的,如《盐铁论》说的中等富人的服饰,即有"罽衣金缕,燕貉代黄"。说的金缕也可能指的是大夏、大秦外来物。

《晋书·大秦国传》称:

大秦能刺金缕绣。

西北匈奴羌、胡民族,既欢喜锦和金银,就有可能从大秦得到金缕绣。近半世纪西北发掘的文物,证实了史传所称西北民族爱好锦绣的习惯。在蒙古和新疆沙漠中,得到的汉代丝织物,如带文字的"韩仁"锦、"长生无极"锦、"宜子孙"锦、"群鹄"锦、"新神灵广"锦、"长乐明光"锦,和不带文字的若干种绫锦绣件,截至目下为止,还是中国古代丝织物中一份最有代表性的、珍贵的遗物。它的纹样和古乐浪汉墓出土的丝织物大同小异,恰是汉代中原丝绣的标准纹样(正和《盐铁论》说起过的,两地当时受中原墓葬影响情形相合)。

中国科学院黄文弼先生,在他作的《罗布淖尔考古记》中说:

孔雀河沿岸之衣冠冢中,死者衣文绣彩,甚为丽都,虽黄发小儿,亦皆被服之。

遗物中有一片近乎织成刻丝的织物,上面做的是一匹球尾马拉一辆车子,文献和其他报告图录中,还从来没有提起过。但似乎没有见过刺金缕绣。其中一个青红锦拼合成的锦囊,记录上虽说是从魏晋之际古墓中得来,其实是正格汉式锦，一作龙纹，或即《西京杂记》所谓蛟龙锦，有无极字样。一作对立小鸳鸯花纹，有一"宜"字，似宜子孙锦，已启唐代作风。这些丝织物据朱桂莘先生说，当时或着金。但从提花纬线考察，不像加过金。在北蒙古古坟中，曾得到一小片桃红色有串枝花的毛织物。花纹和一般丝织物截然不同，和汉末镜缘装饰倒相近。如非当时西北著名的细罽，从花纹看，有可能来自大秦或西方其他国家，时代当在魏晋之际。

因《西域传》记载，中国丝织物加金技术上的发展，一部分学人即以为实来自西方。但是，一切生产都必然和原料发生联系。锦缎类特种丝织物生产，除古代的陈留襄邑、山东临淄，汉以来即应当数西蜀。金子生产于西南，汉代西蜀出的金银釦漆器，在国内就首屈一指。因此，中国丝织物加金的技术，说它创始于西南，或比较还符合事实。最早用到的，可能是金薄法，即后来唐、宋的明金缕金法，明、清的片金法。丝织物纹样既和同时金银错纹样相通，加金部分也必然和金银错大同小异。

张澍《蜀典》引魏文帝曹丕《典论》，批评三国时丝织物说：

> 金薄蜀薄不佳，鲜卑亦不受。如意虎头连璧锦，来自洛邑，亦皆下恶，虚有其名。

循译本文的意思，即川蜀织的金锦和彩锦，送给鲜卑民族，也不受欢迎！洛阳有名的出产，品质并不高。

《诸葛亮文集》则称：

> 蜀中军需惟依赖锦。

可知当时蜀锦生产还是军需主要来源。川蜀是金子重要生产地，捶金箔技术，于蜀中得到发展，是极自然的。

另一方面也反映出社会的需要。《三国志·魏书·夏侯尚传》称：

> 今科制自公、列侯以下，位从大将军以上，皆得服绫、锦、罗、绮、纨、素、金银筛镂之物。

说的即明指各种丝织物衣服上加金银装饰。或刺绣，或织成，则不得而知（用金银缕刺绣作政治上权威象征，从此一直在历史发展中继续下来，到以后还越来越广泛）。

欢喜用金银表示豪奢，在西北羌胡民族中，最著名的是石虎。陆翙著《邺中记》称，石虎尚方锦署织锦种类极多，可没有提过金锦。其中有"大明光""小明光"诸名目，这种锦在汉墓中即已发现，还是韩仁锦类汉式锦。但这时节印度佛教大团花已见于石刻，反映于丝织物，很可能就有了后来唐代的晕锦类大花锦，宋时的大宝照锦，用虹彩法晕色套彩，技术上比韩仁锦已大有进步，可不一定加金。至于当时的织成，则近于宋以来刻丝。有几种明白称金缕和金薄，说明小件丝绣用金的事实。

《邺中记》又称：

> 石虎猎则穿金缕织成合欢裤。

可见当时也用到比较大件衣著上。所说金缕即唐宋的捻金，金薄即后来的明金和片金（但唐人说缕金，却有时指明金，有时指捻金。捻金又可分后来克金式的和一般库金式的）。

《西京杂记》也记了许多特别丝织物，曾说"蚁文万金锦"，这个著作说的虽是汉代故事，反映的却多是魏晋六朝时物质，蚁文万金似乎只是奇异贵重的形容，花纹正如西域所得锦缎，并非用金织就。

许多记载中，惟《蜀典》引曹不批评，所说金薄、蜀薄指的近丁后来织金，且和曹操《上杂物疏》文中一再提起的"金银参带"漆器相关联。文中还提起许多漆器是用金银绘画的。

另外，东晋时也用泥金，王隐《晋书》称，江东赐在凉州的张骏以金印大袍。如金印大袍指一物，用金印必泥金方成功。

又《北史·李光传》，说赐光金缕绣命服一袭。还是像捻金绣，不是织金。

就情形说来，织金法大致至迟在东汉已经使用。川蜀机织工人所作金薄，必和所做金银扣漆器一样，当时实在具有全国性，既可得极高利润，自然会继续生产。

到三国时，由于中原长年战争，影响到销路，也必然影响到生产。这时生产技术虽保留，品质已退步，不如本来。至于用捻金刺绣和捻金法，技术上有可能是从西方传来的。鱼豢《魏略》即称大秦能织金缕绣。至于在中国和泥金涂画，三种加金同时用到，当在晋六朝之际。以北方用它多些。原因除奢侈享乐，还有宗教迷信，谄媚土木偶像（《洛阳伽蓝记》提金银着佛像极多）。不久南北同风，南方用于妇女衣裙，且特别显著。隋代用泥金银即极多。到唐代，贞观时先还俭朴，及开元、天宝之际，社会风气日变，一般器物多用金银，或金银装饰，如漆器中的平脱镜子、桌儿、马鞍（姚汝能《安禄山事迹》还提到金银杓瓮笊篱）。加之外来技术交流，一般金细工都有长足发展，从现存实物可以明白。丝织物加金技术，也必然于此时得到提高。捻金织物于是同样得到发展机会。不过从唐人诗词描述中看来，用于女子歌衫舞裙中的，还不外两种方法：一即销金法的泥金银绘画或印花，一即捻金线缕金片的织绣。以泥金银绘和捻金刺绣具普遍性，织金范围还极窄。

"银泥衫稳越娃裁"，"不见银泥故衫时"，"罗衣隐约金泥画"，"罗裙拂地缕黄金"，即多用于女人衣裙的形容，也间或用到男子身上。

《鸡跖集》称：

> 唐永寿中，敕赐岳牧金银字袍。

又：

> 狄仁杰转幽州都督时，武后赐以紫袍龟带，自制金字十二以旌其忠。

这可见男子特种衣袍上加金银文字，从晋以来就是一种政治上权威象征，不会随便使用的。

又《唐书》称：

> 禁中有金乌锦袍二，元宗幸温泉，与贵妃衣之。

段成式《酉阳杂俎》记元宗赐安禄山衣物中，也有"金鸾紫罗""绯罗""立马""宝鸡袍"。指的都是当时特种统治身份才能用这种加金丝织物衣服。

又《唐语林》称，贵妃一人有绣工七百余人。为了满足当时杨家姐妹的穷奢极欲的享乐，衣裙中用金处必然极多。至于如何使用它，从敦煌唐代女子服装可以见出当时花朵的布置方法，主要多是散装小簇，即宋时金人说的"散答花"。串枝连理则多用于衣缘、斜领和披肩、勒帛。花式大都和现存唐镜花式相通（特别是男子官服中的本色花绫，如雁衔绶带、鹊衔瑞草、鹤衔方胜、地黄交枝等等，反映到遗物和镜文中，都极具体分明）。它的特征是设计即或用折枝散装花鸟，要求的还是图案效果。做法则刺绣和销金银具比较普遍性，也有可能在彩色夹缬印花丝织物上，再加泥金银绘的。

《新唐书·肃宗纪》：

> 禁珠玉宝钿平脱、金泥刺绣。

正反映元宗时金泥刺绣必十分流行，经安史之乱后，才用法令加以禁止。但唐代特种丝织物，高级锦类，一般生产我们却推想是不用织金，也不必用金的。韦端符记李卫公故物中有锦绫袍，陆龟蒙记所见云鹤古锦裙，说的都是唐代讲究珍贵彩色绫锦，文字叙述非常详细，均没有提起锦上用金。两种织物照记载分析，都近于后来刻丝。

日本正仓院收藏唐代绫锦许多种，就只著明有四种唐代特种加金丝织物。惟用金到衣服上，且确有织金，和许多不同方法加金，开元天宝间《唐六典》已提到，用金计共有如下十四种：销金、拍金、镀金、织金、砑金、披金、泥金、缕金、捻金、戗金、圈金、贴金、嵌金、裹金（此为明杨慎所引，今六典无）。

唐人记阎立本画，用泥银打底，是和泥金一样把金银做成细粉敷上去的。若用于衣裙帐幔，大致不外是印花和画花。捻金是缕金再缠在丝线上成线，也可织，也可绣。一般说来，绣的技术上处理比较容易，用处也比较多。织金通常却用两种方法：一则缕切金银丝上机，是三国以来金薄法，唐、宋、明金法，明、清片金法；一作捻金线织，捻金法有可能从西域传来。早可到三国时，由大秦来。晚则唐代由波斯通过西域高昌、龟兹诸地区兄弟民族，转成中原织工技术。北宋末文献记录已有捻金青红锦五六种。但直到明代，织金锦中用到捻金的，占织金类比例分量还是极少。清代方大用，是因细捻金线技术有了特别进步，才把这种捻金范围扩大的（最有代表性的，或者应数清华大学藏乾隆两轴刻丝加金佛说法图，径幅大到一丈六尺以上。原藏热河行宫，共十六幅，辛亥以后取回北京，存古物陈列所，日本投降后，不知为何被人偷出售于清华。还有一种细拉金丝织成的纯金纱，明代已见于著录，北大博物馆曾藏一背心，似清代剪改旧料做成）。

唐代宗时禁令中称：大张锦、软锦、瑞锦、透背、大䙅锦、竭凿锦（即凿六破锦，龟子纹发展而成的）、独窠、连窠、文长四尺幅独窠吴绫、独窠司马绫……及常行文字绫锦，及花纹中盘龙、对凤、麒麟、天马、辟邪、孔雀、仙鹤、芝草、万字、双胜，均宜禁断。

禁断诸绫锦名目，如瑞锦、大䙅、麒麟等锦，有一部分还可从正仓院藏绫锦中发现。这些锦样的设计，多出于唐初窦师纶。

张彦远在《历代名画记》说得极清楚：

窦师纶，敕兼官益州大行台检校修造。凡创瑞锦宫绫，章彩奇丽，蜀人至今谓之"陵阳公样"……太宗时，内库瑞锦对雉、斗羊、翔凤、游麟之状，创自师纶，至今传之。

张彦远见多识广，笔下极有分寸，说的"章彩奇丽"，必然是在讲究色彩的唐代，也非常华丽。这些锦样真实情形，已不容易完全明白，但从正仓院藏琵琶锦袋（似织成锦），和时代虽晚至北宋，花式尚从唐代传来的紫鸾鹊谱刻丝，内容我们还可仿佛得到一二。这种华丽色调，在宋锦中已有了变化发展，但反映于这片刻丝，还十分动人。一切事情都不是孤立存在的，所以此外我们也还可以从同时流行反映于敦煌洞窟天井墙壁间彩画团窠方胜诸锦纹，及铜镜、金银器上的花纹图案，得到唐代丝织物花纹基本特征。

因此我们明白，唐代丝织物工艺上的重要贡献，还是以花纹色调组合为主，即部分加金，也是从增加装饰效果出发，如正仓院藏加金锦，和元明以来之纳石失、遍地金、库金、克金，以捻金或片金为主要的丝织物，是截然不相同的。

丝织物加金有了进一步发展，大致是在唐末五代之际。丝织物花纹由图案式的布列，发展为写生折枝，也是这个时期。其时中原区域连年兵乱，已破败不堪。前后割据于四川的孟昶，江南的李煜，吴越的钱俶，政治上还能稳定，聚敛积蓄日多，中原画家和第一流技术工人，能逃亡的大致多向这些地方逃去。几个封建统治者，都恰是花花公子出身，身边又各有一群官僚文人附庸风雅，金银一部分用于建筑装饰和日用器物，一部分自然都靡费于妇女彩饰衣裙中。这些地方又是丝织物生产地，织绣工和当时花鸟绘画发生新的联系，大致也是在这个时期。惟关于这个时代的丝织物，除诗词反映，实在遗物反不如唐代具体（仅近年热河辽驸马墓出一件捻金织云凤类大袍或被面）。诗词中叙女子服饰用金极普遍。在瓷器上加金银边缘装饰，也是这个时代，从吴越创始各种"金银棱器"。

到宋统一诸国时，从西蜀吴越得来锦缎数百万匹，除部分犒军耗费，大部分是不动用的。北宋初年，宫廷俭朴和社会风俗淳厚，都极著名。旧有的还不大用，新生产也不会在这个时间特别发展。直到真宗时，社会风气才有了变化。由于政治上的新中央集权制，一面是从诸国投降得来无数金银宝货，一面是从各州府财政收入统属中央，且集中京师，就有了个可以奢侈浪费的物质基础。其时正和占据北方的契丹结盟议和，权臣王曾、丁谓辈，贡谀争宠，企图用宗教迷信结合政治，内骗人民，外哄契丹，因之宫中忽有天书出现，随即劳役数十万人民，修建玉清昭应宫，存放天书。把全国最好的工人，最精美的材料，都集中汴梁，来进行这种土木兴建工程。并集天下有名画师，用分队比赛方法，日夜赶工作壁画。一千多间房子的工程全部完成时，君臣还俨然慎重其事，把天书送到庙里去，大大地犒赏了参加这个工程的官吏和工人一番，丝织物用金的风气，也因之日有增加。

宋王栐著《燕翼诒谋录》，记述这个用金风气的发展，便认为实起于粉饰太平，上行下效，不仅士大夫家奢侈，市井间也以华美相胜。用金情形，则可从反复禁令中充分反映出来。其实，当时禁者自禁而用者自用。例如：汴梁城中二十余酒楼，特别著名的樊楼，楼上待客用的大小金银器具，就有二万件。三两个人吃喝，搁在桌面的银器也过百两。即小酒摊吃过路酒的，也必用银碗。大中祥符八年诏令，提起衣服用金事，名目即有十八种之多。计有销金、缕金、间金、戗金、圈金、解金、剔金、捻金、陷金、明金、泥金、榜金、背金、影金、阑金、盘金、织金、金线……

除部分是用于直接机织，其余大都和刺绣、印画、缠裹相关，即从用金方法上看，也可以想见这个中世纪统治阶级，是在如何逐渐腐败堕落，此后花石纲的转运花石，寿山艮岳的修造，都是从这个风气下发展而来的。

不过，现存宋锦或宋式锦，都很少见有加金的。说宋锦加金，且和一般习惯印象不相合。这有两个原因作成：

一、照习惯，鉴赏家对于锦类知识，除从《辍耕录》《格古要论》《博物要览》诸书知道一些名目，居多只是把画卷上引首锦特别精美的龟子纹、盘绦琐子纹、八达晕等几何纹式彩锦，就叫做宋锦。即名目也并不具体清楚明白。因此不闻宋锦有织金。

二、宋人重生色花，即写生折枝，这些花也反映到锦的生产中，打破唐以来的习惯。这种生色花，而且部分加金，或全面用金。明代把这些花锦，斜纹织缪丝地的叫"锦"，平织光地的叫"缎"，福建漳州织薄锦叫

"改机"（弘治间织工林宏发明），凡彩色平织，带金的叫做"妆花缎"或"织金缎"，不作为锦。因此，即遇到这种宋锦或宋式锦，也大都忽略过了。其实宋锦和社会上的一般认识，是不大相合的。折枝写生花部分加金和全面用金，在宋锦中是不少的。文献中提起的近百种锦名，大部分还可从明锦中发现。

宋锦加金至少有两种方法，我们已经知道。一即古代之金薄法，宋代称为明金。《洛阳花木记》称，牡丹中有"蹙金球"，以为色类"间金"而叶杪皱蹙，间有黄棱断续于其间，因此得名。又记"蹙金楼子"，情形也相差不多。宋人欢喜把本色花鸟反映到各种工艺品上去，若反映于丝织物上时，自然即和建筑中的彩绘勾金，及现在所见织金妆花缎用金情形大体相合。宋锦中是有这种格式的。加金有多少不同，在宋人通呼为"明金"。记载这种丝织物名目，花纹和用处较详的，以《大金集礼》提起的比较多而具体。说的虽是南宋时女真人官服，我们却因此明白许多问题。因为这种服制花式，大多是抄袭辽和宋代的。也有捻金锦，如明、清捻金或库金。文献上提起捻金锦的，多在南北宋之际。《大金吊伐录》记靖康围城时，宋政府和金礼物中即有金锦一百五十匹。周必大《亲征录》称南宋使金礼物中，即有捻金丝织物二百匹。周煇《清波杂志》卷六，载给北使礼物，也提起过青红捻金锦二百匹。又周密记南宋初年高宗赵构到张浚家中时，张是当时有四万顷田著名大地主，献锦数百匹，其中也有捻金锦五十匹。可知这种捻金锦在当时实在是有代表性的高级丝织物。同时也说明这种金锦，至迟在北宋中叶已能生产，但始终不会太多。《大金集礼》又叫作"捻金番缎"，说明从金人眼目中它既不是中国织法，也不是金人所能织，显然是西域金绮织工做的。又叫作捻金绮，和锦的区别或在它的织法上。关于这种织工，南宋初洪皓著《松漠纪闻》说得极详细：

> 回鹘自唐末浸微。本朝盛时，有入居秦川为熟户者，女真破陕，悉徙之燕山。甘、凉、瓜、沙。旧皆有族帐，后悉羁縻于西夏。惟居四郡外地者，颇自为国，有君长。其人卷发深目，眉修而

浓，自眼睫而下多虬髯。帛有兜罗绵、毛𦋺、绒锦、注丝、熟绫、斜褐。又善结金线。又以五色线织成袍，名曰克丝，甚华丽。又善捻金线，别作一等背织，花树用粉缴，经岁则不佳，惟以打换达靼。辛酉岁，金人肆眚，皆许西归，多留不反，今亦有目微深而髯不虬者，盖与汉儿通而生者。

这个记载极其重要。我们知道，唐代工艺生产中若干部门，是和印度、波斯、阿拉伯，或西域回鹘技工关系密切的。丝织物加金工艺，在唐代得到高度发展，由金薄进而为捻金，和这个盛于唐、到宋代入居秦川为熟户的回鹘，必有联系。金人称"捻金番缎"，也是这个原因。

金锦中明金和捻金花缎，说得比较具体的，是《大金集礼》提起金人服制中的种种。可知道明金还是用处多。时代稍后记录中，元人费著作的《蜀锦谱》只提及一种，可推测得出纹样的，即"簇四金雕锦"。如簇四和营造法式彩绘簇四金锭相通，金雕即盘绦，则这种锦必然是捻金，不是明金。因为这种锦正如同琐子一样，捻金可织，片金织不出。至于陶宗仪《辍耕录》说的一种"七宝金龙"宋锦，却有可能是片金兼捻金两种织法，明织金中还保留这种锦类式样。

更详细地叙述这种宋代金锦花纹色泽的，只能靠时代晚后三百年《天水冰山录》记严嵩家中收藏的宋锦名目得知。记录中明说是宋锦的，计有大红、沉香、葱白、玉色种种。其中有三种织金锦，名目是：青织金仙鹤宋锦，青织金穿花凤宋锦，青织金麒麟宋锦。

这个文献对于明代锦缎名目，记得非常清楚，当时说宋锦，必有不同于明锦的地方，如不是宋代旧织，也必然是宋式锦。但宋织锦和明织锦根本不同之处在什么地方？如不能从用金方法上区别，问题就必然是在配色艺术和组织技术上有个区别。从宋代种种工艺来比较，我们都可知道宋锦不可及处，即打样设计时，布置色泽，组织纹样都当成一件大事，而用金从艺术上说来，却不怎么重要。这三种青地织金锦，有可能是部分明金，不是全部用金的。

宋范成大《揽辔录》记南宋乾道六年使金时，在路上见闻和京师印象：

民亦久习胡态度，嗜好与之俱化。最甚者衣装之类，其制尽为胡矣。自过淮以北皆然。而京师尤甚。惟妇女衣服不甚改。秦楼有胡妇，衣金缕鹅红大袖袍，金缕紫勒帛，掀帘吴语，云是宗室郡守家也。

根据这个记载可知，开封被金人占据后，中国淮河以北人民的服装，即多在压迫中改作金制，惟妇女不大变（这里所记某妇人穿的金缕鹅红或系鹅黄，是小鹅毛色。如鹅红，即只能是鹅顶鹅掌红色了）。金人服制各以官品大小定衣服花头大小，文献上记载得极详细。照《大金集礼》记载，且知道官吏衣服上的花纹用牡丹、宝相、莲荷甚多。有官品的通是串枝花。这是沿袭唐碑墓志、敦煌彩绘、《营造法式》、辽陵墓志等等花式而来的。这些花还继续发展到元代"纳石失"金锦纹样中，也反映到明代织金中。史传记载，金兵破汴梁后，除织工外，妇女多携去刺绣。《金史·张汝霖传》称章宗时为改造殿廷陈设，织锦工用到一千二百人，花费两年时间才完工毕事。后来更加奢侈。这种织工自然大部分即得于汴梁和定州一带，有北宋初年由川蜀、吴越、江南来的头等锦工，也有唐以来即在西北，宋代成为秦川熟户的西域金绮织工。这种织锦工人和中国丝织物史发展，还有不可分割的联系，即元代纳石失金锦的生产，实由之而来。

《元史·镇海传》说：

先时收天下童男女及工匠，置局宏州（山西大同附近）。既而得西域织金绮纹工三百余户，及汴京织毛褐工三百户，皆分隶宏州，命镇海世掌焉。

这里所谓"西域人"，显然即是洪皓《松漠纪闻》说起过的先"居秦川为熟户"，后为金人迁徙于燕山及西北甘肃一带，为人卷发深目，眉修而浓，眼睫以下多虬髯，善捻金线，又会刻丝织作的回鹘族织工！

镇海管理的丝毛织物生产，即元代著名的纳石失，名义上虽还叫作波斯金锦，其实生产者却有可能大部分都是中国人，和同化后的金绮工。《元典章》五十八，关于它的使用记载得极详尽。《舆服志》称天子质孙冬服即分十一等，用纳石失做衣帽的就有好几种。百官冬服分九等，也有很多得用纳石失。《元典章》"织造纳石失"条例，许多文件反复说到应如何做，不许如何做。对于偷工减料的低劣货色，禁止格外严，也可反映当时生产量之大。在当时，不仅丝织多加金，毛织物也用金，叫作毛缎子。不仅统治者百官衣服上用织金，三品以上官吏帐幕也用织金（萧洵记元故宫殿廷时曾描述）。国家生产纳石失，不仅宏州设局，另外还设有许多专局，同属工部管辖监督。如撒答剌欺提举司，即有别失八里局。又织染提举司，也有专织纳石失局。《元典章》提起纳石失或织金缎时，虽一再传达诏令，说某某种龙形的不许织造应市，却又说织造合格的即允许市面流行。这种特殊丝织物随蒙古族政权织造了将近一百年，曾经反映到游历家马可波罗眼目中，因之也反映入世界各国人民眼目中。但是这种丝织物，竟和元代政权一样，已完全消灭，明代即少有人提起，这是和历史现实发展不大符合的。

丝织物虽然是一种极易朽败的东西，一世纪的大生产，总还应当有些残余物品留下来，可供研究参考。从图画中可见的，如元帝后妃像中几个后妃缘领花纹装饰，可推测必然是纳石失。元著名武将画像披肩，可能是纳石失。《明实录》记洪武初年赐亲王、功臣锦绮织金，必然还是元代库中旧存旧样丝织品。明初画像服饰材料，因之也必然有部分反映。

实物发现最有希望的地方，是故宫和中国北京和西北各地大喇嘛庙里，保存得完完整整的成匹成幅的直接材料，因明、清二代的兴替，宫廷中或已无多存余。至于零碎间接的经垫、佛披、幡信、袈裟和其他器物及密宗佛像边缘装饰上的，却必然还有不少可以发现。在故宫库藏里，许多字画包首，册页扉面，和其他宋、元旧器衬垫丝织物，同样可希望这种发现。其次，即明《大藏经》使用的经面、经套，其中织金部分，或出于纳石失式样，或即是本来的纳石失。前一部分，北京庙宇里的东西，剩下的也已经不会怎么多。因为元、明以来密宗佛像，近数十年被帝国主义豪夺巧取，盗出国外的不下万千件。稍好的就不容易保全。但是，即就北京市目下能得到的而言，如果能集中一处，断缣败素中还是可希望有重要发现（有小部分可能是宋锦，大部分却是明织金锦缎，纹样还是极有价值的）。西北区大庙宇，由于宗教传统的尊重，不受社会变乱影响，就必然还有许多十分重要的材料。故宫收藏则从中得到的明、清仿宋彩锦，或多于元纳石失金锦。至于明《大藏经》封面，就个人认识说来，即这份材料，不仅可作纳石失金锦研究资料，好些种金锦本名或者就应当叫做纳石失，并且还是当时的纳石失。

我们说明代加金丝织物，大都是元代纳石失发展而来，从《野获编》记录洪武初年，向北方也先聘使礼物中的织金名目，也可见出。五彩织金花锦由一寸大散答花朵到径尺大的大串枝莲、大折枝牡丹，和三五寸花头的蜀葵、石榴、云凤、云龙、云鹤，不宜于衣著，可能作帐幔帘幕、被褥的材料，和其他文献记录比较，我们就会具有一种新的认识和信念，纳石失金锦问题，虽在多数学人印象中，还十分生疏，却是一个可以逐渐明白的题目。明织金是一个关键，必须给以应有的重视。其次，即现存故宫部分充满西域或波斯风的小簇花织金锦，通名"回回锦"，在乾隆用物帷帐和蒙古包帐檐中都使用到。整件材料，部分还附有乾隆时回王某某进贡的黄字条，可知这类金锦至晚是乾隆时或较前物品。这类回回锦特别值得注意处，即花纹还充分具有波斯风，和唐代小簇花装饰图案近似。在有关帖木儿绘画人物服装和元帝后像领沿间用金锦花纹，也十分相似，元代纳石失也许仅指这类花纹金锦而言，还须待进一步研讨。

说到这里，我们可以为中国丝织物加金历史发展问题，试重复一下，提出如下意见，供国内专家学人商讨：

用金做装饰的丝织物，在战国有可能已产生，汉代以后得到继续发展。但真正的盛行，实只是元、明、清三代。起始应用虽可早到二千二三百年前，作用不会太大，用处也不会如何多。但至迟在东汉时，明金做法已能正确使用。六朝到唐末，是一个过渡阶段，在这个时期中，或因佛像中的

第六讲　织绣染缬

金襴，影响到封建统治阶级妇女的装饰，衣裙领袖间除彩色描绘外，用金已比较多。特别是当时贵族妇女，需要用金表示豪富甚过于用色彩表示艺术时，金的使用范围必然日渐增加。但是，金银在丝织物中的地位，始终还是并没有超过具有复杂色彩的传统刺绣和织锦重要。在装饰价值上，则只有小部分的泥金缕绣的歌衫舞裙，有从彩色刺绣取而代之的趋势。到唐代，特别是开元、天宝时代，因王鉷、杨国忠等人的聚敛搜刮，杨氏姐妹的奢侈靡费，和外来的歌舞，西域阿拉伯回鹘的金绮织工，以及谄佞佛道的风气，五者汇合而为一，织金丝织物需要范围就日广，生产也必然增多。到这个时代，用金技术已经绰有余裕。但用金事实，还是在社会各种制约中，不可能有何特别发展。到宋代，因承受唐末五代西蜀、江南奢靡习惯，用金技术更加提高，织金、捻金和其他用金方法已到十八种。但使用还是有个限度。譬如说，封建帝王亲戚服制上常用，一般中等官吏衣服即不会滥用。妇女衣裙上局部用，全部还是不用。宣和时，更有两种原因，使丝织物加金受了限制，不至于大行于时：

一、衣著中因为写生花鸟画的发展，把丝织物上装饰纹样，已推进了一步。刺绣和刻丝，都重视生色花，能接近写生为第一等。即染织花纹，也开始打破了唐代以来平列图案布置的效果，而成迎风浥露折枝花的趋势。换言之，即黄筌、徐熙、崔白、赵昌等画稿上了瓷器，上了建筑彩绘，上了金银器，这个风气也影响到丝织物的装饰花纹。所以从唐代团窠瑞锦发展而成的八搭晕锦，凿六破锦发展而成的球路等彩锦，几何图案中都加入了小朵折枝花。色调配置且由浓丽转入素朴淡雅，基本上有了改变，金银虽贵重，到此实无用武之地。

二、当时艺术风气鉴赏水准已极高。特别是徽宗一代由于画院人才的培养，和文绣院技术上的高度集中，锦类重设计配色，要求非常严格。金银在锦中正如金碧山水在画中一样，虽有一定地位，不可能占十分重要的地位。徽宗宣和时，庭园布置已注意到水木萧瑟景致，桫椤木堂的建造，一点彩色都不用，只用木的本色，白粉墙上却画的是浅淡水墨画，和传世王诜的渔村小雪，赵佶自作的雪江图近似，在这种宫廷艺术空气下，丝织物加金，不能成为一个主要生产品，更极显明。

属于金工技术发展，和社会发展似乎稍有参差。关于金薄、缕金、捻金技术的进展，照近三十年考古材料发现说来，商代即已经能够捶打极薄金片。春秋战国之际，在青铜兵器和用器上，都用到这种薄金片和细金丝镶嵌，就处理技术上的精工和细致而言，是早超过缕金丝作衣饰程度的。洛阳金村发现的一组佩玉，是用细金钮链贯串的。寿县和河南出土，捶有精细夔龙纹的金质片，可作战国时期金工高度技术的证明。特别是三年前在河南辉县发现的金银错镶松石珠玉彩琉璃带钩，和信阳长台关战国楚墓出土的铁错金银加玉带钩，实可作公元前五世纪中国细金工艺最高记录的证明。这个时期的巧工，文献上虽少提及出处，一部分来自楚民族和西蜀，可能性极大。到汉代，技术上有了新的展开，用金风气发展，仿云物山林鸟兽缕金错银法，已打破了战国以来几何纹图样，漆器上的金银扣和参带法，且使用相当普遍，中等汉墓里即常有发现。讲究处则如《禹贡文奏》和《盐铁论·散不足篇》所叙述，许多日用小件器物都用金银文画装饰。鎏金法应用更加广泛，且使用到径尺大酒樽和别的用具上。但从用金艺术说，比起战国时实在已稍差了些。这个时期蜀工已显明抬头。西北和乐浪所发现的漆器中，都具有文字铭刻。蜀工之巧在汉金银扣器中已充分反映出来。随同丝织物生产的发展，西蜀丝织物加金的技术，必然和扣器有同样成就，到汉末才逐渐衰落，但生产还是能供应全国需要。

晋人奢侈而好奇，王恺、石崇辈当时争富斗阔，多不提金银珠玉，只说南方海外事物中珊瑚犀象，和新兴的琉璃。在这种情形下，自然不会以金银装饰为重。北魏羌胡贵族多信佛，用金银作佛像和建筑装饰，均常见于史传。但作衣服似和社会要求不大相合。石虎是极讲究用金银铺排场面的一个胡人，算是极突出的，史传才特别反映。西域金工做的捻金丝织物，亦必然在这个时期才比较多。南朝似乎犹保留了汉以来金银镶嵌工艺传统，常见于诗文歌咏中。但这个时代正是越州系缥青瓷在社会上普遍受尊重的时代，金银器在社会上能代替富贵，却不能代表艺术，即衣裙上用金，诗人形于歌咏，也着重在豪华，和服饰艺术关系就并不多。到唐代，豪华和艺术才正式结合起来，这从现存金银平脱和金银酒食用具在工艺上达到的艺术标准可见。但丝织物加金还不是工艺中唯一的重点。因为唐人重色彩浓丽，单纯用金是达不到这个要求的。金的装饰作用，已在丝绣织物上加多，还不至于大用。有捻金、织金等十四种方法，一般使用的是女人服饰上的泥金银绘画。

宋代丝织物用金方法已加多，但工艺重点则在瓷器、绘画和刻丝织锦。瓷器装饰金银，虽从五代吴越起始，并无什么美术价值。宋代定州瓷器，虽还用到这个传统，用金银缘边，分量已减少成薄薄一线。绘画用大小李将军作金碧山水法的赵千里，在宋人画中，即只代表一格，并非第一流。刻丝重生色花，不重加金。克金还未发现。锦缎则如前叙述，要求艺术高点在色彩配合，不在金银。宫廷中织金丝织物，或有相当需要量，一般社会对锦缎要求，必不在加金。因此加金丝织物，不可能在北宋早期有极多生产。文彦博在成都为贡谀官廷织造的金线莲花灯笼锦，近于突出的作品。南宋捻金锦已当作给金人的重要礼物，在南方大致还是发展有限。因织金固需要一套极复杂的生产过程，更重要的还是极大的消费。南宋时经济情形，是不可能如元、明以来那么大量消费金银到丝织品上去的。《梦粱录》虽提起过这个偏安江南的小朝廷，由于上下因循苟安心理的浸润，和加重税收聚敛，经济集中，社会得来的假繁荣，都市中上层社会，靡费金银的风气，因之日有所增。一个临安就有许多销金行，专做妇女种种泥金、印金小件用品，但是捻金、明金，由于技术烦琐，在当时使用还是不会太多。

织金的进一步发展，和女真人占据北中国有密切关系。

至于女真人对于丝织物加金的爱好，则和它的民族文化程度有关。金人兴起于东北，最先铁兵器还不多，用武力灭辽后，民族性还是嗜杀好酒。围攻汴梁时，种种历史文件记载，说的都是搜刮金银、掳掠妇女为主要对象，虽随后把户籍、图书、天文仪器和寿山艮岳一部分石头，也搬往燕京（这些石头最先在北海，明代迁南海瀛台）。作设都北京经营中国的准备。金章宗还爱好字画，和一群附庸风雅的投降官僚文人，商讨文学艺术，其实只是近于笼络臣下的一种手段。全个上层统治心理状态，金帛聚敛和种族压迫实胜过一切。八百年前的金代宫室布置，真实情况已不得而知。惟从《张汝霖传》称用一千二百织锦工人，工作两年的情形看来，却可以想见，当时土木被文绣的奢侈光景。金人始终犹保持游牧民族的生活习惯，除服饰外，帷帐帘幕使用格外多，建筑中许多彩画部分，在这时节是用丝织物蒙被的。大串枝花丝织物的发展，必然在这个时期。《大金集礼》载文武官服制度，和其他使用织金丝织物记载，都叙述过。元官服制度多据金制，《辍耕录》记载可知。元代的纳石失金锦，就由于承袭了这个用金风气习惯而来。《马可波罗游记》说的，用织金作军中营帐，延长数里，应是事实。

丝织物加金盛于元代，比金人有更多方面的发展，由许多原因作成。这和当时蒙古民族的文化水准、装饰爱好、艺术理解都有关系。更重要还是当时国力扩张，及一种新的经济策略，用大量纸币吸收黄金方式，统治者因而占有了大量黄金的事实分不开。如没有从女真、西夏和南宋三方面政府和所有中国人民手中及海外贸易，得来的无数黄金，元代纳石失金锦的大量生产，还是不可能的。

锦类的纹样发展，春秋以来常提起的襄邑美锦、重锦、贝锦，虽不得而知，惟必然和同时期的铜玉漆绘花纹有个相通处。到汉代，群鹄、游猎、云兽、文锦和同时金银错器、漆器花纹就有密切联系，已从实物上得到证明。传玄为马钧作传，称改造锦机，化繁为简，提花方法已近于后来织机。《西京杂记》记陈宝光家织散花绫，由于提花法进步，色泽也复杂得不可思议。唐初窦师纶在成都设计的锦绫样子，和文献上常提及的几种绫锦，从正仓院藏中国唐锦中，犹可见到对雉、斗羊、游鳞、翔凤诸式样。余如盘绦、柿蒂、樗蒲也已经陆续从明锦中发现。从这个发现比证中，得知道它和汉代已有了不同进展，颜色则由比较单纯趋于复杂，经纬错综所形成的艺术效果，实兼有华丽和秀雅两种长处。到宋代，因写生花鸟画的进步，更新的大折枝、大串枝和加金染色艺术配合起来，达到的最高水准，正如同那个时代的瓷器和刻丝一样，是由于种种条件凑合而成，可以说是空前的。时代一变，自然难以为继。

第六讲　织绣染缬

在金元之际，丝织物的生产，由色彩综合为主的要求，转而为用金来作主体表现，正反映一种历史现实，即民族斗争历史中，文化落后的游牧民族武力一时胜利时，就会形成一种"文化后退"现象。这种文化后退或衰落现象，是全面的，特别属于物质文化和人民生活密切关联的工艺，每一部门都有影响的。也只有从全面看，才容易明白它的后退事实。若单纯从丝织物加金工艺史发展而言，则元代纳石失金锦，依然可以说是进展的，有记录性的，同时还是空前绝后的。因为如非这个时代，是不可想象能容许把黄金和人力来如此浪费，生产这种丝织品，使用到生活各方面去，成为一部分人最高美的对象的！

谈刺绣[1]

刺绣出于绘画的加工，使用到纺织物方面，和多数人民生活发生密切的联系。它虽起源于纺织物提花技术发明以前，却在纺织物高度发展后，还能够继续存在和发展，为多数人所爱好。就中国现存有花纹纺织物残余材料分析，约在公元前十二世纪丝绸提花技术已有相当成熟。刺绣应用到服饰及仪仗中旗帜和其他方面，时间显然还应当早些。

根据中国古文献《尚书·益稷》中记载说来，刺绣和氏族社会结合在政治上的应用，是属于半传说中的著名帝王大舜，嘱咐治洪水的大禹，为在衣服上绘绣十二种图案起始的。十二种图案是"日、月、星辰、山、龙、华虫、宗彝、藻、火、粉米、黼、黻"，通称"十二章"（前六种图案是手绘的，用于上衣；后六种图案是刺绣的，用于下裳。当时衣裳的图案花纹，手绘与刺绣并存）。这种用在古帝王衣服上装饰图案，花纹色彩真实情况虽难于考究，惟公元前十二三世纪以来，青铜器和玉、石、牙、骨等雕刻图案，多还保存下来，许多花纹图案都做得十分精美，彼此之间的关系又极显明。刺绣虽因所用材料性质不尽相同，图案花纹和这些古代工艺品却必然有一定的联系。从当时工艺图案中去探讨古代刺绣十二种装饰图案，总还有些线索可寻。《尚书》在公元前二世纪的西汉，就被当成古代重要历史文献而流传，因此"十二章"旧说，二千年来深入一般学人心中。但究竟

---

[1] 本文作于1956年秋。

是什么样子？却少具体说明。汉代部分锦绣图案，就由于反映这个传统而形成。但是极显明，历史既在不断发展中，新的创作和古代花纹是有距离的。公元前一世纪的时期，有个宫廷官吏史游，贯串前人旧作，用三七言韵语写了个通俗读物《急就章》，曾提起些丝绸锦绣花纹。虽只二千年前事情，经后来学者研究注释，由于孤立地引书、注书，不结合实物分析，还是不容易明白。直到近半世纪，在西北地区发现许多汉代锦绣后，这部门知识，才比较具体。用它和同时期工艺纹样相互比较，又才深一层明白它的成因，大约可分作三部分：一属周代以来旧有样式，二受当时儒家传说影响，三受汉代流行神仙思想影响。至于公元三世纪后帝王服饰种种及十二章图案，却近于二世纪以来学者附会旧说而成，《帝王图》前后延续千余年，累代各有增饰。例如唐人作帝王图所见，除肩部图案日中三足乌、月中蟾蜍，系本于汉代传述旧样，其余花纹多去古日远。至宋《三礼图》所见十二章，则和六朝以来又隔一层了。明程君房《程氏墨苑》玄工卷一下《有虞十二章图》则本于宋《三礼图》。

还有个历史文献《禹贡》，曾提起中国古代九州物产，若干地区养蚕和生产起花丝织物，每年纳贡。文献产生时代虽可疑，惟说及丝绸主要生产在山东、河南一带，却和公元前三世纪文献说的"锦出陈留，绣出齐鲁"情形相合。

中国古代文献记载锦绣比较具体可靠的是公元前四、五、六世纪的《诗经》《左传》《国语》《礼记》《考工记》《墨子》《晏子春秋》……或用诗歌描写当时人衣服装饰应用锦绣的情况，或记载当时诸邦国外交聘问用锦绣作礼物的情形。《礼记·月令》曾叙述及周代蚕织染事和有关法令，得知政府曾设官监督生产。又说"画绣共职"，可知自古以来就重视设计。

战国以来，由于铁工具在若干地区的普遍使用，生产各部门都有了提高，商品贸易的流动，刺激了影响多数人生活的丝绸生产，锦绣在高级商品中，因此占了个特别位置。文学作品中，对于贵族妇女、歌舞使用绣文华美的形容，也日益加多。这时期的实物，虽因年代过久，不易保存本来色泽，却可从其他工艺图案的反映，得到重要启发。特别是这时期流行的青铜镶嵌金银器物的装饰图案，彩色华美的漆器图案，和精美无匹的雕玉图案，都必然和同时的锦绣装饰图案有密切的关系。加之近二十年来，湖南长沙战国楚墓出土大量彩绘木俑和漆器，信阳长台关出土大量重要文物，其中还有一部分提花纺织物发现，直接材料和间接材料相比较，丰富了我们许多知识。比如照《礼记》所说，天子诸侯棺木必加黼绣盖覆，河南辉县出土彩绘朱漆棺，上面图案就是记载中的黼纹形象。另一出土漆鉴花纹，则在公元前二世纪出土锦绣中，还有相似图案发现。燕下都出土花砖的图案，更是标准黼绣纹样。汉儒注黼纹为"两弓相背"，从当时实物比较，才知道原来是两龙纹。

公元前三世纪末，汉统一大帝国建立后，丝织物统由国家设官监督生产，齐国临淄和陕西长安，都各有千百男女工人，参加特种锦绣和精细丝织生产，供应政府需要，工艺上的成就，并且和国家政治经济都发生密切关系。西汉初年就采用儒家建议，重视政治制度排场，帝王贵族及各级官吏，服饰仪仗，起居服用，各有等级，区别显明。例如当时主持司法的御史官，平时就必需穿绣衣，名"绣衣执法御史"。帝王身边又有一种"虎贲"卫士，也必需穿虎豹纹锦裤。官廷土木建筑生活起居用锦处甚多，在宫中直宿的高级官僚，照例用锦绣作被面。著名将军霍去病死去时，政府给他的殉葬用绣被，就达一百件。官廷贵族一般歌妓舞女，服饰更加纹彩炫目。据《汉旧仪》称，武帝时于通天台祀太乙岁皇，即用童男女三百人衣绣衣，于高及数十丈的建筑物上歌舞，通宵达旦。逐渐到豪富商人，除身衣锦绣，出入骑马乘车外，还有用锦绣作帐幔、地衣的，致政府不能不用法令来禁止，直到豪富大商人，鬻卖奴婢的也有用锦绣做衣边，脚穿五色丝履的。正不啻为当时谚语"刺绣文不如倚市门"作一注解。所以政府有法令"禁贾人不得衣锦绣乘骑"。这种种又反映出另外一个问题，即丝绸产量之大，和它在商品市场上所占地位的重要。特别是对于西北居住各游牧族和海外各古国，文化交流锦绣就占有个重要地位。因为好衣着锦绣的风气，不仅仅是长安和其他大都会贵族和商人的风气，同时远住中国西北部的匈奴族和其他部落胡族，也都喜欢衣着锦绣。文学家贾谊在他的作品中就说过，每来长安，族长必衣绣，儿童也衣锦。大历史学家司马迁著《史记》，还说起政府每年必从长安运出锦绣八千匹，作为对于匈奴统治者的礼物，其他赠予还不在此数内。张骞探索西域交通归来时，得知川蜀方面早已有布匹运往印度诸国，此后长安也有大量锦绣和生丝，由西北运往大秦（古罗马）、波斯和印度，开辟了"丝路"。同时大秦、印度所织的缕金绣、胡绫，及各色毛巾，和中国西北部诸族所特产的毛织品，也到了长安（见《魏略》）。促进了中国和世界文化的交流，促进了中原地区和边沿地区的物质交流，原来首先就是这些出自多数劳动人民生产的成就。

近半世纪来，科学考古工作者，在中国西北部发掘古墓和居住遗址中，不断发现公元前一二世纪精美丝织物，有些锦绣出土后还色彩鲜艳如新。死尸还有用锦绣缠裹一身的。至于这种特种丝绣价值，有个经济史料名《范子计然》，曾道及当时山东生产的锦绣价值：

齐细绣文，上等匹值二万，中值一万，下值五千。

至于普通绸绢每匹价不过六七百钱，比较说来，锦绣约高过一般绸价二十五倍。

刺绣纹样作不规则云纹和规矩花纹部分还和公元前三四世纪工艺图案相近。在蒙古人民共和国诺因乌拉古墓中发现之锦绣，和在新疆沙漠中出土之锦绣和在关内怀安发现的刺绣图案风格基本上都相同。又在诺因乌拉古墓中发现之毛织物，上有三个匈奴骑士绣像，骑士所披衣衫花纹图案，也是公元前三、四世纪金银错图案。

公元后二世纪到六世纪，在中国历史上是一个南北分裂政治纷乱的时期，黄淮以北各地区，由于长期战争，生产破坏极大，丝绸的生产已失去汉代的独占性，长江上游的四川蜀锦，因之后来居上，著名全国。又由于提花技术的改进，彩锦种类日益增多，从晋人陆翙著《邺中记》，记载石虎时在邺中织造诸锦名目和衣饰用绣，和新发现汉代锦绣比较，才知道大部分花样还是汉代本有的。从晋人著《东宫旧事》，循复《山陵故事》及其他文献记载，又得知一般提花织物，种类已有增加，刺绣在应用上也得到新发现，显著特征有二类：一即写生花鸟图案，逐渐被采用。其次，即这时期佛教在中国各地流行，由于宗教信仰，产生了许多以佛教故事作题材的大型绣件，精美的还用珍珠绣成，有高及六七公尺的。当时的洛阳和金陵（今南京），都各有数百座大庙宇，也和宫廷一样，使用大量锦绣作为装饰，豪华程度为后世少见。青年男女恋爱，用锦绣互相赠予之事常见于诗人歌咏中。实物遗存虽然不多，反映于云冈、龙门各地重要洞窟石刻装饰部分，却十分丰富。特别重要是在甘肃敦煌壁画中属于藻井、天盖、帷帐及衣饰部分，充分反映出这一时期（约三个世纪）刺绣图案组织壮丽和彩色华美。

公元后七世纪的隋代，重新建立了统一的帝国，到第二王朝即非常奢侈，音乐歌舞广泛吸收了西域各民族成就，及中印度成就，大朝会日曾集中音乐舞部二万八千人于洛阳，歌舞连月，并悬锦绣于市，炫耀胡商蕃客。又使用人力过百万，建造了贯通南北大运河，乘坐特制大型龙舟由北向南，船上所用帆缆，多用彩色锦绣作成，连樯十里，耀日增辉。隋政权不久即为农民革命所倾覆。

接着唐大帝国的建立，从各方面都反映出这个时代文化特色，是健康饱满，鲜明华丽，充满青春气息。当时不仅代表宫廷皇权的服装仪仗，大量使用色彩壮丽的锦绣，即一般民间，对于刺绣需要也极广泛。当时锦类配色已极华美，各地生产的花绫品种更多。妇女在花素衣裙上加工的，约可分作四类：

一、印染。

二、金银粉绘画。

三、彩绘。

四、刺绣。

普通衣裙刺绣小簇花是常用格式，串枝写生花式也日渐流行，花中还杂有常见到的形态特别轻盈活泼的蜂蝶雀鸟。这种配合使用又多和青年男女爱情喻义有关。政治或宗教上用到的刺绣，有大及十公尺以上的。歌舞上画绣服装更是色彩富丽，排场壮大。有一个宫廷艺术家李可及布置一次

"叹百年舞"的舞蹈场面，背景和地面耗费绸绢竟到数千匹。唐代历上一个著名奢侈皇妃杨玉环，个人平时即用绣工八百人，其姐妹共用绣工千人，相习成为风气，反映刺绣在社会上的普遍应用情况。十九世纪末，在中国西北部甘肃敦煌石窟中发现的大量中世纪古文物中，就有一部分这种精美丝织品，包括佛幡和佛像等物。当时帝王为壮观瞻，六军卫士衣甲鲜明，部分多用绣画，男子的衣饰虽然只能照品级着本色花鸟绸缎，但当时男女均习惯骑马，马身装具障泥，必用锦绣做成。中等社会妇女衣裙，刺绣花鸟更是一般风气，在绘画中和诗人作品中都反映得十分具体。

当时服装部分采用受波斯影响甚多的西域式样，衣多作方斜领沿，上绣彩色花鸟，后来明、清领沿装饰，就是从这个习惯发展而成。唐代以来，在社会各阶层间——特别是上层社会，绣花已被当成一种文化娱乐，画家作的《纨扇仕女图》(《倦绣图》)，反映的就是这种生活。

十世纪的北宋刺绣，在题材上进一步的新发展，最显著的是把著名画家花鸟反映于各种绣件中，使花鸟更趋于写实。其次是技术上的新发展，介于刺绣和编织物的刻丝，反映当时著名的绘画和墨迹，也在社会上当作纯工艺品，而创造得到社会的重视。宋代皇帝为增加政治上的排场，曾组织二万八千人的一个仪仗队，穿着五色锦绣花衣，扛着各种武器、乐器和五色彩绣的旗帜，在皇帝出行时排队护卫，名叫"绣衣卤簿"。某种品级职务的穿某种颜色锦绣，扛某种锦绣旗帜，记载得极其清楚明白。高级文官和武将，于大朝会日，必须穿上政府每年赐予的锦袍，这些华美袍服是各按官品等级作不同花纹的。妇女衣绣更普遍，流行的绣领、冠帻、抹额，有各种不同花样。讲究的还用真珠络结。宫廷坐具椅子和绣墩以及踏脚的小榻也用真珠络结。金线绣也极流行。当时在首都汴梁（今河南开封）城中以建筑壁画著名的庙宇大相国寺两廊，售卖绣货的聚集成市，最受欢迎的是庵堂中女尼绣的服饰用品。皇后的衣服上的成双雉鸟，照规矩是五彩线绣成的。坐的椅子靠背，是用彩色丝线和小真珠绣成的。平民也喜爱刺绣。逢年过节，做母亲的多把小孩子穿戴绣花衣帽，装扮得极其华美。刺绣技法上精细至极的综绣——发绣，虽传说创于唐代卢媚娘，能于方尺绢上绣《法华经》七卷，其实这种细绣技法如联系其他工艺图案分析，到宋代才有可能产生。北宋末又还流行一种本色绣，现称一色绣，曾见于诗人陆游《老学庵笔记》中。宫廷绣虽向纤细精工方面发展，民间绣则布色图案比较健康壮美，这是从同时期陶瓷器铜镜子花纹和其他工艺的花纹反映可以推测的。宋代民间瓷中的"红彩"就是根据刺绣需要发展而成的。这时期由于捻金线技术的进展，织金锦类和金线绣也都盛行，据王栐著《燕翼诒谋录》所记载，当时在妇女衣裙上使用金银加工技术，即已达到十八种。和北宋时占据中国东北部的契丹"辽"政权，就用法令制定金线绣鹅、鸭、水鸟定官职尊卑。占据西北的党项"西夏"政权，统治者不论男女，也多服绣衣。十一世纪后在中国华北建立"金"政权女真族统治者，本于游牧民族习惯爱好，男女仍多喜爱锦绣衣服。当时在北京建都，为装饰一宫殿即用织绣工人二千，经时二年，始告完成。捻金织绣素来为回鹘工人所擅长，十二世纪在继续发展。

到十三世纪蒙古族统治中国政权百年中，因官制中重要朝会，皇族贵戚及大官吏，都必须衣着金色煌煌的"纳石失"金锦帽，和用金锦织绣做衣领边沿等的袍服，因之这部门技术更有显著进展，几乎丝织物中的纱、罗、绸、缎，都有加金的，金代即已如此。蒙古游牧民族长住沙漠中，喜欢穿强烈的色彩，也影响到一般工艺品的色彩风格，锦绣更加显著。花纹图案一般说来远比宋代强烈粗豪。十四世纪的明代初期，还继续受这个风格的影响极其深切，表现于一般刺绣和刻丝，用色华丽而沉着。但从十一世纪北宋末期以来，北方定州、汴梁等处高级手工艺技术工人多逃往长江以南，雕漆、刻丝很显然对于南方工艺都发生了较大的影响。雕漆工人在嘉兴寄居后，元、明以来即出了几个名家高手。张成、杨茂和漆工艺专门著作《髹饰录》作者黄成，都是嘉兴漆工。

刻丝工南宋以来也出了几个名手，朱克柔、沈子蕃是其中最有代表性的两个人。此外还有吴煦等许多人。刻丝得到社会重视后，技术传授日益普遍，因此到明代中期，苏州爱美妇女，有费时经年作一衣裙穿着的。

中国在长江下游地区大量种棉于公元十二三世纪，棉布生产当成商品普遍流行国内，始于十四五世纪。民间染坊在棉布上印花技术的发展，和民间挑花技术在棉布上的应用，大都也在这个历史阶段中。时间近，文献记载也比较详尽。更重要还是十五世纪一个著名权臣严嵩，因贪污，全部家产被没收时，曾留下个产业清册，记载下数以万计的贵重字画、金银器和工艺品的名目。工艺品部分拍卖时，还有折价银数。其中锦绣丝织物也达数千种。根据这个重要文献，让我们对于当时锦绣丝绸有了初步认识。用它来结合现有数以万计的明代锦绣残余遗物研究，明代锦绣问题，因之更加明确具体。特别官服衣料应用洒线绣法是过去人从文献难得其解，惟有接触实物才明白的。现存材料最完整而重要的，是山东曲阜孔子家中收藏的部分材料，和北京故宫博物院和历史博物馆藏材料。

明代是个都市市民阶层抬头的时代，苏州刻丝部分改进发展到妇女费时经年来做衣裙，刺绣自然也日益向普遍方向上发展。除一般衣物用丝绣外，还有两种近于新起的风格产生，在社会上得到一时重视，一种是用细如胎发的材料，如白描画法一般绣故事人物。它出现也不是突然的，产生有个历史渊源的。是由唐、宋以来吴道子、李公麟的白描画，发展到十三世纪的元代王振鹏，明代的丁云鹏、尤求，在绘画技法上就自成一格。这种白描画更因木刻版画直接受它的影响，产生过千百种通俗小说和戏剧精美的插图。又由于制墨需要，产生制墨名家程君房、方于鲁等，作品中千百种精美墨范，在中国版刻史上就占有一个特别的地位（多安徽刻工）。在刺绣部分则产生发绣，当纯美术品而创造。其次是当时文人画中正流行一种重韵味的简单水彩画，如董其昌、陈道复等所绘的条幅，苏州绣工常用来作刺绣底稿，一般多在白绫地上面用错针法或铺绒法绣成，在明代刺绣上也自成一种风格。第二种是明末上海顾氏露香园绣，彩绣写生花鸟屏条册页，有些据宋、元花卉草虫册页画卷，有些用明代画家陆包山等花鸟画稿，间或也有用徐青藤水墨花卉作底本的。用针逼真细密，配色华美而又准确，发展了刺绣中精细逼真特长，在作品中充满生意。本属于一种艺术上的提高，后因爱好的多，于是当成一种高级美术商品而流行，彼此模仿，不免真伪难分。这种刺绣比发绣和仿文人画的水墨绣，更加容易为群众接受，因此特别得到发展，并影响到十八、十九世纪和后来一部分苏州绣法。刺绣本属于中国社会妇女日常课艺，除专工制作的高级美术品和部分美术商品，大多数生产，是处于妇女处理家事之外，或生产工作余暇，自作自用。有些地方，照社会风气，亲友结婚，即常邀约亲友邻伴，置办嫁妆，参加工作的，照习惯也不受物质报酬。作品虽有精粗，都不属于商品性质。例如日用品之一，收藏青铜镜子的镜套，就有各式各样具备，多产生于社会各阶层妇女手中，是美术品而非商品。这种圆形绣花镜套，到十八世纪玻璃镜子流行后，就再无使用的。十七世纪遗物还留下很多精美作品，特别重要是从这部分作品可以明白明代刺绣种种不同古代技法。

十七世纪末，中国政治进入一个新的阶段，以李自成、张献忠等为首的巨大农民革命，虽推翻了腐朽的明代统治政权，居住东北的满族却得到汉族中大地主官僚帮助，统治了全中国。到十八世纪初，社会生产不断发展，刺绣因配合政治制度和社会习惯发展，进入一个新的历史阶段。社会中层以上，官制中大量使用刺绣。宫廷中的仪仗、车轿、马具，凡利用纺织物部分，都需用刺绣。生活起居日用器物，由床榻、座椅、桌围、幔帐，到挂屏、楹扇心，大小官吏身边携带的烟荷包、香囊、扇套、眼镜盒子、名片盒……更无一不利用刺绣。即一般农村妇女，也无不在工作余暇，制作各种刺绣。工作时最重要的当胸围裙，就各有不同风格的彩绣或挑花绣，此外头巾、手帕、衣袖、裤脚，以至于鞋面，无一处不加上种种花绣。由于民间刺绣花样需要广泛，间接且刺激了民间剪纸的生产，成为乡村手工艺一部门。虽参加这部门生产的人数并不多，却自成一个单独行业，为中国农村中巧手艺人所独占，作品丰富了广大农村人民的生活，花样丰富并且充满地方风格，特别是中国西南地区的成就，更加显得丰富多彩。直到现代，还留下万千种颜色华美的图案，通过八十岁白发如银老祖母的记忆，传给十二三岁初学针线的年少女子。

这个历史阶段由于戏剧的发展，除全国各都市保有不同数量的剧团，即乡村也常有流动剧团，来往各处，对于戏衣需要的旗帜、衣甲、帷帐道具，数量也相当大，因之又刺激了戏衣刺绣业的发展。北京和苏州是两个主要生产区，西南的成都和广州，也有这个企业的存在。就总的方面说来，全国刺绣需要量之大，在历史上也是空前的。土制印花布的普遍流行，和有花丝绸后起的漳绒大量生产，刺绣在人民生活的需要量，还是无比庞大。除吸收了家庭妇女业余劳动大部分，都市中则为适应这个需要，生产机构还分门别类，例如衣服和佩带绣件，就各自成一种行业，各有专店出售。纯粹作观赏用的美术刺绣，由露香园顾氏绣创始，到十八世纪乾隆时期，有了新的发展。精美的花鸟刺绣，多用当时写生花鸟画家蒋廷锡等画幅作底稿，色彩华美，构图典雅，具有浓厚装饰性。花朵一部分或鸟身某部分，还穿缀小粒真珠和珊瑚珠子，增加装饰效果。宫廷用三蓝绣配色法，也从这时期确定影响到应用刺绣一般色调和风格约两个世纪。大件如宫殿中的三五丈大毛织物龙凤绣毯，小的如洋绉绸汗巾上绣的小朵折枝花，都采用过这个以三蓝为主调的配色法。彩绣中组织规模宏大可称近三世纪代表杰作的，有故宫博物院收藏的清乾隆大幅刻丝加绣《无量寿尊佛像轴》，宽达307公分，长达620公分。设计之精巧，布色之华美壮丽，都达到了近十世纪以来织绣艺术最高水平。这种织绣品的制作，必须使用大量人工物力，费时数年才能完成。又有在二丈大织金锦上，用真珠珊瑚等绣成种种图案，作为庙宇塑像披肩的。这时期帝王日常穿着朝服，取材也极精美，刺绣花纹更加华丽炫目。有用孔雀翎毛捻线织成袍服，上缀大小真珠作云龙花鸟的，可作一时代表。至于美术刻丝绣，则长幅山水卷子的制作，是新发展。到十九世纪晚期，流行通身一枝花妇女长袍料时，也有用刻金银绣法做成的。

二十世纪初，人民革命结束了最后一个封建王朝的政权，衣服制度一改，因之近三世纪以来的这个庞大刺绣业，自然即衰落下来，全国各地积累下来的万万千千精美丝绣，不是当成废物毁去，也就是当成废物处理，或改作其他用途。最多的是把乾隆以来流行二百年的妇女宽大衣袖部分和裙上装饰集中部分，改成小件方幅，向海外输出。在当时商人眼光看来，即是废物利用一个最有效方法，因此近半世纪中，前卅年，北京手工艺美术品输出品种中，这种改造加工丝绣品，历来都占有一个相当重要的位置，还为此产生一个规模相当庞大的改制加工行业，专做这一部门的刺绣输出贸易。一般欧洲人对于中国刺绣的印象，是从这部分作品起始的。在这个时期，京、苏刺绣业和成都、广州及其他省市刺绣业，仅戏衣刺绣业还保留一部分生产外，其余当成商品生产的日用刺绣，由于需要不多，不免一落千丈。加之外来机制印花标布的推销，不仅妨碍中国纺织工业的生产，同时还把大都市仅存的刺绣行业，也大部分打垮了。大都市刺绣业虽一蹶不振，惟因外销刺激，南方又还有千万海外华侨需要，因之广东新刺绣，在出口日用美术手工艺品部门中，还占相当大比例。苏州、上海地区生产刺绣日用品，占相当大比重。枕套和观赏品镜屏类，供新家庭采购作礼品的，在国内逐渐回到一定市场。广东汕头、山东烟台的麻布茧绸单色绣和彩色挑花、贴花等餐巾、台布、睡衣等，由于物美价廉，输出生产数字，因之在逐年上升中。湘绣虽属后起，系从十九世纪末国际展出中引起注意，逐年发展，生产被面和花鸟挂屏，在国内曾有大量供销。广绣本来有个较早的传统，十九世纪以来成品习于用百花杂鸟同置一绣件中，布置设计和中国画传统要求不同，然而用针绣细密而色彩华艳，另具一种风格。到本世纪后，这个传统风格已失去，新的外销多种多样，有一种在黑白绸地上用红色线绣小折枝满地花的，多供外销做披肩桌毯，绣法也受外来影响较大，和传统广绣风格少相似处。湘绣较先本从写生花鸟着手，惟底稿多取材于一般流行画幅，受晚清上海画派影响相当大。用色较重，针线较粗，写生中有写意底子，花色本宜于观赏挂屏的，多用于日用品中之枕套、被面上，这些都指的是经常有数以千计的绣工在生产有商品性的刺绣而言。至于以新的技法，创造新的美术刺绣，个人中在这时期特别有成就的，应数十九世纪末江南女子余沈寿作的丝绣人像和其他写生花。绣像法本来传说公元前三世纪即已使用到，在蒙古汉代匈奴族贵族古墓中，曾发现在公元前二世纪丝毛绣人像数种，就中有作二匈奴骑士形的，针线虽简单，神气却极生动。公元三世纪后的晋南北朝时，多用于佛像。《洛阳伽蓝记》曾叙述过这种用珠绣和织成佛像。八世纪后有作四天王等大绣像的。公元后十世纪以来，又有在大和尚所着扁衫上绣作千佛诸神，作法事的，披上表示宗教庄严的。这种方法且沿袭下来，直到十九世纪不废。十四世纪到十八世纪，佛教密宗教佛像盛行，布色浓厚，组织绵密，用刺绣法表现，效果有极好的。十四世纪以来流行的八仙和南极寿星凑成的"八仙庆寿"因道教流行，也得社会爱好，把八仙绣像绣于帐子类作祝寿礼物的，已成为社会习惯，流行直到十九世纪，且使用种种不同绣法来表现。绣法中的堆绫贴绢法，七八世纪的唐代即已盛行，是把杂色绫绢剪成所需要的人物鸟兽花枝形象，下填絮锦，钉绣于红白丝绸底子上，形成一种彩色浮雕的效果。这种绣法用于明、清两代的，多和人像发生关系，和麻姑献寿、八仙或和合二仙等民间通俗吉祥主题有关。又十八九世纪以来，妇女衣裙上绣工加多，即夏天纱衣，也有加工极细上绣团花作麻姑献寿、渔樵耕读、西湖十景，或《西厢》《三国》戏剧小说故事、人物生活形象。虽人物大小不到三寸，也绣得眉目如生，针线一丝不苟。惟这种种多从服装装饰效果出发，极少从人物本身写真艺术出发，因此中国传统的写影法，虽流传千年不废，十五六世纪以来，还留下许多具有高度艺术水平的人物画像，却极少是刺绣表现的。直到十九世纪末，时正流行照相放大炭画法，余沈寿才用人像作题材，绣成几幅重要人像，这种绣像送到国际展出时得到成功后，余沈寿之名才为世人知道。但由于摄影艺术的进展极速，先是在放大照相上加色技术不断进展，其次是天然色彩的发明，同时油画作人像法流行，绣人像艺术，因之近半世纪以来并无发展，余氏绣法也少后继者。直到解放后，近五年来，才又有上海王氏五姐妹用剪绒绣法作人像，得到新的成功。就题材说为旧传统，就技术说则为新创造。

日本帝国主义侵略中国，引起世界第二次大战爆发时，中国沿海和内地几个地区的刺绣生产，大部分都被破坏。

解放后，人民政府对于工艺美术的发展，给予特别的重视。刺绣、地毯、烧瓷、景泰蓝、雕漆和刻玉、雕牙等，对外文化交流发生良好作用的手工艺的发展和提高，都十分关心。由调查作有计划的改进工作，近来并且进一步组织工艺研究所来促进这部门工作。就中生产地区分布特别广，种类特别复杂，从业人员数特别多，应数刺绣一项。据手工业管理处和美术服务社初步估计，仅从几个大区初步调查，直接或间接参加生产的妇女，已达十万人。因此企业的发展和生产存在的各种问题，也就格外值得重视。近数年来，由于国内外需要量日益增加，地区部门生产，因之形成一种新的高潮。而生产什么？生产设计部门如何提高？也就是在各方面都成为一个问题。政府在国务院行政系统下特设立一全国手工业管理局，和中央美术学院工艺系扩大为工艺学院，又另设一工艺研究所，就是企图来解决手工艺各部门的问题，而刺绣无疑是一个更加值得重视的问题。如何从现有人力技术基础上，和传统优秀艺术基础上，好好结合起来，组织这部门生产，改进这部门生产，来供应国内外需要，很显明是各方面都十分关心的。

新的改进工作，有显明进步的，是现代花鸟画家的作品，已在各地区由有经验工人试验中用刻丝法、结子、琐丝法、铺绒通绣法，制作出许多新作品，在国际展出中得到世界万千观众的好评。又把这些多样绣法作日用品刺绣生产，更获得广大人民的爱好。又流行于民间的各种绣法，特别各地挑花绣技法和精美图案，也有一部分起始试用到新的生产上来，供应市场各方面需要。这部分无疑还在日益扩大它生产的范围。总的说来，新的刺绣企业的前途发展是充满希望的。除企业性的刺绣外，还有长江流域及西南兄弟民族广大地区流行的日用刺绣，一般都是妇女工余的非商品性生产，其中一小部分，虽然也在乡镇市集中出售，依然近于交换生活资料形式，和大都市中集中千百工人在一定计划中进行的定量生产情形完全不同。至于农村社会主义合作化后，这些剩余劳动力的生产，是否在短时期内能组织起来，投入有计划生产，还是一个值得研究的问题。部分居住比较集中的地区，大致是做得到的。这种新的组织，无疑将可以增加大量生产，但同时也无疑是一个相当烦琐的工作。待从部分重点地区作些试验，来慢慢推动，不宜于过分冒进。

第六讲　织绣染缬

谈染缬——蓝底白印花布的历史发展 [1]

丝绸印花古代名叫"染缬",加工技术种类多,各有不同名称,后来发展成蓝底白印花布的一种,宋、元时就材料说名"药斑布";就染法说名"浆水缬"。转用到棉布印染,成一般性流行商品时,必然是在明代松江棉布大量生产以后,但其发轫也许会早至公元前,可联系到西南地区织作的白叠、栏杆布上头去。白叠布用木棉织成,栏杆斑布似有织有染,在汉代和西北生产的细毛织物"罽"及"氍毹""毾㲪"同样受人重视。印花丝绸现存较早材料是长沙战国楚墓一件被面,花纹不详悉。其次是西北出土的一片晋代成品,上印重叠斑花,如照唐、宋名称,应名"玛瑙缬"。晋缥青瓷作褐斑花的,即和当时染缬纹相通。近于仿染缬而成。

染缬的缘起,《二仪实录》以为:

> 秦汉间始有,陈梁间贵贱通服之。隋文帝宫中者,多与流俗不同。次有文缬小花,以为衫子。炀帝诏内外官亲侍者许服之。

此书记载史事常多以意附会,不可尽信,惟谈及染缬在六朝流行,隋代官中受重视,还不太荒谬。《搜神后记》曾提及染缬事。唐人记载称代宗宝应二年,启吴皇后墓,有缯彩如撮染成作花鸟之状。小说则以为,玄宗柳婕

---

[1] 本文原载1958年《文物参考资料》第9期。

妤妹，性巧，因发明花缬。

《云仙散录》记：

郭元振落梅妆阁有婢数十人，客至则拖鸳鸯缬群（裙），参一曲。

白居易诗"黄夹缬林寒有叶"，又说"成都新夹缬"，就实物和文字联系分析，可知染缬盛行于唐代，技术也成熟于唐代。唐代丝织物加工，已使用过种种不同的复杂技术，大致可分成两大类：

第一类包括色彩复杂的文锦和两色花或本色花的绮、縠、绫、罗以及花纹突起的"剪绒"，薄如烟雾的"轻容""鲛绡"纱。这些丝织物除剪绒外，其余加工方法，都是在织机提花过程中一气呵成。

第二类包括各种不同的"刺绣"和"贴绢""堆绫""泥金银绘画""染缬"等等。加工方法都是在丝织物成品上或衣裙材料成品上，另外通过复杂手续完成的。

唐代中等以上人家妇女的衣裙和家庭日用屏风、幛幔，多应用染缬。现存材料有重要参考价值的，应数甘肃敦煌和新疆发现品，以及日本正仓院部分藏品。从这些材料分析，得知唐代至少已有三种染缬技术普遍流行，即蜡缬、夹缬和绞缬。

一、"蜡缬"，就是我们常说的"蜡染"。它又分单色染和复色染两种。复色染有套色到四、五种的。因不同颜色容易相互浸润，花头多比较大，无论是串枝花或团科花，构图饱满，特别宜于作幛子帘幕。元、明时流行的通俗读物《碎金》中记过九种染缬名目，有檀缬、蜀缬、撮缬（即撮晕缬）、锦缬（当指方胜格子式，如旅大所藏残佛幡，现在历史博物馆陈列）、璺儿缬、浆水缬、三套缬、哲缬、鹿胎斑（即宋之鹿胎）。内中说的"三套缬"，大致就指这种生产品，名目似乎也是民间通称，因为根据元、明文献记载和明初丝织物分析，元、明人实在已不生产这种高级印染丝绸。近来常听人说现代西南蜡染从唐代蜡缬发展而出，事实或者正相反。西南蜡染原有个更久远的传统，应从木棉织物的栏杆斑布算起。唐代蜡染技术上的成就，绝非某人发明，很可能是从西南兄弟民族方面传入中原加以发展的结果。到宋代中原蜡染技术在应用上已日趋衰退时，西南民间却依旧流行蜡染，名"点蜡幔"，和广西黎、瑶族精美提花棉布"黎单"同为人民爱好。又朝鲜在唐代从中国传去的染缬法，北宋时也还流行，应用到普通幛子类。

《高丽图经》二十八：

> 缬幕，非古也，先儒谓系缯染为文者谓之缬。丽俗今治缬尤工，其质本文罗，花色即黄白相间，灿然可观。其花上为火珠，四垂宝网，下有莲台花座，如释氏所谓浮屠状。然犹非贵人所用，惟江亭客馆于属官位设之。

染缬由于技术条件限制，图案纹样和锦缎多不相同，即同一种图案，和色效果也不一样。唐代蜡染的图案式样，除实物外，在绘图中还有些线索可寻，例如宋徽宗摹张萱《捣练图》中，有两三位妇女衣裙，就属于染缬中的蜡缬或夹缬。《虢国夫人游春图》中，也有几个骑马人衣服是蜡缬，不是锦绣。史传称：开元天宝之际，杨氏一门得宠，小器易盈，争学奢侈，贵妃用刺绣工七百人，杨氏诸姨则用金、玉、锦、绮工达千人。记载虽容易夸张失实，但由于当时统治阶级的奢侈靡费，形成一种社会风气，染缬的花样翻新，可能和这个时期关系格外密切。此外唐陶俑表现着染缬的也相当多，唐三彩常用的花斑和宋人所说的"玛瑙缬"，技术处理实有相通处。敦煌壁画中佛菩萨的穿著、经变故事和供养人的部分穿著，以及藻井、屏风、幛幔上都还保留下许多重要参考材料，值得我们注意。

唐代不仅妇女衣裙用染缬，男子身上的袍袄同样有使用它的，如《张议潮出行图》中的兵卫、仪从、骑士，身上穿红著绿，染缬就占相当重要分量。北宋帝王出行，身前有两万多御前步骑队伍护卫，照《宋史·舆服志》和周必大《绣衣卤簿图》记载，其中一部分就必须著某种花鸟兽染缬团衫。这种染缬团花小袖齐膝袄子以及花缬帽，还是根据唐"开元礼"制度而来的，可知开元时就有用染缬做军服的制度。又敦煌晚唐《劳度义斗圣图》中几个举袖迎风的妇女和另外坐在一旁几个披袈裟的罗汉僧徒，也同样有著染缬的。女的身上所著名叫"团窠"缬；罗汉身上披的袈裟，作水田方罫山水纡折纹的，照唐、宋习惯应当叫作"山水衲缬"。水田衣的使用，当时算是一种时髦。

二、"夹缬"的制法，是用镂空花板把丝绸夹住，再涂上一种浆粉混合物（一般用豆浆和石灰做成），待干后投入染缸加染，染后晾干，刮去浆粉，花纹就明白现出，宋人笔记说的"药斑布"，《碎金》说的"浆水缬"就指这一种。说它是蓝底白印花布的前辈，大致是不错的。这样作成的染缬，花色必浅于其他部分；如用花板夹住，直接于镂空处用颜色刷染，花色就深于其他部分。后者虽也叫染缬，但材料可并不曾入过染缸（三套缬中可能也有用刷染法加工的）。这种染缬必用花板，较早的记载有北宋张齐贤著《洛阳缙绅旧闻记》称：

> 洛阳贤相坊，染工人姓李，能打装花缬，众谓之李装花。

其次是《宋史·舆服志》载政和二年诏令：

> 后苑造缬帛，盖自元丰初置为行军之号，又为卫士之衣，以辨奸诈，遂禁止民间打造。令开封府申严其禁，客旅不许兴贩缬板。

到南宋后已解禁，所以朱熹文集中攻弹唐仲友文即说到假公济私，用公家缬板染私人彩帛事。又《梦粱录》谈临安市容时，说到许多彩帛铺，所谓彩帛，部分即印花缬帛。

用此法印到布上的名"药斑布"，相传出于宋嘉定中归姓，《图书集成》引旧记称：

> 药斑布出嘉定及安亭镇，宋嘉定中归姓者创为之。以布抹灰药

而染青，候干，去灰药，则青白相间，有人物、花鸟、诗词各色，充衾幔之用。(《图书集成》卷六八一，苏州纺织物名目)

这种印花布，明清之际又名"浇花布"，同书松江条称：

药斑布俗名浇花布，今所在皆有之。

又夹缬和蜡缬用同一技术加工的，有《岭外代答》所记"傜斑布"：

傜人以染蓝布为斑，其纹极细。其法以木板二片镂成细花，用以夹布，而熔蜡灌于镂中，而后乃释板取布投诸蓝中。布既受蓝，则煮布以去其蜡，故能受成极细斑花，灿然可观。故夫染斑之法，莫傜人若也。

傜人……或斑布袍裤。妇人上衫下裙，斑斓勃蔚，惟其上衣斑纹极细，俗所尚也。

三、"绞缬"，是把成匹丝绸或衣裙成品，照需要把某部分用线缚着、缝着或作成一定襞折，用线钉固，染后晒干，再剪去线结，就自然形成一定图案，有蝴蝶、海棠、蜡梅、水仙等等简单小簇花样。最简便的是唐人所谓"鱼子缬"，比较复杂的则为"撮晕缬"。宋人笔记所谓"撮晕花样""玛瑙缬"，《碎金》中提起的"鹿胎缬"，大都和这种染缬分不开。一般说来，绞缬做法比较简便，并且能随心所欲作成个人爱好的花样，不受缬板限制，因此在当时人应用上也就相当普遍。不过既然非商品生产，容许个人匠心独运，出奇制胜，又必然有人会逐渐把它作得极其精美。绞缬和其他染缬一样，也可使用套色加工。"撮晕"和"鹿胎"在北宋都特别提出加以法律禁止，反映出这类高级染缬，加工技术必相当烦琐不下于套色蜡染。

"鹿胎"似以川中生产特别讲究，观史传禁令可知。《宋史·食货志》：

> 诏川陕市买场、织造院，自今非供军用布帛，其锦、绮、鹿胎、透背、六铢、欹正、龟壳等段匹，不须买织。

又仁宗天圣时，诏减两蜀岁输锦、绮、鹿胎、透背……。景祐初……其后岁辄增益梓路红锦、鹿胎。庆历四年复减半。

撮晕虽已知为染缬类，"鹿胎"一名过去却少有人明白是什么。从比较材料分析，可推测属于染缬，花纹属于梅花斑，以紫红为主。

《洛阳牡丹记》称：

> 鹿胎花者，多叶紫花，有白点，如鹿胎之纹。故苏相禹圭宅有之。

可知鹿胎为紫地白花。

《牡丹记》又称：

> 鹿胎红者，……色微红带黄，上有白点如鹿胎，极化工之妙。欧阳公花品有鹿胎花者，乃紫花，与此颇异。

可知也有红地白斑的。

又宋人著《洛阳花木记》，说芍药中有"黄缬子、红缬子、紫缬子、白缬子"四种。可知有用芍药花样的，至少且有黄、红、紫三色。至于白缬，注明为丁叶白花，又可知花是本色，底了染绿。

又"一捻红"，系"浅红中有深红一点，易作缬"。《芍药谱》说，红色深浅相杂，类湖缬，得知湖缬系深浅红相杂。宋代工艺图案重写实，从这些花的著录中也可得到缬和鹿胎基本纹样若干种面貌。

又鹿胎紫的花纹，实创于六朝。相传陶潜著的《搜神后记》，就提到这种花缬：

> 淮南陈氏于田种豆，忽见二美女著紫缬襦，青裙，天雨而衣不湿。其壁先挂一铜镜，镜中视之，乃二鹿也。

镜中是鹿，可知身著紫缬即作梅花斑。

唐代机织工人，已经常能够织造配色华美、构图壮丽的锦缎，达到高度艺术水平。且能织金锦。用小簇花鸟作主题的本色花绫，又因为和当时官服制度相关，更容易得到全面发展的机会。染缬和刺绣虽然同属于丝绸加工，在应用上却相似而不尽同。贵族妇女衣裙、歌妓舞女衣裙，凡是代表特种身份或需要增加色彩华丽效果时，服饰加工多利用五色夺目的彩绣、缕金绣和泥金绘画。这些大量反映在唐人诗歌中。从诗歌描写中考察，我们还可知道这种高级丝织物加工的主题画案，经常用的是什么花、什么鸟和某几种常见的昆虫。这些花鸟昆虫形象和表现方法，现存实物虽不够多，可是另外却留下许多十分可靠的样稿可以参考，最重要的是大量唐代青铜镜子上的花鸟浮雕。绞缬法极简便的是十字纹样，明、清有的地方性纺织物中，还采取这种绞缬法加工。图案充分保留唐代风格的，惟西藏人民织造的五色"氆氇"，特别有代表性。

应用染缬在唐代既有一定程度的普遍性，它不会不影响到其他工艺部门。显而易见的是，它和当时三彩陶器花纹彩色的相互关系。有些三彩陶的宝相花和小簇花，都可能是先用于丝绸染缬，后来才转用于陶器装饰的。正如同一般说的搅釉木纹陶，实出于犀毗漆的模仿。

染缬多宜于用在熟软薄质丝绸上。一般染缬多用青碧地，正如《唐史》所称："妇人衣青碧缬，平头小花草履"，是某一时期流行制度。从出土三彩俑上还可看到一些青碧缬衣裙的基本式样。但唐人已习惯用红色，由退红（又名"不是红"，和"肉红""杏子红"相近）到深色胭脂红，红色实包括了许多种不同等级。部分花缬必然是要利用这不同等级的红色形成美丽效果的。古代红色染料主要是紫草和红花，宋代以后才大量从南海运入苏木。红花出西北，所以北朝以来有"凉州绯色为天下最"的记载。但到唐代红花种植已遍全国，四川也有大量生产，所以蜀锦多红地。其实唐代不仅蜀锦著名，蜀中染缬也有一定地位。唐《韦绶传》就称：帝尝过韦绶院，时天寒，绶方寝，帝覆以妃子所著蜀缬袍而去。白居易诗又有"成都新夹缬"句子赞美蜀缬。史称后唐庄宗派宦官白正嗣入蜀监军，还时得文锦五十万匹。后些时期孟昶投降于宋，库入绫锦彩帛数目加倍多。这是大量丝织物中的彩帛，照唐代习惯，是所谓染彩为纹的丝织物，也就应当包括有各种时新花纹的染缬。

染缬图案不断在发展中，但受材料和技法限制，照例保留下更多更美观简便的花样，到后来继续流行。唐、宋过渡期在五代，陶毂《清异录》称：

> 显德中创尊重缬，淡墨体，花深黄。二部郎陈昌达，好缘饰，家贫，货琴剑作缬帐一具。

由于爱好，甚至把穷书生的琴和剑都卖去，换一顶时新染缬帐子。这一面反映社会风气的影响，另一面也说明染缬的新花样。这种深色地的花缬，到北宋时还流行，后来被政府用法令禁止，技术才失传。宋锦中有"紫方团白花""褐方团白花"等等名目。按锦织不出这种花样；如从染缬去研究，则还有些线索可寻。

《宋史·舆服志》载天圣三年诏令：

> 在京士庶，不得衣黑褐地白花衣服并蓝、黄、紫地撮晕花样。妇女不得将白色、褐色毛缎并淡褐色匹帛制造衣服，令开封府限十日断绝。

诏令中举的黑褐地白花衣服及蓝、黄、紫地撮晕花样，都明指染缬。一种日用生产品由政府用法令禁止，可知成品流行必相当普遍，生产又相当费工。

北宋染缬禁令中，还有禁止"跋遮那缬"一项。初步研究知道，"跋遮那缬"指的应当是一种加金的印染丝绸。至于这种高级丝织物加工技术，是否和当时新疆金绮工有关，或者直接和隋代西域名画家"尉迟跋质那"尉迟甲僧、乙僧之父有关？我们一时还难解决。这里已涉及北宋染缬问题。前边曾提到北宋在某一时期中，曾禁止民间使用染缬，市上出售装花缬板的商人也算犯罪。这种创于五代，流行宋初，深色地黄白花的染缬，因受禁止而断绝，我们是否可从别的线索得知它的花纹图案基本调子？新出土材料特别重要的，是虎丘塔中经函中发现那几片三凤团花碧罗缬经袱。因为一切还具有唐代规格。以个人意见，直接材料虽不多，间接比较参考材料最重要的还是陶瓷，例如北方山西晋阳窑、南方福建建阳窑、江西吉州窑，几种深色黑紫釉印花点碗盏，有作银星斑的，有作黄兔毫斑的，有作玳瑁皮或鹧鸪翅斑的，有作犀皮漆中波罗斑的——特别重要是吉州窑烧造的紫褐釉印黄白花鸟三凤或方胜如意的茶盏花纹，图案组织基本上还是唐代式样，和染缬完全相通。由此启示得知当时的确必有这种深色底子黄白花的染织物存在而且流行，才同时或稍后能具体反映到陶瓷制作上。

第七讲

服饰与胡子

  服装最讲究的时代是春秋战国。不仅统治者本人常常一身华服，即从臣、客卿也是穿珠履，腰佩金玉，出入高车驷马。因为儒家说玉有七种品德，都是做人不可少的，于是"君子无故玉不去身"的说法，影响到社会各方面，贵族不论男女，经常必佩带上几件美丽雕玉。剑是当时的新兵器，贵族为表示武勇，兼用自卫，又必佩带一把镶金嵌玉的玉具剑。当时还流行使用带钩，于是又用各种不同贵重材料，做成各种不同样子，有的用铁镶金嵌玉，有的用银镶玉嵌五彩玻璃珠，彼此争巧，日新月异。

从文物中所见古代服装材料和其他生活事物点点滴滴 [1]

人人都穿衣吃饭，关于古代这方面问题，我们知识却不大具体。尽管在奴隶社会阶段，统治阶级的剥削基础，就和粮食、布帛聚敛分不开，先秦文献中还留下许多记载。不过孤立从文献求索，总不大好办，特别是关于发明与发现多不足信。文献不足征处，更不免茫然。因此历来专家学人，不外用两种态度对待：

一是"信古"，肯定旧传说，增饰新附会，把一切发明与发现都归功于个人，《古今注》《路史》《事物纪原》等因之产生。

二是"疑古"，觉得古代事难言，不加过问。影响到后来，于是人多乐意务虚，抽象谈社会结构。至于从务实出发，作探讨工作的便较少。

经过近年考古工作者共同的努力，古代人从新石器时代或更早一些起始，如何使用木、石、骨、角工具，慢慢学会种植庄稼，驯养六畜，改善定居生活条件；同时又适应这个新的需要，发明陶器，来处理谷物成为熟食。谷物类生产品种是些什么，也有了比较明确知识。而陶器则由烹煮食物进而为熔金铄石，冶炼出金、铜、铅、银、铁，生产工具因之又如何逐渐衍进。有关吃的问题，凡事从实际出发，慢慢地便理出点头绪来了。至于穿衣打扮事情，还是不大搞得清楚。现在想就出土文物，初步试来作些常识性综合分析。至于进一步深入探索，抛砖引玉，实有待海内专家学人

---

[1] 本文作于1960年前后。

共同努力！

史传称伯余作衣，又说黄帝垂衣裳而天下治。至于养蚕，则推为黄帝妃子嫘祖所发明。这种种和其他一切发明，极少有人否认过。事实上它和别的生产发明相差不多，全是由于古代人民共同需要，和自然长期斗争，劳动经验逐渐积累得来，绝不是某一人能凭空发明的！但是衣的定型制作出一定式样，在原始社会组织取得一定进展后，随同形成一种习惯，却是有可能的。

根据四川资阳人遗物中一根细长完整的骨针，我们可推想当时人就为了御寒和生产上的便利，已有了穿衣服的要求。因为针的发明是满足这种要求而出现的。如果这支骨针和其他遗物确在同一地层，那已经是过若干万年的事情了。当时穿的是兽皮还是植物纤维的布匹？我们还少知识。但是针孔相当细，绝不会是皮革割成的小条子能通过的，因此捻取细纤维作线的技术，也必在有孔纺轮出现以前，即已掌握。而布的起源，实从编织渔网得到进展，编网知识又系从蜘蛛结网得到启示，《淮南子》所说，倒还有点道理！早期的织机可能是"地机"，原物虽未发现，近年云南石砦山出土铜器上，却还留下些二千年前的式样，现代我国比较偏僻的生产落后区域，也还留下些活的标本，一般还是坐在地下织的。综、筘、梭子发明以前，提线必用手，压线则借重骨或石工具，编织较窄的腰带，牛肋骨已极得用。若织面阔及尺的布，即嫌压线不紧实。因此地下发现较长大薄刃石刀具，古代除了使用它来鞣治皮革，可能也和织机压线发生联系。后来由石到玉，进而成璋或某一式圭，则已在实用外兼有象征性。但是海南岛一类地区，却在十八世纪，还用作织布工具！琮的应用出现较晚，一般大型青云琮，多长约八寸，外方内圆，分段刻划纹道。照史志所说，为妇女所主，为祭中溜之神物。如联系纺织周代以来即称为"妇功"，而琮的应用，近人以为和织机或有一定关系，推测或许还近理。这类大型玉琮多传为周代礼器，如和织机关系密切，则显然这是一种西周以来出现的坐式竖机了。因为地机卷轴是用不上的。从琮的出现，我们还可看出人类最早的垂腿而坐，和生产劳动关系十分密切。织布以外车磨铜器，雕琢玉器，为操作便

第七讲　服饰与胡子

利，大都有近似织机需要，即共同促进了古人生活习惯的改变，实和生产需要有一定关系。这自然只是一种推想，因为唯一证据，只有汉石刻几个机织形象，包括了曾母投梭、孟母教子和天孙织锦一些故事传说的图像在内。至于第二阶段坐具的进一步改变，和妇女专用鼓式墩子的产生，则显然是由战国熏香笼簝、汉代熏笼衍进而来，而社会上得到认可成为一般起居习惯，已是唐、宋时事了。笼簝多编竹而成，或有两式，应用虽始于战国，盛行于汉晋之际，留下较早的形象，却只有在北朝石刻上可发现，做成腰鼓式。唐代有个三彩女俑，坐的还是相同样子。到宋代则一般作墩子式了。直到明代，不问法花瓷或处州青瓷，或描金雕漆，墩子依旧必下部镂空，上面绘饰成一块绣帕四角下垂样子，还是照熏笼做成。

《尔雅》是中国二千三四百年前一部古文字学专书，内中有许多记载都十分重要。关于古代养蚕业的进展，也有较新较现实提法。称蚕有萧、艾、柞、桑等等不同品种，即反映一种社会发展的真实，说明养蚕知识的获得，是经过许多人用各种草木叶子在长期试验下，才明白山蚕宜在柞树上放养，家蚕必饲桑叶才会有较好收成的。从这一认识前提出发，结合文献，我们说穿衣当成一种社会制度，养蚕当成一种社会生产，大约是在由分散的部族社会到那个部落联盟的原始社会成熟期的黄帝时代才逐渐形成，同样的话却有了较深刻意义！至于当时人究竟如何穿衣，文献叙述多出于周代史官，必须把保留在较前或较后各种形象材料加以印证，才可望得到些比较近真落实的印象。

史称三皇五帝，历世绵邈，有关形象知识，目下我们只能从一千八百多年前一些汉代石刻得到点滴。结绳记事、燧人取火的情形，虽近于汉人想象，武氏石刻把五帝却画得相当古朴，即同样出于想象，究竟比单纯文献有意思多。因为那几个人的衣服式样，和近年出土三千年前殷商时代的还有个共通点，一般特征为齐膝长短，穿裤子（若照某些传记述说，则汉代人才穿裤子），为便于行动和劳作，说这种衣装和原始社会生活要求相适合，大致不会太错的。

商代还有如下一些材料可以比证参考：

一、两个雕玉人头像，重要在他们的头上装饰。男子戴平顶帽子，初看似乎有些令人相信不过，其实形象并不孤立存在，同时或稍后，这种帽子都有发现。女的重要是她的发式，借此明白头上骨或玉笄的应用，商代至少已有二凤相对竖插，和一支横撒两式。双笄对插比较讲究。曹植诗"头上金雀钗"反映到《女史箴图》中的情形，还是商代用笄制度的沿袭。下垂蚕尾卷发，直到战国还有地方妇女习用。只可惜背后不知如何处理。这些精美雕玉正产生于历史上的纣王、妲己时代。至于纣王形象，目前还只有日本学人过去在朝鲜发掘的汉墓里一个彩绘漆筐边沿上发现那一位。他正坐在一个有屏风的矮榻上，像旁还明署"纣王"二字，两手作推拒状，做成《史记》所称"智足以拒谏，辩足以饰非"的神气。神气虽还活泼，可是个标准汉代贵族样子。至于妲己的装束如需要复原，从那个雕玉女人头像，却可得到较多启发！

第二是这个白石雕刻的人形，头戴锦帽，身穿锦衣，是有点醉意朦胧样子。如不是个最高奴隶主，也应是个贵族。但亦可能只是随身奴仆，因为用珠玉饰狗、马，在商代墓葬中即已发现，一个奴隶弄臣穿得花花绿绿，是不足为奇的。衣服肯定原仿锦绣而作，从联系和发展得知道。商代的铜簋、白陶壶，和较后一时的铜车轴头、镜背、空心砖边沿，都有相同装饰纹样出现。一个长沙出土的战国彩俑，衣边上且分明画上这种花纹，恰和文献中"锦为沿"相符。（真正的锦缎只早到唐、宋，名字或应当叫矩纹锦。它的织法实源远流长。至于为什么较早的锦是这种连续矩纹，我们说，大致和编织竹簟有关，和宋代青绿簟纹锦同源异流。竹簟用连续矩纹或方胜格子，技术操作比较容易。）商代已能织出极薄的绸子，也能织出有花纹的锦缎，但较多人的身上，大致还是穿本色麻葛或粗毛布衣服。一般奴隶或俘虏身份的人，如像第三个手负桎梏的一位，穿的自然是件粗布衣。

两者身份地位尽管不同，衣服长短过膝，倒像是共通趋势。这一点相当重要，因为承认衣才齐膝或过膝原是一种传统制度，我们才不至于把春秋战国时出现的这种衣服，不求甚解一例归入"胡服"。

第四、五都是雕玉，出土情形不太明确。给我们启发是他们头上巾子

第七讲　服饰与胡子

和西南苗、彝族装束那么巧合。其实若从图案花纹去探索，用商代规矩图案和近代苗、彝编织物图物比较，相同处我们发现将更多！这不足为奇，生产条件和工具决定了生产式样，也有时形成了美的意识，这是过去我们较少注意到，目前却明白了的。

西周是个讲究制度排场的时代，史称"周公制礼作乐"，不会完全是空谈。一面是宗法社会的建立，确定等级制度排场有其必要性。另一面由于生产发展，丝、布、铜、漆日益加多集中到王室贵族中，有了个物质基础。因此周公尽管提倡节俭，要贵族子弟明白稼穑之艰难，可是打发诸侯封君就国，还是除沿例领取大片封地、占有大量农奴外，并且还可得到一些手工业奴隶，又可得到特赐一份华美衣服，车马旗帜，宗庙祀事礼乐铜器，以及作为压迫工具和象征权威的青铜兵器圭、璋、璜、璧诸玉物。统治者日益脱离生产劳动，成为"治人"的身份，衣服放大加长用壮观瞻，必然是在这个历史阶段中出现。相传虞书帝王冕服十二章的绣绘文饰，也应当成熟于此时。但是三千年来做皇帝的总还欢喜遵照古制打扮，直到袁世凯还要人做下一份衣样子，准备登基！事实上冕服最早的式样，目前为止，还只有从唐代列帝图和敦煌画留下那些形象，比较近古，宋人《三礼图》、明人《三才图会》即已多附会，去古日远，清代更难言了。但是从习惯说，戏衣上的龙袍，还应当说是一脉相承。真正的复原，几种新的战国人物形象，和西汉壁画，东汉石刻，以及周初铜、玉、漆、丝纹样，已为我们准备了些有利条件。经过一些探索比证，大致还是可望部分恢复本来的。

衣服等级的区别，一面可看出西周社会的拘板定型，另一面也必然影响到社会生产的停滞。破坏它得到新的进展，是春秋战国，随同土地所有制变化，与生产发展、商品大量交流而形成。

同样是在不断发展变化中，也看需要而有所不同，譬如作战穿的衣甲，到春秋时虽发展了犀甲、合甲、组甲许多不同材料不同制作，长短大致还是以能适应当时战争活动为主，不会太变。例如保护头颅的铜盔，商代的就和春秋战国时差不太多。但是兵器中的戈的形制和应用，却已有了较大变化。商代一般战士，戈大致有两式，长柄的单独使用，短柄的则一手执戈、一手执方盾，是通常格式。春秋以来则剑、盾为一份，戈柄已和矛柄部分同长，有的或加个矛头成为专用勾、啄、刺三或两用兵器了。到战国时，好些戈、戟并且已逐渐脱离实用价值，只从艺术出发来考虑它的造形美了。到汉代于是又一变来个返璞归真，一例简化成为一个"卜"字式。（至于我们从戏文中所常见的方天画戟，却是起始于唐代宗教画天王所使用的！）衣的形式改变，主要还是在某些上层人物。根据目下材料分析，我们知道儒家的宽衣博带好尚，本为好古法先王主张而来，同时人常多当成一种拘迂行为看待的。因此估计一般上中层分子，平时衣服必然还不至于过分拖拖沓沓。但部分坐朝论道不事生产的人物，即不完全同意儒家迂腐主张，还是不免已经有些拖拖沓沓。这从近年发现的材料，多了些证明。至于从事各种生产劳动的平民便装，一般还是长可齐膝为通例，从统治者看来，则为野人之服，舆台之服，区别日益显明。至于那些无事可做或一事不作的贵族，在一身装扮上格外用心，如何穿珠佩玉，文献记载虽多，形象反映给我们的知识还是不够落实。例如说，儒家"君子无故玉不去身"和"玉有七德"的说法，到战国时已相当成熟，上下一时把玉的抽象价值和人格品德结合起来，也因之把玉的具体价值提得高高的，影响刺激到当时雕玉工艺的高度进展。三门峡虢墓得到几份成组列的佩玉，虽已知道它们在人身上的大略位置，洛阳金村韩墓，还发现过一份用金丝纽绳贯串的成组精美佩玉，辉县和其他发掘，也得到好些当时小件成系佩玉，传世又还有千百件战国玉龙佩和其他雕玉可供参考，郭宝钧先生即根据出土情形作了些复原图。但是希望更具体些明白它们如何和那些加工特别精美、镀金嵌珠的带钩，讲究无比的玉具剑，共同加在以五色斑斓华美耀目的文绣袍服上，结合一起形成一种惊人炫目的艺术效果，如《说苑》所叙襄成君给人的印象，我们还是不易想象的！知识不足处，实有待进一步发现，才能综合更多方向文物，一一加以复原。即此也可以肯定，过去几千年来学人感到束手的事情，到我们这个新的时代，由于条件不同，有必要时，终究还是可以从客观存在认识出发，一一把它弄个清楚明白！

和周初衣服制度有密切关系的历史人物，是封于山东鲁国的周公。周公的形象虽无当时遗物可证，但是汉代在儒学兴盛提倡厚葬的制度下，山东地方的石刻，却还留下三四种各不相同的周公样子，有一个在曲阜发现还是立体的。作为周公辅成王的历史主题而做成，胖胖的周公宽袍大袖，抱着个小婴孩，我们似乎可以用一个有保留的态度来看待这些材料。就是说形象未必可靠，部分服装还是可靠。因为凡事总必上有所承而下有所启，正如孔子所说"殷因于夏礼，周因于殷礼"，说能知其损益，就必有所损益。孔子所知道的我们虽难于尽知，但是目前还有不少春秋战国和西汉形象材料，新近发现，为我们提供了许多证据，也启发了不少问题，值得注意！

极有意思是近年山西侯马出土的一批陶范中几个人形，搞文物的看来，会觉得有些面熟，不仅衣服依旧长短齐膝，花纹也并不陌生，有一位头上戴的又简直和商代玉人及白玉雕像十分相似，一个短筒子平顶帽。商代白石像系腰是个大板带，这一位腰间系的是根丝绦带，带头还缀上两个小小圆绒球，做成个连环套扣住，得知这两种系法都是不必用带钩的。这个人的身份虽同样难于确定，不是"胡族"却一望而知。因此赵武灵王所易的"胡服"，必得另外找一种式样才合适了。至于这一式样和时代或许略晚见于洛阳金村遗物中的几个银铜人装束，我们可以说实"古已有之"，因为汉石刻大禹等已穿上，至少从汉代儒家眼光中，是决不会同意把胡服加在著名的大禹身上的。何况商代实物又还有陶玉相似形象可证。《史记》上所谓胡服，记载既不甚具体，我想还是从相关文物反映去寻觅，或许还比较有一点边。时间较早是保留到战国或西汉匈奴族青铜饰件上的各种胡人装束，时间稍晚是保留到东汉墓中一个石刻上作的胡族战事图像。前者多于蒙古一带地区出土，后者却显明做成高鼻深目样子，但是一作比较，于是我们不免感到混淆起来了。因为这些胡族人衣着长短，原来和商代几种形象倒十分相近，正和那些羊头削及盾上带铃弓形铜器和商代实物相近差不多。由此联系，我们似乎可以不妨且作那么一种假定，即以游牧为主的匈奴服制，本来和商代人的普通衣着相近，或曾受过中原人影响。到周代，社会受儒学渲染，宽袍大袖数百年成社会上层习惯后，我们不免已有些数典忘祖。赵武灵王学回来的胡服骑射，重点本只重在"骑射"，至于胡服，则一面始终还流行于各行各业劳动人民习惯生活中，正所谓"礼失而求诸野"！这种推测也许不一定全对，惟根据材料分析，却似乎差不多远。

西周以来，上层分子寄食统治阶级衣服日趋宽博，大致是一种事实。但在共通趋势中也还是有分别。并且在同一地区，甚至于同一种人，也还会由于应用要求不同，形成较大差别，不能一概而论。相反又会有由于一时风气影响，而得到普遍发展的。前者如从大量战国楚俑和画像分析，至少即可知道衣服式样便有好几种，长短大小也不相同。后者如传称楚王宫中女子多细腰，事实上新的发现，楚国以外许多材料，表现舞女或其他妇女，也流行把腰肢扎得小小的习惯。特别是一种着百褶裙反映到细刻铜器上的妇女或男子，反而比反映到楚俑和漆画上的妇女束腰更细一些。这类铜器山东、山西、河南均有发现，它的来源虽有可能来自一个地方，不在上述各地，但当时善于目挑心招能歌善舞的燕赵佳丽，临淄美女，装束还是不会和它相去太远。以相传洛阳金村出土一份佩玉中两个小小玉雕舞女，做得格外出色。

如把这类材料排排队，就目下所知，大致信阳楚墓出土的东西比较稍早一些。联系文献解决问题，长沙楚墓出土的彩俑和漆画、帛画，以及河南、山西、山东发现薄铜器上细刻人形，材料却丰富重要得多。

信阳大墓发现了不少大型彩绘木俑，初出土时闻面目色泽还十分鲜明，如不即时摹绘，大致已失去固有色调多日了。重要还在那个漆瑟上的彩绘种种生活形象，有高据胡床近于施行巫术的，有独坐小榻大袖宽袍的统治者，有戴风兜帽的乐人，有短衣急缚的猎户。人物画得虽不怎么具体，却神气活泼，形象逼真。总的漆画上胡床的出现，和墓中三百件漆器中一个近似坐几状木器实物的发现，为我们前面说到过的垂腿而坐的事情，至晚在春秋战国时即已有可能出现，多提供了些证据，却比日下文献所说，胡床来自汉末，席地而坐改为据椅而坐，直到唐代中叶以后才实行，已早过五六百年或一千三百年不等。

长沙楚墓的发现，丰富了我们对于古代人生活形象知识更加多。首

第七讲　服饰与胡子

先是那个特别著名舞女漆奁的发现，上面一群女子，一例着上袖口衣脚均有白狐出锋长袍，腰肢都小小的，面貌虽并不十分清晰，还是能给人一个"小腰白齿"印象。宋玉《招魂》文中所歌咏的妇女形象，和这些女人必有些共通点。另外是许多彩绘木俑，试挑出两个有典型性的看看，男的是个标准楚人，浓眉而短，下巴尖尖的成三角形，胡子作仁丹式，共同表现出一种情感浓烈而坚持负气个性鲜明神气。近年发现楚俑多属同一类型，引起我们特别注意，因为这是屈原的同乡！如作屈原塑绘，这是第一手参考材料！女子重要处在颊边点胭脂成簇作三角形，可以和古小说《青史子》，及刘向《五经通义》引周人旧说相印证。照各书记载，这是和周代宫廷中女子记载月事日期的标志有关。胭脂应用即由之而来。比唐人的靥子，南朝人的约黄，汉代的寿阳点额，都早过千年或大几百年！衣分三式，都不太长，一种绕裾缠身而着的，显明较古，到汉代即已不复见。履底较高，和长沙出土实物可以印证。衣服边沿较宽，材料似乎也较厚，可证史传上常提起过"锦为缘饰"的方法。武士持剑、盾则衣短而缚束腿部，才便于剽疾锐进，秦末项羽的八千子弟兵，大致就用的是这种装束。可惜的是一份木雕乐伎已朽坏，只留下个轮廓，难于用它和河南汲县、辉县等处所得细刻铜器乐舞伎服装印证异同。另外在一片绢帛上还绘有一个女子，特别重要处在那个发髻，因为同时同式只在辉县出土的一个小铜妇女和时间可能稍晚一些骊山下得到的一个大型灰陶跪俑上见到，同是发髻向后梳的古代材料。近人说帛画上绘的是个巫女，或出于片面猜想。因为另外两个人形，均显明都是家常打扮。和信阳漆瑟上的反映，及另一楚帛书上四角绘的神像反映，情调毫无共通处。自古以来巫女在社会上即占有个特殊位置，西门豹投于河里的，和屈原《九歌》所涉及的，是不是还有点线索可寻？较晚材料应当是南方出土一些西王母、伍子胥神像镜子上的舞女反映，比较近真，因为一面还和《三国志·陶谦传》及《曹娥碑》记载中提及的抚节弦歌婆娑乐神相合，一面且和《西王母传》《上元夫人传》记叙玉女装束有关，至少可以说是一个越巫样子。用它来体会先秦九巫形象，终比凭空猜想有些根据。楚俑男女头上一个覆盖物多如羽觞样子，可惜经过摹绘，具体形象已难明白。唯文献上曾有"制如覆杯"记载,羽觞恰是当时唯一杯子,因此这个头上安排也特别重要。女子背垂长辫中部多梳双鬟,到西汉时出土俑也有用一鬟的。传世《女史箴图》有几个女子还梳同样发式,当时大致这已算是古装,晋代人是不会这么打扮自己的。这从一系列出土俑(如江苏南朝俑),和略后一时的砖刻〔如邓县(今邓州市)画砖〕,壁画(如敦煌画),石刻(如《十七孝子棺》),绢素画(如《洛神赋图》《北齐校书图》),可以明白北朝时"华化",所仿的正是两晋制度,不会比汉或更早!

战国时文物第三部分人物形象是洛阳金村韩墓出土的几个银铜小像,一个男子和一个梳双辫弄雀女孩,衣服都短短的,女孩衣服下沿似乎还有些襞褶。男女均如所谓"蒙古型",脸型宽厚扁平,因此即以为是"胡人胡装",值得进一步研究。短衣不一定是胡装,已如前节所述。稍后一些胡人多高鼻深目,发且褐黄,这从文献记载,及近年诺因乌拉与罗布淖尔实物的发现,与新近沂南汉墓石刻反映,三者结合印证,可以得到一点比较全面认识。相反的,倒是从商代起始,铜玉上反映均有"蒙古型"的脸孔出现,另一说即这个人的额饰,如着一小勒,有物下垂,非中原所固有。这也难说即是胡人。因为一切有个联系,不能孤立。近年四川出土大量汉俑,即有一式把额前加一勒子式织物,前作三角形的。这部分加工,事实上历来都成为装饰重点,不过随时有所变化罢了。例如北朝则作三五螺髻,如《北齐校书图》中女侍所见,显明受了点佛教影响,由于东晋以来关于佛发传说,就常提到"向右萦回,色作绀青"等等。到唐代则流行诗人所歌咏的"常州透额罗",形制处理则如敦煌画《乐廷瓌夫人行香图》,其家庭子女中有一位的装扮,极凑巧也是搁在额前那么尖尖的,但来源却应说是"幂䍠"或"帷帽"一种衍进或简化。因为幂䍠或帷帽本来的式样,还好好保留在一些唐代陶俑及唐人绘《蜀道图》几个骑马妇女头上,那是标准的式样,和文献记载完全相符合,后人作伪不来的。明代嘉万以来又流行"遮眉勒",还是那么一道箍式,唯前端尖处多嵌了一粒真珠,明人绘画中都经常发现这么打扮。清初还在民间流行,清宫廷中的四妃子像和《耕

第七讲 服饰与胡子

织图》的南方农家妇女头上都可发现。戏装上叫它作"渔婆勒子",其实近三百年还在各处流行。一直到二十世纪初年,我们的母亲或外祖母还在使用它,一般即叫作"勒子",通常用玄青缎子揩两个薄薄牙子边,中心钉小翠玉花或珠子,到后又流行在两旁钉薄雕翠玉片半翅蝙蝠或蝴蝶。也有作五蝠则象征"五福齐来"。乡下人家则用银寿星居中。乡村小女孩子则用五色彩绸拼凑,加上各种象征幸福希望的彩绣,主题却不外鸳鸯牡丹,鱼水蝠鹿,讲究些也有作戏文中故事的。在这上面也可以说可看到百家争鸣和百花齐放,和胸前圆裙脚下凤头鞋,同是民间年轻妇女装饰重点!话说回来,到目前为止,金村墓中那一位,应说是较早在额间进行艺术加工的一个先辈!女孩子腰间也系了根带子,还佩了个小工具,启发我们古代"童子佩觿"应有的位置。宋人不得其解,衣服既错,位置也弄错了。这种短衣打扮是否是当时奴婢的通常的装束?这一点可能性倒相当大。因为经常发现的战国时六寸左右跪像,手捧一个短短管筒,通名"烛奴",装束多相近。近年山东出土一个人形灯台,手举二灯盘,服装也相似,这种器物适当名称还是"烛奴"。另外还有两个玉雕舞女,长袖细腰,妩媚秀发,特别重要是她的发式,十分具体。背后却拖了个长长辫子。

第四份材料是传世和近年出土的金银错器物上镶嵌主题画中反映出战国时人生活各方面情况。试用几件有代表性的器物作例来分析(如故宫藏品一战国青铜壶,一个成都百花潭错银壶,汲县山彪镇一水陆攻战纹铜鉴,和另一水陆大战鉴),上面即有采桑、弋鸿雁、习射、演乐、宴会、作战种种不同反映。弋鸿雁必用矰缴,才能收回目的物和箭镞,这里即见出古代矰缴的应用方法。如把它和长沙出土的两团丝线实物,和四川砖刻上那个把线团搁在架子上的制度结合起来注意,过去词人所赋"系弱丝射双鸿于青冥之上"的事件,千言万语难于注解的,一看便了然原来办法如此!又《三礼》谈射礼,诸侯必按等级尊卑,所用的弓矢箭靶大小远近均不相同。宋人《三礼图》虽绘制了些样子,可无佐证,这个壶上却留下个极早的式样,可证明《三礼图》虽多附会,所作箭靶基本式样倒还接近真实(敦煌唐壁画骑射图,却是个月饼形系在杆上)。似实用靶非礼仪用。有关音乐方面，历来对于钟磬处理多含糊其辞，"乐悬"二字解释也难于令人满意。这里画面反映，却由此得知，当时钟磬在笋虡上悬挂方法，原来共有两式：一种是信阳出土编钟，用个兽面拴钉直接固定在方整木架上；另一种却是木架绊着丝绳，把钟磬钩悬在绳上。两端支持物多雕成凤鸟，象征清音和鸣，也和文献记载相合。乐人跪着击奏，但辉县铜盘细刻花纹却立奏，即此可知当时并无一定制度。有关战马，则守陴部队旌麾金鼓的形制和位置，可增长我们不少知识，补文献所不及。戈、矛柄中部多附两道羽毛状事物，或可为《诗经》中"二矛乎重英"，提出一点新解。一般人和部分战士都着长衣，下裳作百褶裙式，昔人对汉石刻武事进行人多常服以为或者只是演习，那这里将是更早一种演习了。但另外一部分却有断胫绝踵形象出现，可知并不儿戏！有的武士戴有檐小帽，和现代人球场上小白帽竟差不多。

错金银技术虽较早为吴越金工所擅长，楚人加以发展，到战国中期，似乎已为六国普遍应用到一些特种工艺品处理上。带钩方面用力最大，品种也极多。至于饮食用器，方面已极广，艺术成就也大。唯这里想谈到的，还是题材上给我们对于古代服饰方面提供的形象重要性。这些材料多在中原区发现，我们不妨假定说它是中原文化的反映，应当不会太错。

另外还有个错金银镜子，上作骑士刺虎图像，武士全副武装，头盔近耳处插两支鸟尾。传称鹖为猛禽，好斗，至死不败，因之用鹖尾作冠饰，象征武勇，由来已久。可是具体形象材料，除此以外，即只有北朝宁万寿孝子棺前线刻的两个神将头上分插鸟尾，十分显明。此外即少见。至于唐、宋以后，则多使用在什么胡王头顶部分，如传世李公麟绘《番王礼佛图》中所见。这里新的发现却在耳旁分插，为我们搞京戏的谈雉尾应用历史时找到了最古根据。这个镜子上还发现个近似用皮革做成的"ㄨ"式马镫，应当是世界上最早的马镫形象了。至于马鞍，截至目前，我们只有一个四川出土汉代大型陶马上曾发现部分残余，别的还少见。战国时人起始骑马，镜子上留下个最早骑士模样。

第五份材料，是近年发现薄铜器细刻花纹上面各种人物生活的反映。

第七讲　服饰与胡子

河南辉县、山西、山东均有这种铜器出土。辉县残器上面有一种宫廷宗庙两层建筑前钟磬两列陈设形象，乐器位置极其重要。另一器物则在一角发现了个两端微昂的高案，上置两个酒罍，得知这是长条案最早的式样。山彪镇出土物则四轮马车是新发现。人物形象有个共通点是头上冠帽，前部多作二角突起，后部则曳一喜鹊尾巴，这种冠服部分亦见于信阳大墓漆瑟彩绘人物上。惟瑟上有作危冠高耸如一高脚豆式的，则在铜刻上始终未发现。屈原《楚辞》所谓"冠切云之崔嵬"，或即指的是这种式样？也说不定。

....

这些只是从商到战国，前后约一千年间，从出土文物结合文献相印证，所得到的一些点点滴滴材料。我们想从这些零星发现中把握全面问题，当然是不可能的。即从这部分发现中所做的一些推测，也必然会有许多不尽合符原来情形。但这么由现实出发作的试探和综合联系，无疑为我们工作带来了些新的启发，据个人看来至少可归纳成三点：

一、谈这部门历史发展，照旧方法引书证书，恐不大容易把问题弄得真正清楚明白，若能试从文物形象出发，似乎可以得到不少新知识。或者为过去书中没说到过，或者可以丰富充实文献中已经说起的而能加以形象化。

二、谈服饰离不开花纹，古代丝绣不易保存，直接材料不够多，但是间接的比较材料却不少。近十年出土的大量铜器、彩绘漆、雕玉、金银错、彩琉璃，以及较后部分空心砖边沿纹样，已为我们提供了许多重要线索。凡事孤立不易清楚的，一经综合比较，问题就出来了。由于比较分析，由此我们得知道连续矩纹作为锦纹主题，商代即已起始，春秋战国在继续应用，现存宋、明此一式锦纹，实源远流长。丝绣和其他部分工艺图案相互关系，金银错、彩绘漆，和当时刺绣纹样实大体相通，还影响到汉代。战国镜子部分装饰图案，更和同时所谓"绮"纹有密切联系，新的发现已为这一推测不断证实。

三、这里提起的多只是一些线索，一个起点，即从文物常识出发，注意到起居服用各方面问题，大多是一般文献上或提起过难于证实，或说来比较笼统，经过后人注疏附会辗转致误的。熟悉史部学的专家通人，如肯用一个新的现实研究态度，综合文物联系文献，来广泛进行新的比证爬梳工作，一定会得到前人所未有的发现，特别是物质文化史方面的知识，许多方面将是崭新的！

第七讲　服饰与胡子

古代人的穿衣打扮

古代人穿衣服事情，我们过去所知并不多，文献上虽留下许多记载，只因日子太久，引书证书，辗转附会，越来越不易清楚了。幸亏近年考古学家的努力，从地下挖出了大量古文物，可作参考比较，我们才得到新的认识。

由商到西周、春秋、战国，前后约一千年，大致可以分作三个历史阶段看它的演变。较早时期，除特殊人物在特种情形下的衣服式样，我们还不大明确，至于一般统治者和奴隶，衣长齐膝似乎是一种通例。由此得知，汉代石刻作的大禹像和几个历史上名王、名臣像，倒还有些古意，非完全出于猜想。因为至少三千年前的商代人，就多是这个样子了。当时人已穿裤子，比后人说的也早过一千年。商代人衣服材料主要是皮革、丝、麻。由于纺织术的进展，丝、麻已占特别重要地位，奴隶主和贵族，平时常穿彩色丝绸衣服，还加上种种织绣花纹，用个宽宽的花带子束腰。奴隶或平民，则穿本色布衣或粗毛布衣。贵族男子头上已常戴帽子，是平顶筒子式，用丝绸做成，直流行到春秋战国不废。女人有把发上拢成髻，横贯一支骨簪的。也有用骨或玉做成双笄，顶端雕刻个寸来大小鸟形（鸳鸯或凤凰）两两相对，斜插头顶两侧，下垂卷发齐肩，颈项上挂一串杂色闪光玉石珠管串饰。历史上著名的美人妲己当时大致就应这么打扮。女子成年才加笄，所以称"及笄"，表示可以成婚。小孩子已有头顶上梳两个小角儿习惯，较大的可能还是编辫发。平民或奴隶有裹巾子作羊角旋斜盘向上的，有包头以后再平搭折成一方角的，还有其他好些样式，都反映在玉、铜、陶人形俑上。样子多和现在西南居住的苗、瑶族情形差不多（这不是偶然巧合，事实上很多三千年前古代图案花纹还可从西南兄弟民族编织物上发现）。许多野生植物如槐花、栀子、橡斗已用来做染料，并且还种植了蓝草，能染出各种不同的青蓝色，种茜草和紫草专染红、紫诸色。

历史上称周公制礼，衣分等级和不同用场，就是其中一项看得十分重要的事情。衣服日益宽大，穿的人也日益增多，并且当成一种新的制度看待，等级分明大致是从西周开始。统治者当时除大量占有奴隶外，还向所有平民征税，成丁人口每年必贡布二匹和一定粮食，布匹织得不合规格的不许出卖也不能纳税，聚敛日多，才能穿上宽袍大袖的衣服坐而论道。帝王和大臣，为表示尊贵和威严，祭天礼地和婚丧大事，袍服必更加庄严，且照需要分别不同颜色，有些文献还提起过，天子出行也得按时令定方向，穿上不同颜色衣服，备上相当颜色车马，一切都得相互配合。皮毛衣服也按等级穿，不能逾越制度。即或是猎户猎得的珍贵狐、獭、貂、鼠，也得全部贡献给统治者，私下不许随便使用或出卖。照周代制度，七十岁以上老百姓，可以穿丝绸和吃肉，但是能照制度得到好处的人事实不会多。至于一般百姓，自然还是只能穿本色麻布或粗毛布衣服，极贫困的就只好穿那种草编的"牛衣"了。

衣到西周以后变动虽大，有些方面却又不大。比如作战时武将头上戴的铜盔，从商到战国，就相差不多。甲的品种已加多了些，有犀甲、合甲、练甲，后来还发明了铁甲，最讲究贵重的是犀甲，用犀牛皮做成，上面用彩漆画出种种花纹。因为兼并战争越来越多，兵器也越来越精利，且有新兵器剑和弩机出现，甲不坚实就不抵用，"坚甲利兵"的话就由此而来。矛既十分锋利，盾也非常结实。

照周初制度，当时把全国分划成许许多多人小不等的邦国，每一个地方设一统治者，用三种特殊身份的人去担任：一是王族子弟，如召伯封于燕、周公父子封于鲁；二是有功于国家的大臣，如姜尚封于齐、熊绎封于楚；三是前代王朝子孙。这些人赴任时，除了照例可得许多奴隶，还可得一些美丽的玉器，一份精美讲究的青铜祭器和日用饮食器，以及一些专作

第七讲　服饰与胡子

压迫人民工具的青铜兵器，用壮观瞻的车马旗帜，另外就是那份代表阶级身份的华美文绣丝绸衣服。虽然事隔两千多年，好些东西近年都被挖出来了，有的还保存得十分完整。丝绸衣服容易腐朽，因之这方面知识也不够全面。但是由于稍晚一些已流行用陶、木作俑代替生人殉葬，又在其他材料中还保存不少形象资料，加以综合分析，比较真实情形，就慢慢地逐渐明白了。

衣服发展和社会制度有密切联系，也反映了生产发展，衣服日益讲究，数量又加多，是和社会生产发展相适应的。比如商代能穿丝绸衣服的，究竟还是少数，到西周情形便不同了，成王及周公个人，不一定比纣王穿着更奢侈，但是各地大小邦国封君，穿衣打扮却都有了种种不同排场。地方条件较好的，无疑更容易把衣服、帷帐、茵褥，做得格外华丽精美。到春秋战国时，政权下移，周王室已等于虚设，且穷得无以复加。然后五霸七雄，各自发展生产，冶铜铁，修水利，平时重商品流通，战时兼并弱小，掠夺财富。对大量技术工人的掠夺占有，更促进了工艺技巧的提高，他们彼此在各方面技术的竞争，反映到上层阶级的起居服用上，也格外显明。

服装最讲究的时代是春秋战国。不仅统治者本人常常一身华服，即从臣、客卿也是穿珠履，腰佩金玉，出入高车驷马。因为儒家说玉有七种品德，都是做人不可少的，于是"君子无故玉不去身"的说法，影响到社会各方面，贵族不论男女，经常必佩带上几件美丽雕玉。剑是当时的新兵器，贵族为表示武勇，兼用自卫，又必佩带一把镶金嵌玉的玉具剑。当时还流行使用带钩，于是又用各种不同贵重材料，做成各种不同样子，有的用铁镶金嵌玉，有的用银镶玉嵌五彩玻璃珠，彼此争巧，日新月异。即或是打仗用的兵器，新出现的剑和发展中的戈、矛，上面也多用细金银丝镶嵌成各种精美花纹和鸟兽形文字，盾牌也画上五彩云龙凤，并镶金镂银，男子头上戴的冠，更是件引人注目的东西，精细的用轻纱薄如蝉翼，华美的用金玉，有的还高高的如一个灯台。爱国诗人屈原，文章里就提起过这种奇服和高冠。鞋子用小鹿皮、丝绸或细草编成，底子有硬有软，贵重的还镶珠嵌玉在上面。

冬天穿皮衣极重白狐裘，又轻又暖，价重千金。女子中还有用白狐皮镶有袖口衣缘做出锋，显得十分美观。

社会风气且常随有权力人物爱好转移，如齐桓公好衣紫，国人有时就全身紫衣。楚王爱细腰，许多宫女因此饿死，其他邦国也彼此效法，女子腰部多扎得细细的。女人头上装扮花样更多变化。楚国流行梳辫子，多在中部作两个环，再把余发下垂。髻子也有好些种，有梳成喜鹊尾式，有作元宝式的。女人也戴帽子，和个椭圆杯子差不多。有的又垂发在耳旁，卷成如蝎子尾式。女孩子多梳双小辫，穿齐膝短衣，下缘做成裥褶。成年妇女已多戴金银戒指，并在脸颊旁点一簇三角形胭脂。照古文献记载，原都是周代宫廷一种制度，金银环表示有无怀孕，胭脂记载月经日期，可一望而知，大致到了战国已成一般装饰，本来作用就慢慢失去了。

衣服的材料越来越精细，名目也因之繁多，河南襄邑出的花锦、山东齐鲁出的冰纨、文绣、绮、缟等更是风行全国，有极好市场；和普通绢帛比价，已超过二十多倍。南方吴越出的细麻布，北方燕国生产的毡裘毛布，西域胡族作的细毛花罽异常精美，价值极高。楚国并且可能有了印花绸子生产，但最讲究的衣被材料，仍还是华美刺绣和织锦。

衣服有许多不同式样，有的虽大袖宽袍，还不至于过分拖沓。若干地区还流行水袖长衣，依旧还有下缘，长才齐膝，头戴平顶帽子，腰系丝带和商代人相差不多情形。

最通常的衣服是在楚墓中发现的三种式样，其中一种用缠绕方式穿上，再缚根宽宽腰带，式样较古。衣边多较宽，且用锦类作缘，和记载上说的"锦为缘"相合，大致因此才不至于使过薄的衣料妨碍行动。这种式样，汉代人还有应用。又一种袖大及膝，超过比例，穿起来显得格外庄严的，可能属于特定礼服类。奏乐人有戴风兜帽的，舞人已穿着长及数尺的袖了。打猎人衣裤多扎得紧紧的，才便于在丛林草泽中活动。中原区山西、河南所得细刻花纹铜器上又常发现一种戴鹖角鹊尾冠着小袖长裙衣、下裳做成斜下襞褶式样的。河南洛阳还出土过一个玉佩，上面精雕二舞女袖子长长的，腰身扎得极细，头下垂齐肩，略略上卷，大致是当时的燕赵佳人典型

第七讲　服饰与胡子

式样。山西出土的陶范上则有穿齐膝花衣，戴平顶帽，腰间系一丝绦，打个连环扣，带头还缀两个小绒球的，男女都穿。河南也发现这种装束大同小异的人形，且一般说是受"胡服"影响，事实上还值得进一步研究。历史上常说起赵武灵王胡服骑射影响到赵国当时军事组织和后来人生活都极大。主要影响还是"骑射"。轻骑锐进和短兵相接，才变更了传统用战车为主力的作战方法。至于"胡服"究竟是个什么样子，过去难说清楚。一说貂服即胡服，这不像是多数人能穿的，试从同时或稍后有关材料看，衣服主要特征，原来也是齐膝长短，却是古已有之。大致由于周代几百年来社会习惯，上层分子，已把穿长衣当成制度，只有奴隶或其他劳动人民才穿短衣，为便于实用，赵王创始改变衣服齐膝而止，和骑射联系，史官一书，便成一件大事了。胡服当然还有些其他特征，腰间皮带用个钩子固定，头上多一顶尖尖的皮或毡帽子，因为和个馄饨一样，后来人叫做"浑脱帽"，不仅汉代胡人戴它，直到唐代的西域诸胡族也还欢喜戴它。中国妇女唐初喜着胡装，因此，这种帽子还以种种不同装饰而出现于初唐到开元、天宝间，相传张萱画的武则天像，就戴上那么一个帽子。晚唐藩镇时代，裴度被刺也因戴上这种毡帽幸而不死。汉代石刻也发现这种帽形，近年我们还在西北挖出几顶汉代实物，证明确是胡服特点之一。

衣装有了进一步新的变化，新的统一规格，是由秦汉起始。从几点大处说来，王公贵族因为多取法刘邦平素所喜爱的一种把前梁高高耸起向后如一斜桥的冠式，于是成了标准官帽三梁、五梁作为等级区分。此外不论男女，有官爵的腰带边必须悬挂一条丈多长褶成两叠彩色不同的组绶。女子颊边那簇三角形胭脂已不再发现，梳辫子的也有改成一环的。许多方面都已成定型。照文献说因为限制商人，作经济的穿鞋还必须左右不同色。可是一方面有种种规章制度，对商人、奴婢限制特别大，另一方面却由于生产发展影响，过不到四十年，商人抬头，不仅打破了一切限制，穿戴得和王公差不多，即其奴婢也穿起锦绣来了。情形自然显得较为复杂，说它时就不易从简单概括得到比较明确印象了。惟复杂中，还有些规律为我们掌握住了的，即汉代高级锦绣花纹，主要不过十来种，主题图案，不外从两个方面得来，一是神仙思想的反映，二是现实享乐行为的反映，因此总不外山云缭绕中奇禽异兽的奔驰，上织文字"登高明望四海"的，大致和秦始皇汉武帝登泰山封禅必有较多联系，"长乐明光"则代表宫殿名称，这些材料多发现于西北新疆、甘肃和东北、蒙古及朝鲜，并由此得知，当时长安织室或齐地三服官年费巨万数额大量生产供赏赐臣下，并大量外输的高级丝绸，多是这种样子。

这些都是过去千年读书人不容易明白的，由于近年大量实物和比较材料的不断出土，试用真实文物和文献相互结合加以综合分析，逐渐才明白的，更新的发现无疑将进一步充实丰富我们这方面知识，并改正部分推想的错误。

一九六二年六月二十五日写

我国古代人怎么穿衣打扮[1]

商朝人多穿齐膝短衣，扎着裤脚。衣着材料除麻、葛外，已有十分细致的绸子。奴隶主贵族的衣服上，多织绣花纹，连腰带、衣领和袖口，也有花纹。贵族男子常戴帽子，有一种平顶式帽，到春秋战国还流行；汉代的"平巾帻"，就是从它发展而来。妇女多梳顶心髻，横贯一支圆骨簪；有的还在头顶两旁斜插两支顶端带小鸟形的玉簪。大姑娘梳辫子，小孩子则梳两个小丫角儿。男女贵族身上都佩玉；玉被琢成各种小动物形象，最常见的一种为玉鱼。奴隶只能穿本色粗麻布或粗毛布衣服，光头无发，有的头上包巾子，缠得高高的，和现代西南苗族人一样。

到西周，统治阶级穿衣服，日益讲究宽大。周天子坐朝、敬天、办婚丧大事，衣服各不相同；由于迷信，出行还得按季节定方向，穿不同颜色的服装，配上相当颜色的车马。穿皮毛也分等级，不能随便。猎户打得的珍贵的狐、獭、貂、鼠都得全部上缴，私下不能使用，也不许出卖。一般平民，年老的在名分上虽可穿绸衣，其实何尝穿得起？也只能和奴隶一样穿粗麻布或粗毛布短衣，穷极的只好穿草编的牛衣即冬天盖到牛身上的草编蓑衣！

春秋战国时代，贵族的生活越加奢侈，穿的衣服更加华丽，佩的玉也比前越发精致。剑是这个时期的新兵器，贵族为了自卫并表示阔气，经常

---

[1] 本文原载1963年《中国历史常识》第五册，中国青年出版社。

还得有一把镶金嵌玉的宝剑，挂在腰间皮带上。皮带头有用铜或骨、玉做成的带钩绊住，讲究的带钩必用银镶金嵌玉做成，而且式样很多。男子成年必戴冠。贵族的冠高高上耸，有的又和个倒覆的杯子相似（古代的杯子式样多是椭圆形）。年轻妇女梳辫子，梳法多种多样。有的妇女喜戴圈圈帽，而且还在颊边点一簇胭脂点（聚成三角形），眉毛被画得浓浓的。女孩梳两个大辫子，向两边分开；穿的衣长度齐膝，下沿折成荷叶边。贵族男子流行八字须，两角微微上翘。武士则喜留大毛胡子。舞人不论男女，衣袖都极长。打猎人由于经常在丛林草泽中活动，衣裤特别紧小。

历史上所说的"赵武灵王胡服骑射"，所谓"胡服"，究竟是什么样子？根据现存有关材料推断，"胡服"的特征约有四点：

一、衣长齐膝，袖子很小。

二、腰间束有附带钩的皮带，可松可紧。

三、头上戴一顶用毛毡或皮革作的尖尖帽，和个馄饨差不多（后来人把它叫"浑脱帽"，到唐代还一度流行）。

四、脚上穿着短统皮靴。

因为这样装束，骑在马上作战特别方便。

秦汉大一统局面出现后，衣服的式样也比较统一起来。统治者戴的冠，前梁高耸，向后倾斜，中空如桥；梁分一梁、三梁、五梁几种，上面另加金玉装饰，表示爵位等级。凡是有官爵的人，无分男女，还得把一条丈多长的丝绦（按品级颜色各不相同），折叠起来挂在右腰边，名叫"组绶"。贵族男子这时已改佩环刀。普通男子头戴巾、帻。巾子多用来包裹头发；帻则如平顶帽，上加个"人"字形帽梁（不加帽梁就叫"平巾帻"）。汉代妇女已不再点三角形胭脂，但却常用黛石画眉毛；髻子向后梳成银锭式，向上梳的多加假发。年轻姑娘依旧梳辫子，也有松松绾成一把，末后结成一小团，成个倒三角形的。这时期，衣服最贵的是白狐裘，春秋战国时就已价值千金。衣料最贵的是锦绣，上面有各种山云鸟兽花纹，比普通绸子贵二十倍。西北生产的细毛织物和西南生产的木棉布、细麻布，价格也和锦绣差不多，一匹要卖二两金子。当然，这些材料只有贵族用得起，一般劳动人民是连做梦也不敢想的。

　　魏晋以来，男子流行戴小冠，上下通行。"组绶"此时已名存实亡。玉佩制度也渐次失传。贵族身边的佩剑已改用木制，留个形式而已。红紫锦绣虽然依旧代表富贵，但统治阶级多欢喜穿浅素色衣服。帝王有时也戴白纱帽。一般官僚士大夫，多喜用白巾子裹头。在东晋贵族统治下的南方，普通衣料多用麻、葛，有的地方用"蕉布""竹子布""藤布"；高级的衣料是丝麻混合织物"紫丝布"和"花绨"。在诸羌胡族贵族统治下的北方，统治者还是喜欢穿红着绿，先是短衣加披风，到北魏时改为宽袍大袖，惟帽子另作一纱笼套上，名叫"漆纱笼冠"。至于普通老百姓，不论南北，都是一样，始终穿短衣。——不过北方人穿上衣有翻领的，穿裤子有在膝下扎带子的。这种装束，直到唐代还通行于西北。特别是翻领上衣，几乎成了唐代长安妇女最时髦的服装式样。

　　唐朝的服色，以柘黄为最高贵，红紫为上，蓝绿较次，黑褐最低，白无地位。由于名臣马周的建议和阎立本的设计，唐朝恢复了帝王的冕服，并制定了官服制度。官服除用不同颜色分别等级外，还用各种鸟衔各种花的图案来表示不同的官阶。通常服装，则为黑纱幞头，圆领小袖衣，红皮带（带头有等级之分），乌皮六合靴。幞头后边两条带子变化很多，或下垂，或上举，或斜耸一旁，或交叉在后，起初为梭子式，继而又为腰圆式……从五代起，这两条翅子始平直分向两边，宋代在这个基础上加以改进，便成了纱帽的定型样式。不当权的地主阶级及所谓隐逸、野老，多穿合领宽边衣，一般称为"直裰"。平民或仆役多戴尖毡帽，穿麻练鞋，且多把衣服撩起一角扎在腰间。妇女骑马出行，必戴"帷帽"，帽形如斗笠，前垂一片网帘（中唐以后此帽即少用）。女子的衣裙早期瘦而长，裙系在胸上；发髻向上高耸，发间插些小梳子，多的到五六把；面部化妆多在眉心贴个星点，眉旁各画一弯月牙。这时，中原一带的妇女喜着西域装，穿翻领小袖上衣，条纹裤，软锦蛮靴；有些妇女还喜梳蛮鬟椎髻，嘴唇涂上乌膏，着吐蕃装束。这时期，流行一种半袖短外褂，叫作"半臂"。清代的马褂和背心，都是由它发展而来。

赵匡胤"黄袍加身"，做了宋朝的开国皇帝，重定衣服制度，衣带的等级就有二十八种之多。黄袍成了帝王的专用品，其他任何人都不许穿，穿了就算犯罪。规定的官服，有各种不同花色。每遇大朝会或重要节日，王公大臣们必须按照各自的品级，穿上各种锦袍。皇帝身边的御林军，也分穿不同花纹的染织绣衣。宫廷内更加奢侈，衣服、椅披、椅垫，都绣满花纹，甚至缀上真珠。皇后的凤冠大大的，上面满是珠宝，并且还有用金银丝盘成整出王母献寿故事的，等于把一台戏搬到了头上。贵族妇女的发髻和花冠，都以大为时髦，发上插的白角梳子有大到一尺二寸的。贵族妇女的便服时兴瘦长，一种罩在裙子外面类似现代小袖对襟褂子式的大衣甚流行。衣着的配色，打破了唐代以红紫、蓝绿为主色的习惯，采用了各种间色，粉紫、黝紫、葱白、银灰、沉香色等等，配合使用，色调显得十分鲜明；衣着的花纹，也由比较呆板的唐式图案改成了写生的折枝花样。男子官服仍是大袖宽袍，纱帽的两翅平直向两旁分开，这时已成定型。便服还是小袖圆领如唐式，但脚下多改穿丝鞋。退休在野的官僚，多穿"直裰"式衫子，戴方整高巾（又名"东坡巾"或"高士巾"，明代还流行）。棉布已逐渐增多。南方还有黄草布，受人重视。公差、仆役，多戴曲翅幞头，衣还相当长，常撩起一角扎在腰带间。农民、手工业者、船夫，衣服越来越短，真正成了短衣汉了。

契丹、党项、女真族先后建立了辽、西夏、金政权，他们的生活习惯保留了浓厚的游牧民族的特色，在穿戴上和汉人不大相同。契丹、女真男子，一般多穿过膝小袖衣、长统靴子，佩豹皮弓囊。契丹人有的披发垂肩。女真人则多剃去顶发，留发一圈结成两个小辫子，下垂耳后。党项男子多穿团花锦袍，戴毡帽，腰间束唐式带子，上挂小刀、小火石等用物。女真妇女衣小袖左衽长衫，系一丝带，腰身小而下摆宽；戴尖顶锦帽，脑后垂两根带子。党项妇女多穿绣花翻领长袍。后来，由于辽、金统治者采用了宋代服制，所以契丹、女真族的装束和汉族的装束区别日益减少。绸缎也多是南方织的。

元朝的官服用龙蟒缎衣，等级的区别在龙爪的多少，爪分三、四、五

第七讲　服饰与胡子

不等，有法律规定，不许乱用。明、清两代还依旧这样。在元代，便服还采用唐、宋式样。一般人家居，衣多敞领露胸；出门则戴盔式折边帽或四楞帽，帽子用细藤编成。蒙古族男子多把顶发当额下垂一小绺，如个小桃子式，余发分编成两个大辫，绕成两个大环，垂在耳后。贵族妇女必戴姑姑冠；冠用青红绒锦作成，上缀珠玉，高约一尺，向前上耸，和个直颈鹅头相似。平民妇女或奴婢，多头梳顶心髻，身穿黑褐色粗布、绢合领左衽袍子。长江上游已大量种植棉花，织成棉布。

明代，皇帝穿龙袍。大臣穿绣有"蟒""斗牛""飞鱼"等花纹的袍服，各按品级，不得随便。一般官服多为本色云缎，前胸后背各缀一块彩绣"补子"（官品不同，"补子"的彩绣也不同）。有品级的大官腰带间垂一长长丝绦，下面悬个四寸长象牙牌，作为入官凭证。冬天上朝，必戴皮毛暖耳。普通衣服式样还多继承宋、元遗制，变化不大。这时结衣还用带子，不用纽扣。男子头上戴的巾，有一种像一块瓦式，名"纯阳巾"，明太祖定名为"四方平定巾"（喻意天下平定），读书人多戴它；另有一种帽子，用六片材料拼成，取名"六合一统帽"（喻意全国统一），小商贩和市民多戴它。妇女平时在家，常戴遮眉勒条；冬天有事出门，则戴"昭君套"式的皮风帽。女子有穿长背心的，这种背心样式和兵士的罩甲相近，故又叫"比甲"或"马甲"。

清代的服装打扮，不同于明代。明朝的男子一律蓄发绾髻，衣着讲究宽大，大体衣宽四尺，袖宽二尺，穿大统袜、浅面鞋；而清代的男子，则剃发垂辫（剃去周围的头发，把顶发编成辫子垂在背后），箭衣马蹄袖，深鞋紧袜。清代官员服用石青玄青缎子、宁绸、纱，作外褂，前后开衩，胸、背各缀"补子"（比明代的"补子"小一些）一方（只有亲王、郡王才能用圆形），上绣各种禽兽花纹，文官绣鸟，武官绣兽，随品级各有不同：

一品文官绣仙鹤，武官绣麒麟；

二品文官绣锦鸡，武官绣狮子；

三品文官绣孔雀，武官绣豹子；

四品文官绣云雀，武官绣老虎；

五品文官绣白鹇，武官绣熊；

……

　　一般人戴的帽子有素冠、毡帽、便帽等几种。便帽即小帽，六瓣合缝，上缀一帽疙瘩，俗名西瓜皮帽。官员的礼帽分"暖帽"（冬天戴）、"凉帽"（夏天戴）两种，上面都有"顶子"，随着品级不同，所戴的"顶子"颜色和质料也不同；一品官为红宝石顶，二品官为红珊瑚顶，三品官为亮蓝宝石顶，四品官为暗蓝宝石顶，五品官为亮白水晶顶……帽后都拖着一把孔雀翎，普通的无花纹，高级官僚的孔雀翎上才有"眼"，分一眼、二眼、三眼，眼多表示尊贵。只有亲王或对统治阶级特别有功勋的大臣，才被赏戴三眼花翎。平民妇女服装，康熙、雍正时，时兴小袖、小云肩，还近明式；乾隆以后，袖口日宽，有的竟肥大到一尺多。衣服渐变宽变短。到晚清，城市妇女才不穿裙，但上衣的领子转高到一寸以上。男子服式，袖管、腰身日益窄小，所谓京样衫子，把一身裹得极紧，加上高领子、琵琶襟子、宽边大花坎肩，头戴瓜皮小帽，手拿一根京八寸小烟管，算是当时的时髦打扮。一般地主、商人和城市里有钱的市民，很多就是这样的装束。照规定，清代农民是许可穿绸纱绢缎的，可是事实上穿绫罗绸缎的仍然是那些地主官僚们、大商人们，至于受尽剥削、受尽压迫、终年辛勤难得一饱的短衣汉子们，能求勉强填满肚皮，不至赤身露体已经很不容易，哪里还能穿得上丝织品！

宋元时装 [1]

赵匡胤作皇帝后，不久就统一南中国，结束了五代十国数十年分割局面，建立了宋代政权。从长江上游的西蜀和下游的南唐吴越，得到物资特别多，仅锦缎彩帛就达几百万匹。为示威天下，装点排场，便把直接保卫他的官兵两万多人，组成一支特别仪仗队，某种官兵拿什么旗帜、武器和乐器，穿什么衣服都分别等级颜色花纹，用织绣染不同材料装扮起来，出行时就按照秩序排队，名叫"绣衣卤簿"，还绘了一个图，周必大加上详细说明，叫《绣衣卤簿图记》，这个队伍后来还增加到将近三万人。现在留存后人摹绘的中间一段，也近五千人，为研究宋代官服制度，保留下许多重要材料。宋代政府每年还照例要赠送亲王大臣锦缎袍料，计分七等不同花色，遇大朝会重要节日必穿上。官廷皇后、公主更加奢侈，穿的衣服常加真珠绣饰，椅披、脚踏垫也用真珠绣，头上凤冠最讲究用金翠珠玉作成种种花样，比如"王母队"就作一大群仙女随同西王母赴蟠桃宴故事。等于把一台乐舞，搬到头顶，后面还加上几个镶珠嵌玉尺来长翅膀，下垂肩际，名"等肩冠"（最近在明代皇陵内也发现过这种冠）。一般贵族官僚妇女，穿着虽不如唐代华丽，却比较清雅潇洒，并且配色也十分大胆，已打破唐代青、碧、红、蓝为主色用泥金银作对称花鸟主题画习惯，粉紫、黝紫、葱白、沉香、褐等色均先后上身。由于清明扫墓必着白色衣裙，因之

---

[1] 本文原载 1986 年 5 月《龙凤艺术》，商务印书馆香港分馆。

又流行"孝装",一身缟素。北宋初年,四川、江南多出彩绸,女子又能歌善舞,装束变化常得风气之先,从诗词中多有反映。部分还保留晚唐大袖长服习惯,同时已流行另外一种偏重瘦长,加上翻领小袖齐膝外衣的新装,作对襟式的加上两条窄窄的绣领。用翻领多作三角形,还和初唐胡服相近,袖口略小,如今看来,还苗条秀挺,相当美观。另外一种装束,尚加披帛,腰带间结一彩绶,各自做成种种不同连环结,其余下垂,或在正面,或在一侧,这种式样似从五代创始,直流行到南宋。装束变化之大主要在发髻,也可说是当时人对于美的要求重点,大致从三国时曹植《洛神赋》中说到的"云髻峨峨"得到启发。唐代宫廷女道士作仙女、龙女装得到发展,五代女子的花冠云髻已日趋危巧,宋代再加以发展变化,因之头上真是百花竞放,无奇不有。极简单的是作玉兰花苞式,极复杂的就如《枫窗小牍》所说,赵大翁墓所见有飞鬟危巧尖新的、如鸟张翼的,以至一种重叠堆砌如一花塔加上紫罗盖头的,大致是仿照当时特种牡丹花"重楼子"作成。照史书记载,到后竟高及三尺,用白角梳也大及一尺二寸,高髻险装成一时风气,自然不免影响民间相习成风。后来政府才特别定下法律加以限制,不得超越尺寸。但是上行下效,法律亦无济于事。直到别种风气流行,才转移这种爱好。边疆区域,如敦煌一带,自五代以来多沿袭晚唐风气,使用六金钗制,在博大蓬鬓两侧,各斜插二花钗,略作横的发展,大约本于《诗经》"副笄六珈"一语而来,上接晋代"五兵佩"习惯,流行民间,直到近代。福建畲族妇女的头上三把刀银饰,还是它的嫡亲继承者。额黄靥子宋代中原妇女已不使用。西北盛装妇女还满脸贴上不以为烦。

至于演戏、奏乐女人的服装,种类变化自然就更多了。从画中所见,宫中乐妓,作玉兰花苞式髻,穿小袖对襟长衫的可能属于一般宫婢,杂剧中人则多山花插头,充满民间味,如照范石湖元宵观灯诗所见,歌女中有戴个茸茸小貂帽子遮住眉额的一定相当好看。若画古代美人装束,多作成唐代仙女、龙女、天女样子,虽裙带飞扬轻举,依旧不免显得有些拖沓,除非乘云驾雾,否则可够不方便。这另外也反映一种现实,即宋人重实际精神(除了发髻外),穿衣知道如何用料经济,既便于行动也比前人美观。

宋代流行极薄纱罗，真是轻如烟雾，如做成六朝人画的洛神打扮，还是不会太重的。但是当时的女道士，就不肯这么化妆，画采灵芝仙女且有作村女装束的。

当时最高级和尚，袈裟尚紫色，惟胸前一侧绊带用个小玉环，下缀一片金锦，名"拔遮那环"。宋、元应用较广，影响到西藏大喇嘛，在明、清古画里还保留这个制度。

契丹、女真、党项、羌族等同属中国东北、西北游牧民族，生活习惯上与中原显著不同。

西夏妇女多着唐式翻领胡服，斜领刺绣精美，统治者服饰也近似唐装，腰间束鞢韄带，挂上小刀、小囊、小火石诸事物，头上戴的还是变形浑脱帽，普通武士则有作突厥式剃顶的。

契丹、女真本来服装一般多小袖圆领，长才齐膝，着长筒靴，佩豹皮弓囊，宜于马上作战射猎。契丹男子髡顶披发，女真则剃去顶发把余发结成双辫下垂耳旁。受汉化影响，有身份的才把发上拢，裹"兔鹘巾"，如唐式幞头，却不甚讲究款式，惟间或在额前嵌一珠玉为装饰。妇女着小袖斜领左衽长衫，下脚齐踵，头戴金锦浑脱帽，后垂二锦带，下缀二珠。其腰带也是下垂齐衣，惟不作环。契丹和女真，辽、金政权均设有"南官"，多兼用唐、宋官服制度。契丹即起始用不同山水鸟兽刺绣花纹，分别官品，后来明、清补服，就是承继旧制而来。金章宗定都燕京后，舆服制度更进一步采用宋式，区别就益少了。至于金代官制中用绸缎花朵大小定官位尊卑，最小的只许用无纹芝麻罗，明、清却不沿用。但衣上用龙，元代即已有相当限制。分三、四、五爪不等，严格规定，载于典章。明代即巧立名目，叫"蟒""斗牛"等等，重作规定，似严实滥。

同时契丹或女真男子服装，因便于行动，也已为南人采用，例如当时力主抗金收复失地的岳飞、韩世忠等中兴四将，身边家将便服，除腰袱外，就几乎和金人无多大分别，平民穿的也相差无几，彼此影响原因虽不尽同，或为政治需要，或从生活实际出发，由此可知，民族文化的融合，多出于现实要求，即在民族矛盾十分剧烈时亦然。（总的看来，这种齐膝小袖衣服，说它原属全中国各民族所固有，也说得过去，因为事实上从商代以来，即出现于各阶层人民中。）这时期劳动人民穿的多已更短了些，主要原因是生产虽有进展，生活实益贫穷，大部分劳动成果都被统治者剥削了，农民和渔夫已起始有了真正"短衣汉子"出现。

社会上层衣服算是符合常规的，大致有如下三式：

（一）官服——大袖长袍还近晚唐，惟头上戴的已不相同，作平翅纱帽，有一定格式。

（二）便服——软翅幞头、小袖圆领还用唐式，惟脚下已由乌皮六合靴改成更便利平时起居的练鞋。

（三）遗老黄冠之服——合领大袖宽袍，用深色材料缘边，遗老员外多戴高巾子，方方整整。相传由苏东坡创始，后人叫作"东坡巾"。明代老年士绅还常用它。有身份黄冠道士，则常用玉、石、牙、角作成小小卷梁空心冠子，且用一支犀玉簪横贯约发，沿用到元、明不废，普通道士椎髻而已。

男仆虽照制度必戴曲翅幞头，但普通人巾裹却无严格限制。女婢丫环，头上梳鬟或丫角又或束作银锭式，紧贴耳边，直流行到元代。

至于纺织物，除丝织物中多已加金，纱罗品种益多，花纹名目较繁。缎子织法似应属于新发明。锦的种类花色日益加多，图案配色格外复杂，达到历史高峰。主要生产还在西蜀。纱罗多出南方，罗缎名目有加"番"字的，可知织法不是中原本来所固有。锦名"阇婆"，更显明从印度传来。"白鹫"出于契丹，也为文献提到过。雨中出行已有穿油绸罩衣的。

这时期并且起始有棉织锦类，名叫"木锦"。至于"兜罗锦""黎单"等西南和外来织物也是花纹细致的纺织品，练子则是细麻织品。"点蜡幔"是西南蜡染。一般印花丝绸图案，已多采用写生折枝花，通名生色折枝，且由唐代小簇团窠改为满地杂花。惟北宋曾有法律严禁印花板片流行，只许供绣衣卤簿官兵专用，到南宋才解禁，得到普遍发展。临安市销售量极大的彩帛，部分即指印花丝绢。时髦的且如水墨画。北宋服饰加金已有十八种名目，用法律禁止无效。北宋时开封女人喜用花冠绣领，在大相国寺出售最精美的多是女尼姑手作，反映出宗教迷信的衰歇，庵中女尼姑已

第七讲　服饰与胡子

不能单纯依靠信徒施舍过日子，必须自食其力方能生存，和唐代相比已大不相同了。统治者虽耗费巨万金钱和人力，前后修建景灵宫、玉清昭应宫、绛霄宫等，提倡迷信，一般人还是日益实际，一时还流行过本色线绣，见于诗人陆游等笔记中。

高级丝织物中除锦外，还有"鹿胎""紧丝""绒背"和"透背"，四川是主要产地。这些材料，内容还不够明确。"鹿胎"或是一种多彩复色印花丝绸。"绒背"或指一种荣缎、绒纱，近似后来花绒。"透背"可能就是缂丝。这些推测还有待新的发现才能证明。捻金锦缎的流行增加了锦缎的华美，灯笼图案锦且影响到后来极久。"八答晕锦"富丽多彩已达锦类艺术高峰。一种用小梭挖织的缂丝，由对称满地花鸟图案，进而仿照名画花鸟，设计布色，成为赏玩艺术新品种。技术的流传，西北回族织工贡献较多。南方还有"黄草心布""鸡鸣布""练子"和"红蕉布"，特别宜于暑中使用。由于造纸术有进一步提高，因此作战用衣甲，有用皮纸作成的，又用纸作帐子，也流行一时。

元代由蒙古人军事统治中国约一世纪之久。政府在全中国设了许多染织提举司，统制丝毛织物，并且用一种严酷官工匠制度督促生产，用捻金或缕金织成的锦缎"纳石失"和用毛织成的"绿贴可"，当时是两种有特别代表性的产品，丝绸印染已有九种不同名目，且有套染三四次的，毛织物毡罽类利用更多，《大元毡罽工物记》里还留下六十多种名目。为便于骑射，短袖齐肘的马褂起始流行。

元代南人官服虽尚多用唐式幞头圆领，常服已多习于合领敞露胸式。蒙古人则把顶发当额下垂小绺，或如一小桃式，余发总结分编成两大环，垂于耳边，即帝王也不例外。妇女贵族必头戴姑姑冠，高过一尺向前上耸，如一直颈鹅头，用青红绒锦做成，上饰珠玉，代表尊贵。衣领用纳石失金锦缘边，平民奴婢多椎髻上结，合领左衽小袖，比女真略显臃肿，贵族穿得红红绿绿，无官职平民就只许着褐色布绢，惟平民终究是个多数，因此褐色名目就有二十四种，元代至元年间，才正式征收棉花税，可知江南区比较大量种植草棉，棉布在国内行销日广，也大约是这个时期。

四楞藤帽为元代男子所通用，到明代就只某种工匠还使用了。另外一种折腰样盔帽，元代帝王有用银鼠皮做成的，当额或顶部常镶嵌价值极贵的珠宝。到明代差役的青红毡帽还采用这个样式，正和元代王公重视的"质孙宴"团衫，与明、清之差役服式差不多，前一代华服到后一代成为贱服，在若干历史朝代中，几乎已成一种通例。

从文物来谈谈古人的胡子问题[①]

《红旗》十七期上，有篇王力先生作的《逻辑和语言》文章，分量相当重。我不懂逻辑和语言学，这方面得失少发言权。惟在末尾有一段涉及胡子历史及古人对胡子的美学观问题，和我们搞文物所有常识不尽符合。特提出些不同意见商讨一下，说得对时，或可供作者重写引例时参考，若说错了，也请王先生不吝指教，得到彼此切磋之益。

那段文章主要计三点，照引如下：

一、汉族男子在古代是留胡子的，并不是谁喜欢胡子才留胡子，而是身为男子必须留胡子。

二、古乐府《陌上桑》说：

> 行者见罗敷，下担捋髭须。

可见当时每一个担着担子走路的男子都是有胡子的。

三、胡子长得好，算是美男子的特点之一，所以《汉书》称汉高祖"美须髯"。

王先生说的"古代"界限不明白，不知究竟指夏、商、周……哪一朝代，男子必须留胡子？有没有可靠文献和其他材料足证？

[①] 本文原连载于1961年10月21日、24日《光明日报》。

其次，只因为乐府诗那两句形容，即以为古代每一个担着担子走路的男子都是有胡子的，这种推理是不是能够成立？还是另外尚有可靠证据，才说得那么肯定？

其三，即对于"美须髯"三字的解释，照一般习惯，似乎只能作"长得好一部胡子"的赞美，和汉魏时"美男子"特点联系并不多。是否另外还有文献和别的可作证明？

文中以下还说："到了后代，中年以后才留胡子。"照文气说，后代自然应当是晋南北朝、唐、宋、元、明、清了，是不是真的这样？还是有文献或实物可作证明？

私意第一点概括提法实无根据，第二点推想更少说服力，第三点对于文字解说也不大妥当。行文不够谨严，则易滋误会，引例不合逻辑，则似是而非，和事实更大有出入，实值商讨。

关于古人胡子问题，类书讲到不少，本文不拟作较多称引，因为单纯引书并不能解决具体问题。如今只想试从文物方面来注意，介绍些有关材料，或许可以说明下述四事：

一、古代男子并不一定必需留胡子。

二、胡子在某一历史时期，由于社会风气或美学观影响，的确逐渐被重视起来了，大体是什么式样？又有什么不同发展？文献不足证处，我们还可以从别的方面取得些知识。中古某一时期又忽然不重视，也有社会原因。

三、美须髯在某些时期多和英武有关，是可以肯定的，可并不一定算美男子。有较长时期且恰恰相反，某些人胡子多，身份地位反而比较低下。可是挑担子的却又绝不是每人都留胡子。

四、晋、唐以来胡子式样有了新的变化，不过中年人或老年人，即或是名臣大官，也并不一定留它。这风气直继续到晚清。

首先可从商代遗留下的一些文物加以分析。故宫有几件雕玉人头，湖南新出土一个铜鼎上有几个人头，另外传世还有几件铜刀、铜戈、铜钺上均有人的头形反映，又有几个陶制奴隶俑，在河南安阳被发掘出来，就告诉我们殷商时期关于胡子情况，似乎还无什么一定必需规矩。同是统治者，有下巴光光的，也有嘴边留下大把胡子的。而且还可以用两个材料证明胡子和个人身份地位关系不大，因为安阳出土一个白石雕刻着花衣、戴花帽的贵族，和另外一个手带桎梏的陶制奴隶，同样下巴都是光光的（如果材料时代无可怀疑，我们倒可用作一种假说，这时期人留胡子倒还不甚多）。

春秋战国形象材料新出土更多了些。较重要的有：

一、山西侯马发现那两个人形陶范，就衣着看，显明是有一定身份的男子，还并不见留胡子的痕迹。

二、河南信阳长台关楚墓出土一个彩绘漆瑟，上面绘有些乐舞、狩猎，和贵族人物形象，也不见有胡须模样。

三、近二十年湖南长沙大量出土战国楚墓彩绘木俑，男性中不论文武打扮，却多数都留有一点儿胡须，上边作两撇小小"仁丹胡子"式，或者说"威廉"式，尖端微微上翘，下巴有的则留一小撮，有的却没保留什么。同一形象不下百十种，可知和当时某一地区社会爱好流行风气，必有一定关系，并不是偶然事情（如艺术家用来作屈原塑像参考，就不会犯历史性错误）。但其中也还有好些年纪大但并不留胡子的。

另外，故宫又还有个传世补充材料足资参考，即根据《列女传》而作的《列女仁智图》卷上有一系列春秋时历史著名人物形象，其中好几位都留着同样仁丹式八字胡须，亦有年逾不惑并不留胡子的。这画卷传为东晋顾恺之稿。若从胡子式样联系衣冠制度分析，原稿或可早到两汉，即根据当时的四堵屏风画稿本而来（也许还更早些，因为胡子式样不尽同汉代）。

另外又还有一个河南洛阳新出两汉壁画，绘的也是春秋故事，作二桃杀三士场面，这应当算是目下出土最古的壁画。由此得知当时表现历史人物形象的一点规律，如绘古代武士田开疆、古冶子时，多作须髯怒张形象，用以表示英武。武梁祠石刻也沿此例。此外，反映到东汉末绍兴神像镜上的英雄伍子胥，和山东沂南汉墓石刻上的勇士孟贲，以及较后人作的《七十二贤图》中的子路，情形大都相同。如作其他文臣名士，则一般只留两撇小胡子，或分张，或下垂，总之是有保留有选择的留那么一点儿。其余不问是反映到长沙车马人物漆奁上，还是辽宁辽阳营城子汉墓壁画上，和朝鲜出土那个彩绘漆竹筐边缘孝子传故事上，都相差不太远。同时也依旧有丝毫不留的。即此可知，关于古代由商到汉，胡子去留实大有伸缩余地，有些自觉自愿意味，并不受法律或一定社会习惯限制。实在看不出王先生所说男子必须留胡子情形。

至于汉魏之际时代风气，则有更丰富的石刻、壁画、漆画、泥塑及小铜铸像可供参考。很具体反映出许多劳动人民形象，如打猎、捕鱼、耕地、熬盐、舂碓、取水、奏乐以及好些在厨房执行切鱼烧肉的大司务，极少见有留胡子的。除非挑担子的是另一种特定人物，很难说当时每个挑担子的却人人必留胡子！那时的确也有些留胡子的，例如：守门的卫士、侍仆以及荷戈前驱的伍伯，即多的是一大把胡子，而统治者上中层本人，倒少有这种现象。即有也较多作乐府诗另外两句有名叙述：

为人洁白皙，鬑鬑颇有须。

不多不少那么一撮儿样子。可证王先生的第三点也不能成立，因为根据这些材料，即从常识判断，也可知当时封建统治者绝不会自己甘居中下游，反而让他的看门人和马前卒上风独占作美男子！

其实还有个社会风气形成的相反趋势继续发展颇值得注意，即魏晋以来有一段长长时期，胡子殊不受重视。原因多端，详细分析引申不是本文目的。大致可说的是它和年轻皇族贵戚及宦官得宠专权必有一定关系。文献中如《后汉书·宦者传》《汉书·佞幸传》《外戚传》和干宝《晋纪总论》《晋书·五行志》《抱朴子》《世说新语》《颜氏家训·勉学篇》，以及乐府诗歌，都为我们记载下好些重要可靠说明材料。到这时期美须髯不仅不能成为上层社会美的对象，而且相反已经成为歌舞喜剧中的笑料了。《文康舞》的主要角色，就是一个醉意朦胧大胡子。此外还有个弄狮子的醉拂菻，并且还是个大胡子洋人！我们能说这是美男子特征吗？不能说的。

其实即在汉初，张良的貌如妇人，和陈平的美如冠玉，在史传记载中，虽并不见得特别称赞，也就看不出有何讥讽。到三国时，诸葛亮为缓和关羽不平，曾有意说过某某"不如髯之超群绝伦"。然而《典略》却说，黑山黄巾诸帅，自相号字，饶须者则自称"羝根"。史传记载曹操见匈奴使者，自愧形质平凡，不足以服远人，特请崔琰代充，本人即在一旁捉刀侍卫。当时用意固然以为是崔琰长得魁伟，且有一部好胡子，具有气派，必可博得匈奴使者尊敬。但是结果却并不成功。因为即使脸颊本来多毛的匈奴使者被曹操派人探问进见印象时，便依旧是称赞身旁捉刀人为英挺不凡，并不承认崔琰品貌如何出众！魏晋以来胡子有人特别爱重是有记录的，如《晋书》称张华多姿，制好帛绳缠须；又《南史》说崔文伸尝献齐高帝缠须绳一枚；都可证明当时对于胡子有种种保护措施，但和美男子关系还是不多。事实正相反，魏晋之际社会日趋病态，所以"何郎敷粉，荀令熏香"，以男子而具妇女柔媚姿态竟为一时美的标准。史传叙述到这一点时，尽管具有深刻讥讽，可是这种对于男性的病态审美观，在社会中却继续发生显明影响，直到南北朝末期。这从《世说》记载潘安上街，妇女掷果满车，左思入市，群妪大掷石头故事及其他叙述可知。总之，这个时代实在不大利于胡子多的人！南朝诗人谢灵运，生前有一部好胡子，死后捐施于南海祇洹寺，装到维摩诘塑像上，和尚虽加以爱护，到唐代却为安乐公主斗百草剪去作玩物，还可说是人已死去，只好废物利用，不算招难。然而五胡十六国方面，北方诸胡族矛盾斗争激烈时，历史上不是明明记载过某一时期，见鼻梁高胡子多的人，即不问情由，咔嚓一刀！

到北魏拓跋氏统一北方后，照理胡子应受特别重视了，然而不然。试看看反映到大量石刻、泥塑和壁画上的人物形象，就大多数嘴边总是光光的，可知身属北方胡族，即到中年，也居多并不曾留胡子。传世《北齐校书图》作魏收等人画像，也有好几位没有胡子，画中胡子最多还是那位马夫。

至于上髭由分张翘举而顺势下垂，奠定了后来三五绺须基础，同时也还有到老不留胡子的，文献不足征处，文物还是可以帮忙，有材料可印证。除汉洛阳画像砖部分反映，新出土有用重要材料应数近年河南邓县南朝齐梁时画像砖墓墓门那两位手拥仪剑，身着裲裆铠，外罩大袍的高级武官形象。其次即敦煌二二〇窟唐贞观时壁画维摩变下部那个听法群众帝王行从

图一群大臣形象。这个壁画十分写实，有可能还是根据阎立本兄弟手笔所绘太宗与弘文馆十八学士等形象而来，最重要即其中有几位大臣，人已早过中年，却并不留胡子。有几位即或相貌英挺，胡子却也老老实实向下而垂。总之，除太宗天生虬髯为既定事实，画尉迟敬德作毛胡子以示英武外，始终还看不出胡子多是美男子特点之一的情形。一般毛胡子倒多依旧表现到身份较低的人物身上，如韩幹《双马图》那个马夫、《萧翼赚兰亭图》那个烹茶火头工，陕西咸阳底张湾壁画那个手执拍板的司乐长，同样在脸上都长得是好一片郁郁青青！

那么是不是到中唐以后，社会真有了些变迁，如王先生所说人到中年必留胡子？事实上还是不尽然。手边很有些历代名臣画像，因为时代可能较晚，不甚可靠，不拟引用。宋人绘的《香山九老图》，却有好些七八十岁的名贤，下巴还光光的。此外，《洛阳耆英绘图》和《西园雅集图》，都是以当时人绘当时事，应当相当可靠了，还是可见有好些年过四十不留胡子的，正和后来人为顾亭林、黄梨洲、蒲留仙写真差不多。

就这个小小问题，从实际出发，试作些常识性探索，个人觉得也很有意义。至少就可以给我们得到以下几点认识：

一、胡子问题虽寻常小事，无当大道，难称学术，但是学术的专家通人，行文偶尔涉及到它的历史时，若不作点切实的调查研究，就不可能有个比较全面具体的认识。如只从想当然出发，引申时就难于中肯，而且易致错误。

二、从文物研究古代的梳妆打扮、起居服用、生产劳作和车马舟舆的制度衍进，及其应用种种，实在可以帮助我们启发新知，校订古籍，得到许多有益有用的东西，值得当前有心学人给予一点应有的注意。古代事情文献不足征处太多，如能把这个综合文物和文献的研究工作方法，提到应有认识程度，来鼓励一些学习文史、有一定文献知识的年青少壮，打破惯例，面对近十年出土文物和传世文物，分别问题，大胆认真摸个十年八年，中国文化史研究方面有许多空白点或不大衔接处，一定会可望得到许多新发现和充实。希望新的学术研究有新的进展，首先在研究方法上必须有点进展，且有人肯不怕困难，克服困难，来作作闯将先锋！

三、从小见大，由于中国历史太长，任何一个问题，孤立用文献求证，有很多地方都不易明白透彻。有些问题或者还完全是空白点，有些又或经后来注疏家曲解附会，造成一种似是而非印象，有待纠正澄清，特别是事事物物的发展性，我们想弄清楚它求个水落石出，势必须把视野放开扩些，搁在一个比较扎实广博的物质基础上，结合文物和文献来进行，才会有比较可靠的新的结论，要谈它，要画它，要形容说明它，才可望符合历史本来面目！

至于这种用文物和文献互相结合印证的研究方法，是不是走得通？利中是否还有弊？我想从结果或可知道。以个人言，思想水平既低，古书读得极少，文物问题也只不过是懂得一点皮毛，搞研究工作，成就自然有限。即谈谈胡子问题，总还是不免会错，有待改正。但是如国内文史专家学人，肯来破除传统研究文史方法，注意注意这以百万计文物，我个人总深深相信，一定会把中国文化研究带到一个崭新方向上去，得到不易设想的新的丰收！

第八讲

龙凤和狮子艺术

决定龙凤的地位，并影响到后来的发展，主要是两个故事：有关龙的是《史记》所记黄帝传说，鼎湖丹成乘龙升天，群臣攀龙髯也有随同升天的。关于凤的是萧史吹箫引凤，和弄玉一同跨凤上天故事。同是升天神话传说，前者和封建政治结合，后者却是个动人爱情故事，后来六朝人把"攀龙附凤"二词连用，作为一种依附事件的形容，因此故事本来不同意义也失去了，不免近于数典忘祖。其实二事应当分开的。

老虎称百兽之尊，狮子也称百兽之尊，都勇猛矫健，瞻视不凡。但老虎是本国土产，西南、东北各省区山地都可发现，以东北产躯体特别庞大，知名世界。狮子却是外来物，在海外出现的地区，也只限于非洲及中西亚若干接近沙漠荒远地方。古代当作文化交流的珍禽奇兽之一来到中国，可能早于战国，但文献上比较落实具体，大致还是在西汉。

龙凤艺术——龙凤图案的应用和发展[1]

民族艺术图案中，人民最熟习的，无过于龙凤图案。但专家学人中说到它时，最难搞清楚的，也无过于龙凤图案。因为龙的形象既由传说想象而成，反映到工艺美术造形设计中，又在不断发展变化，如仅仅抄几条孤立文献来印证，是不能解决问题的。记得年前在报刊上曾看过一篇小文章，谈起龙的形象，援引宋人罗愿《尔雅翼》关于龙的形容，以为怪诞不经，非生物所应有。其实这个材料的称引，即用来解释宋代人在绘画、雕刻、陶瓷、彩绘装饰、锦绣图案中反映的龙形，也就不够具体而全面。不仅无从给读者一种明确印象，即文章作者本人，也不能得到一个比较符合当时人想象做成的各种不同龙的形象。原来龙虽然是种想象中的动物，但在历史发展中，却不断为艺术家丰富以新的形象。即以《尔雅翼》作者时代而言，龙的样子也就是多种多样的。有传世陈容的画龙，多作风云变幻中腾攫而起的姿势。有磁州窑瓶子上墨绘和剔雕的龙，件头虽不大，同样作得还雄猛有力。但是它是宋式，和唐代、明代风格都大不相同。最有代表性的，是山东曲阜孔子庙大成殿那几支盘云龙石柱，天安门前石华表的云龙，即从它脱胎而出，神情可不一样。至于敦煌宋代石窟洞顶藻井画龙，也还有种种不同造型，却比《营造法式》图样生动活泼。在锦绣艺术中最著名的，是宋徽宗赵佶所绘《雪江归棹图》前边那片包首刻丝龙，配色鲜明，

---

[1] 本文原载1958年9月《装饰》第1期，当时以《龙凤图案的应用和发展》为题。

造型美丽，可说是宋代龙形中一件珍品。但是如不用它和明、清龙蟒袍服比较，还是得不着它的艺术特征的。宋代龙形必然受唐代的影响，可是最显著的却只有定窑瓷盘上的龙形，还近于唐代铜镜上的反映，别的材料已各作不同发展。上面说的不过是随手可举的例子。如就这个时代龙的艺术作全面分析，那就自然更加言之话长了。

历来龙凤并提，其实凤的问题也极复杂，由于数千年来用它作艺术装饰主题更加广泛而普遍，它的形象也在各个时代不同发展变化中。

凤的形象如孤立地只从《师旷禽经》一类汉人记载去求证，也难免以为怪诞虚无，顾此失彼。要明白它必须就历史上遗留下各种活泼生动的形象材料，加以比较，才会知道凤凰即或同样是一种想象中的灵禽，在艺术创造中却表现多方，有万千种美丽活泼式样存在。如从联系发展去注意，我们对于凤的知识，就可更加丰富具体，不至于人云亦云了。

在人民印象中，历来虽龙凤并称，从古以来，且和封建政治紧密结合，龙凤形象成为封建装饰艺术的主题，同时也近于权威象征。但事实上两者却在历史发展中似同而实异，终于分道扬镳，各有千秋。决定龙凤的地位，并影响到后来的发展，主要是两个故事：有关龙的是《史记》所记黄帝传说，鼎湖丹成乘龙升天，群臣攀龙髯也有随同升天的。关于凤的是萧史吹箫引凤，和弄玉一同跨凤上天故事。同是升天神话传说，前者和封建政治结合，后者却是个动人爱情故事，后来六朝人把"攀龙附凤"二词连用，作为一种依附事件的形容，因此故事本来不同意义也失去了，不免近于数典忘祖。其实二事应当分开的。

龙历来即代表一种权威或势力，中古以来的传说附会，更加强了它这一点。汉唐以来，由于方士和尚附会造作，龙的原始神性虽日减，新加的神性却日增。封王封侯，割据水府，称孤道寡，龙在封建社会制度上，因之占有一个特别地位。凤到这时却越来越少神性，可是另一面和诗文爱情形容相联系，因之在多数人民情感中，反而日益亲切。前者随时势推迁，封建结束，龙在历史上的尊严地位，也一下丧失无余。虽然在装饰艺术史中，龙还有个位置。现代造型艺术中，龙的图案也还在广泛使用。戏文中角色有身份的必穿龙袍，皇帝必坐龙床，国内外到北京参观，对建筑雕刻引起最大兴趣的，必然是明代遗留下来那座五彩琉璃作的九龙壁。木雕刻易留下深刻印象的，是故宫各殿中许多木刻云龙藻井。石刻中则殿前浮雕云龙升降的大陛阶，特别引人注目。春节中舞龙灯，也还是一个普遍流行热闹有趣节目。不过对于龙的迷信所形成的抽象尊严，早已经失去意义了。至于凤呢，却在人民情感中还是十分深厚而普遍。新的时代将依然在许多方面成为装饰艺术的主题，作各种不同反映。人民已不怕龙，却依旧欢喜凤。

龙凤在古代艺术上的形象，和文字中的形容，相互结合来注意，比单纯称引文献来分析有无，还可明白更早一些时候古人对于二物想象的情感基础。甲骨文字上的龙凤，还无固定形式，但是基本上却已经可以看出龙是个因时屈伸的灵虫，凤是个华美长尾的灵禽。双龙起拱即成天上雨后出现的虹，可知龙在三千年前即有能致雨的传说或假想，并象征神秘。但龙又像是可以征服豢养的，所以古有"豢龙氏"，黄帝后来还骑龙上天。在铜、玉、骨、石古器物上图案反映作各种不同形象发展，过去统以为属于龙凤的，近来已有人怀疑。但龙凤装饰图案，在古器物中占主要地位，则事无可疑。关于龙的问题拟另作文章探讨。现在且看看凤凰这种想象灵禽身世和发展。

在一片商代透雕白玉上，做成如一灵鹫大鹏样子，爪下还攫住一个人头，这是凤，且不是偶然的创作，因为相同式样的雕刻还不少。气魄雄健，似和文字本来还相合，却缺少战国以来对于凤凰的秀美观念。但在同时一件青铜器花纹上的典型反映，却是顶有高冠，曳着长尾，尾上还有眼形花纹，样子已和后来孔雀相差不多。因此得知后来传说中的凤凰和平柔美形象，在此也有了一点基础。

古记称"有凤来仪""凤凰于飞"，让我们知道，这种理想的灵禽，被人民和当时贵族统治者当成吉祥幸福的象征，和爱情的比喻，也是来源已久，早可到三千年前，至迟也有二千七八百年。它的本来似属于鹫鹰和孔雀的混成物，但早在三千年前即被人加以理想化，附以种种神秘性。西周是个比较务实的时代，凤的性质因之不如龙怪诞。稍后一点的孔子，有

"凤鸟不至，河不出图"之叹，可见有关凤凰神奇传说，还是早已存在的。凤是一种不世出的大鸟，一身包含了种种德行，一出现和天命时代都关系密切。凤凰既然那么稀有少见，历来人民却又如何在艺术上加以种种表现，越到后来越做得生动逼真，而且成为爱情的象征，是有个历史发展过程，并非凭空而来的。我们值得把它分成几个不同阶段（或类型）来分析一下。

一、是从甲骨文上刻有各种凤字，到《易经》上"有凤来仪"时代。也即是在文字上还无定形，而在佩玉上如大鹜，在铜器花纹上如孔雀时代。值得注意是，这时妇人发簪上，也已经使用了凤凰。可知一面是祯祥，一面又起始和男女爱情有了一定联系。

二、是《诗经》上有"凤凰于飞"，孔子有"凤鸟不至"，《楚辞》有"鸾鸟凤凰，日已远兮"，故事中有"吹箫引凤"传说成熟时期。也即是真凤凰证明已少有人见到，而在造型艺术中，却产生了金村式秀美无匹的雕玉佩饰和长沙漆器凤纹图案，以及金银错器、青铜镜子上各种秀美活泼云凤图案时期。

三、由传世伪托《师旷禽经》对于凤凰的描写，重新把凤凰当成国家祥瑞之一来看待，附会政治，并影响到宫廷艺术，见于帝王年代则有"天凤""五凤""凤凰"，见于造型艺术，先成为五瑞之一，又转化为朱雀，代表了南方，和青龙、白虎、玄武象征四方四神。在建筑上则有朱雀阙，瓦当上出现朱雀瓦。即一般大型建筑也都高据屋顶，作展翅欲飞的金雀姿势（后来的铜雀台也是由此而成），而在艺术各部门中，又都有一定地位时期。

四、在人民诗歌中，已经和鸳鸯、鹨鹕、练雀等相似地位，同为爱情象征。反映到青铜镜子艺术上更十分具体。但在封建宫廷艺术中，另一面又和龙重新结合，成为上层统治权威象征，特别是女性后妃象征。此外在博具中的双陆、樗蒲，都得到充分使用。因之"龙凤呈祥"主题图案，也成熟于这个时期。然而在一般艺术图案中，它却并不比鸳鸯、鹨鹕等水鸟，更接近人民，讨人欢喜。

五、因牡丹成为花中之王，在艺术上和牡丹作新的结合，由唐代的云凤转成"凤穿牡丹""丹凤朝阳"，反映到工艺图案各部门，因此逐渐独占春风，象征光明、专福、爱情和好等等，形象上也越来越做得格外秀美华丽，同时又成为人民吉祥图案中主题画时期。

我们说一切事物都在发展中不断变化，凤凰图案其实也并不例外。多数人民所熟习的凤凰，图案的形象，和它应用的范围，以至于给人情感上的影响及概念，原来也这么在不断发展变化中。

例如凤为鸟中之王说法虽古到二千年前，牡丹为花中之王的提法，却起于唐宋之际，只是千多年前事情。至于把两者结合起来，成为"凤穿牡丹"的主题画，反映到工艺美术各部门，成为人民所熟习的事情，照目下材料分析，实成熟于千年间的宋代。虽然"龙凤呈祥"的图案，也大约是从这时期起始在官廷艺术中大大流行，还继续发展。"凤穿牡丹"图案，却逐渐成为人民十分亲切喜爱的画面。这也还有另外一个现实原因，即《牡丹谱》《洛阳牡丹记》等著述的流行和实物栽培的普遍，增加了人民对于牡丹名色的知识。想象中的凤凰，因之在人民艺术家手中，做成种种美丽动人姿势，共同反映于艺术创造中。

元、明、清三个朝代中，龙始终代表一种神性，又成为九五之尊的象征，因此不能随便亵渎。服装艺术上随便用龙是违法受禁止的。虽然"龙舟竞渡"的风俗习惯在长江以南凡有河流处即通行，为广大人民娱乐节目之一。而逢年过节舞龙灯的风俗，且具有全国性。但是在另外一方面，即从晋六朝以来，佛教宣传江湖河海各有龙神，天上还有天龙八部，凡是龙王均能行雨，因此到唐、宋以来，特封江湖河海诸龙为王为侯，这种龙神名衔直到十九世纪还不断加封。南方各地任何小小县城，必有个龙王庙，每逢天旱，封建统治者无可奈何，就装作虔敬，去庙中祈雨行香，把应负责任推到龙王身上，并增加人民对于龙的敬畏之忱，也即增加封建神权政治。因此龙不能随便使用。直到五十年前，迷信还深入人心。至于凤凰和牡丹结合后，却和人民情感日加深厚，尽管在封建制度上，凤凰还和王侯女性关系密切，皇后、公主必戴凤冠，用凤数多少定品级等次。在官廷艺术中，又还依旧是龙凤并用，可是有一点大不相同处，乱用龙的图案易犯罪，乡村平民女的鞋帮或围裙上都可以凭你想象绣凤双飞或凤穿牡丹，谁也不能管。至于赠给情人的手帕和抱兜，为表示爱情幸福，绣凤穿花更加常见。至于民间俚曲唱本，并且开口离不了凤凰，"鱼水和谐""鸳鸯戏荷""彩凤双飞"同属民间刺绣主题，深入人心。凤的图案已不是宫廷所独用，早成为人民共同艺术主题了。换句现代话说，即凤接近人民，人民因之丰富了凤的形象和内容。凤给广大人民以生活幸福的感兴和希望。从表面看，因此一来，凤的抽象地位，不免日益下降，再不能和龙并提。事实上凤和人民感情上打成一片，特别是在民间妇女刺绣中，简直是赋以无限丰富的艺术生命，使之不朽，使之永生。

但是我们也得承认另外一种事实，即在近千百年来封建上层艺术成就中，丝绸锦绣袍服、瓷、漆和嵌镶工艺、金银加工等，凡百诸精细造型艺术图案，龙的图案也有其一定成就，而且占有主要地位，凤只是次要地位。不过从艺术形象言，即或同用于百花穿插，龙穿花总近于勉强凑合，凤穿花却做得分外自然。论成就，还是凤穿花值得学习。最有代表性的是明代宣德以来和清代初期，在五色笺纸上用泥金银法描绘的云凤或穿花凤，创造了无数高度精美活泼的艺术品，给人以一种深刻难忘印象。和西南地区民间刺绣的万千种凤穿牡丹同放一处，可用得上两句话概括形容："异曲同工，各有千秋。"

俗说凤凰不死，死后又还会再生。这传说极有意思。凡是深深活在人民情感中的东西，它的历史虽久，当然还会从更新的时代，和千万人民艺术创造热情重新结合，得到不朽和永生。

我这个简短分析小文，有一个弱点，即称道文献不多，而援引实物作证又感图片难得完备，说服力不强。只能说是一个概括说明。工艺图案龙凤问题多，值得专家分一点心来注意。我这里只近于抛砖引玉，如能从每一部门——建筑彩绘、石刻、陶瓷、丝绣，都有介绍这个装饰图案发展的专文写出来。国际友人问到龙凤问题时，我们的回答，也就可望肯定明确，不至于含糊笼统了。

一九五八年六月，写于八大处长安寺

鱼的艺术——鱼的图案在人民生活中的应用及发展[1]

中国海岸线长，江河湖泊多，鱼类品种格外丰富。因此，人民采用鱼形作艺术装饰图案，历史也相当悠久。近年中国科学院考古所，在陕西西安半坡村，约公元前四五十世纪的村落遗址中，就发现一个陶盆，黑彩绘活泼生动鱼形。河南安阳，公元前十三世纪的商代墓葬中出土青铜盘形器物，也常用鱼形图案作主要装饰。这个时期和稍后的西周墓葬中，还大量发现过二三寸长薄片小玉鱼，雕刻得简要而生动，尾部锋利如刀，当时或作割切工具使用，佩戴在贵族衣带间。公元前六世纪的春秋时代，流行编成组列的佩玉，还有一部分雕成鱼形，部分发展而成为弯曲龙形。照理说，鱼龙变化传说也应当产生于这个时期。公元前二世纪，秦汉之际青铜镜子，镜背中心部分，常有十余字铭文，作吉祥幸福话语，末后必有两个小鱼并列，因为鱼余同音，象征"富贵有余"的幸福愿望。公元前二世纪的汉代，这种风俗更加普遍，人们使用的青铜面盆，多铸造于西南朱提堂狼郡，内部主要装饰，就多作两只美丽活泼的大鱼。此外，女子缝纫用的青铜熨斗，照明的灯台，喝酒用的椭圆形羽觞，上面也常使用这种图案。当时陕西、河南一带贵族墓葬，正流行使用一种长约一公尺的大型空心砖堆砌墓室，砖上有种种花纹，双鱼纹也常发现。丝绸上起始用鱼形图案。私人用小印章也有作小鱼形的。可见美术上的应用，已日益普遍。主题象征意义

---

[1] 本文原载 1958 年 11 月《装饰》第 2 期，当时以《鱼的艺术和它在人民生活中的应用与发展》为题。

是"有余"。中国是个广大农业地区的国家，希望生产有余正是人之常情。战国时哲学家庄周，曾写过一篇抒情小品文，赞美过鱼在水中的快乐。公元二三世纪间，又有一首南方民歌，更细致素朴描写到水池中荷花下的鱼的游戏：

江南可采莲，莲叶何田田，
鱼戏莲叶东，鱼戏莲叶西，
鱼戏莲叶南，鱼戏莲叶北。

从此以后，"如鱼得水"转成了夫妇爱情和好的形容。但普遍反映于一般造型艺术上，却晚到十世纪左右才出现。公元七世纪后的唐代，鱼形的应用，转到两个方面，十分特殊。一个是当时镀金铜锁钥，必雕铸成鱼形，叫做"鱼钥"。是当时一种普遍制度，大至王宫城门，小及首饰箱箧，无不使用。用意是鱼目日夜不闭，可以防止盗窃。其次是政府和地方官吏之间，常用一种三寸长铜质鱼形物，作为彼此联系凭证，上铸文字分成两半，一存政府，一由官吏本人收藏，调动人事时就合符为证。官吏出入宫廷门证，也作鱼形，通称"鱼符"。中等以上官吏，多腰佩"鱼袋"，这种鱼袋向例由政府赏赐，得到的算是一种荣宠，通称"紫金鱼袋"，真正东西我们还少见到。宋代尚保存这个制度。可是从宋画、宋俑服饰上，还少发现使用鱼袋形象。又唐代已盛行国家考试制度，有一定文学水平的平民可望通过考试转成政府官吏。汉代以来风俗相传，黄河中部有大悬瀑，名叫"龙门"，鱼类能跳跃上去的，就可变龙。所以当时人能见得名流李膺的，以为是登龙门。唐代考试多由达官贵族操纵，人民获中机会并不多，因此，人民也借用它来做比喻，考试及格的和鱼上升龙门一样。"鲤鱼跳龙门"于是成为一般幸运象征，和追求幸运的形容。因此成为一般艺术主题，民间刺绣也起始用它做主题。公元十世纪的宋代，考试制度有进一步发展，图案应用因此更加广泛。

这个时期，在中国浙江龙泉烧造的世界著名的翠绿色瓷器，小件盘碟类，还多沿袭汉代习惯，中心加二小鱼作装饰。江西景德镇的影青瓷，和北方的定州白瓷，和一般民间瓷，鱼的图案应用更加多了些，意义因此也略有不同。在盘碗中的，多当成纯艺术表现。若用到瓷枕上，或上面加些莲荷，实沿袭"采莲辞"本意，喻夫妇枕上爱情"如鱼得水"。又有在青铜镜子上浮雕双鱼腾跃的，用意相同。现实主义的绘画，正扩大题材范围，还出了几个画鱼名家，如刘寀等，作品表现鱼在水中悠游自得的乐趣，千年来还活泼如生，丰富了中国绘画的内容。后来八大、恽南田，直到近代白石老人，还一脉相承，以此名家。在高级丝织物部门，纺织工人又创造了鱼形图案的"鱼藻锦"，金代还作为官诰包首。宋代重视元宵灯节，过年灯节时，全国儿童照风俗都玩龙灯和彩色鱼形灯。文献中也有了人工培养观赏红鱼的记载。杭州已因养金鱼而著名。

元代有部《饮膳正要》书籍，部分记载各种可吃的鱼，还有很好的插图，没有提到金鱼，可知当时统治者虽好吃，而且有许多怪吃法，但是还不到吃金鱼程度。

公元十五世纪的明代，绸缎中的鱼锦图案有了发展。国家织造局专织一种飞鱼形衣料，作不成形龙样，有一定品级才许穿，名"飞鱼服"。到十六七世纪的明代晚期，杭州玉泉观鱼，已成西湖十景之一。北京金鱼池则已成宫廷养金鱼处，江西景德镇烧瓷工人，嘉靖万历时发明的五彩瓷，起始用红鱼做主题图案。当时宫廷需要大件瓷器中，大鱼缸种类增多，因此，政府在江西特设"龙缸窑"，专烧龙纹大鱼缸。反映宫廷培养金鱼已成习惯，鱼的品种也日益增多。但是这时期的鱼缸留下虽多，造型艺术中，十分奇特美观的金鱼形象留下的可并不多。北京郊区发掘出的几具绘有五彩红鱼大罐，鱼的样子还和朱鲤差不多。另处也发现一种各种褐釉陶制上作开光花鸟浮刻大鱼缸，根据比较材料，得知烧造地或出于江南，后来人虽用来作鱼缸，出土物里面却多坐了个大和尚，是由大鱼缸转为和尚坐化所利用。这类特制大缸不同处是上面还常有个大盖。缸上也有作鳜鱼浮雕图案的。

十七世纪中清代初期，江西景德镇烧造的彩釉和白胎彩绘瓷，都达到了中国陶瓷史艺术高峰，鱼形图案应用到瓷器上，也得到了极高成就，精美无匹。用鳜鱼的较多，是取"富贵有余"意思。或用三或用五，多谐三余五余。灯笼旁流苏，也有作双鱼形的。并且产生了许多造型完美加工精致的鱼缸。在故宫陶瓷馆陈列的仿木釉纹的鱼缸，是一件有代表性的艺术品。此外已有玻璃缸养金鱼的，代表新事物，成为当时贵族人家室内装饰品。至于鱼形应用到刺绣、椅披和袍服上，多是双鱼作八字形斜置，如磬形，取"吉庆有余"意思。用鲢鱼形的则叫"连年有余"。也有雕成小玉佩件的。

至于玩赏性的金鱼，品种的改进与增多，应和明代南方中产阶级的兴起及一般工艺品的发展有一定关系。明文震亨的《长物志》卷四说：

> 朱鱼独盛吴中，以色如辰州朱砂故名。此种最宜盆蓄，有红而带黄色者，仅可点缀陂池。

记述品种变态，当时即有种种不同名称：

> 初尚纯红、纯白，继尚金盔、金鞍、锦被，及印头红、裹头红、连腮红、首尾红、鹤顶红，继又尚墨眼、雪眼、朱眼、紫眼、玛瑙眼、琥珀眼、金管、银管，时尚极以为贵。又有堆金砌玉，落花流水，莲台八瓣，隔断红尘，玉带围梅花，月波浪纹，七星纹种种变态，难以尽述。然亦随意定名，无定式也。

> 蓝如翠，白如雪，迫而视之肠胃俱见，即朱鱼别种，亦贵甚。

述鱼尾则有：

> 自二尾以至九尾，皆有之。第美钟于尾，身材未必佳。盖鱼身必宏纤合度，骨肉停匀，花色鲜明，方入格。

到十九世纪以来，培养金鱼的风气，已遍及各地。道光瓷器和刺绣中女人衣上的挽袖、衣边，多作龙睛扇尾金鱼。这时节出了个画金鱼的画家，名叫"虚谷"，是个和尚，画了一生的金鱼。清代货币除铜钱外用金银，实物沉重，不便携带，民间银号、钱庄流行信用银票和钱票，因此盛行一种贮藏银票杂物的"褡裢"，佩在腰带上。为竞奇争异，上面多作各种不同刺绣花纹，金鱼图案因此也成为主题之一，用各种不同绣法加以表现，产生许多有趣小品，同时皇室贵族妇女衣裙边沿刺绣，和平民妇女小孩围裙鞋面，都常用金鱼作装饰图案。民间剪纸原属于刺绣底样，就产生过许多不同的美丽形象。当时在苏州织造"绮霞馆"打样的提花漳绒，用金鱼图案织成的，花纹布置，格外显得华美而有生趣。

　　这些装饰图案的流行，反映另外一种事实，即金鱼的培养，从十九世纪以来，已逐渐成全中国习惯。由于南北气候不同，养鱼方法也不尽相同。南方气候比较热，必水多些金鱼才能过夏，因此盛行大鱼缸。这种鱼缸一般多搁在人家庭院中，缸上照规矩还得搁一座小小石假山，上面种一些特别品种花药，千年矮或虎耳草，和翠色蒙茸的霉苔，十分美观。一面可作缸中金鱼的荫蔽，一面可供赏玩。一座有值百十两银子的。缸中水里还搁个灯笼式空花"鱼过笼"，明龙泉窑烧造较多，景德镇则烧作米色哥窑式。北方地寒，瓷缸多较小，和玻璃缸常搁于客厅中窗前条案间，作为室内装饰品一部分。十八世纪著名小说《红楼梦》，就描写过这种鱼缸。室外多用扁平木桶和陶缸，冬天必收藏于温室里，免得冻坏。

　　养金鱼既成社会习惯，因之也影响到现代一般工艺品的题材。北京著名的景泰蓝，就有用金鱼作装饰图案的。此外，玉、石、骨、牙、竹、木雕刻中，民间艺术家更创作了多种多样的美丽形象。而最值得赞美的，还是金鱼本身品种的千变万化，给人一种愉快难忘印象。公园中蓄养金鱼地区，照例是每天游人集中地方。庙会中出卖金鱼摊子，经常招引广大的妇女和小孩不忍离开。

　　还有北京市小街窄巷间，每天我们都有机会可以发现卖金鱼的担子，卖鱼的通常是个年过七十和气亲人的老头子。小孩一见这种担子，必围着不肯走开，卖鱼的老头子和装在小玻璃缸中游动的小金鱼，使得小朋友眼睛发光。三者又常常共同综合形成一幅动人的画稿，至于使它转成艺术，却还有待艺术家的彩笔！

狮子在中国艺术上的应用及其发展[①]

由来已久,至晚在商代前期,在工艺品中就得到明确的反映,铜漆玉石都作为主要装饰图案而产生存在。《汉书·西域传》是后来事物。《尔雅》一书中曾有记载,晋代郭璞注称即狮子。事实上作为外国贡物来到中国,必有一定对象,才会有所得。东周晚期春秋战国诸侯争霸,无一定最高王权作为入贡对象,狮子传说或进入中国西部,实物不大可能远来。

老虎称百兽之尊,狮子也称百兽之尊,都勇猛矫健,瞻视不凡。但老虎是本国土产,西南、东北各省区山地都可发现,以东北产躯体特别庞大,知名世界。狮子却是外来物,在海外出现的地区,也只限于非洲及中西亚若干接近沙漠荒远地方。古代当作文化交流的珍禽奇兽之一来到中国,可能早于战国,但文献上比较落实具体,大致还是在西汉。

《后汉书·顺帝纪》称:

疏勒国献师子,封牛(或应作"犎")。
注:《东观记》曰:"疏勒王盘遣使文时诣阙。"师子似虎,正黄,有髯耏,尾端茸毛大如斗。封牛,其领上肉隆起若封然,因以名之。即今之峰牛。

[①] 本文作于1965年。

注中所形容的狮子形色特征，是和真正的狮子相差不远的。但注实出后人之手。至于由汉代人说来，西汉时能见到狮子真形的人，大致还并不多。由于武帝以来，海外文化交流，世界上各地出产的珍禽奇兽如犀牛、鸵鸟、狮子等等，即或已当成入贡礼品，送到长安、洛阳，大致还只是豢养在政府官廷园囿离宫别馆中，供封建统治者个人开心，及其亲近家属从臣欣赏，不仅大多数人民无从得见，即身在长安、洛阳供职的一般官吏，或许也难于见到。因此在西汉以来，即普遍流行的狩猎纹工艺图案，无论铜、陶、漆、玉、丝或金银加工，产于本国的熊、虎、鹿、豹、貘、兔、羚羊、野猪、孔雀、鸿雁，及传说中的龙、凤等等形象，无不可以发现，而且都无不做得极其生动活泼，形象逼真。内中却未发现狮子纹。墓葬石刻平面浮雕或线刻上反映属于《王会图》或《瑞应图》《博物志》中奇异动植物，也没有狮子在内。惟大型立体石刻在墓葬阙门间，却出现了成双的狮子，或名异实同的"天禄辟邪"。时间多在东汉中晚期，和史志记载狮子入贡有一定联系。至于反映到小件雕玉的大小璧、盾形佩、筒子式的酒卮，和玉具剑上的装饰，珌、璏、珥，无不可以发现用高浮雕或圆透雕的子母辟邪，时间较早则可到西汉，来源也可以说是沿袭春秋战国以来的奇禽怪兽，和狮子的关系是间接的而非直接的，但是到汉代，彼此便已经混淆，随同历史发展，更难于区别显明了。

东汉大型石刻狮子形象，如何由官廷珍物转而为普及到中等官僚墓葬前陪衬物，发展情形不得而知。当时付雕并留下当地刻工价值的，为山东嘉祥武氏祠石刻，中有狮子一对，值钱四万，石工张胜记载。四万钱在当时值黄金二两，并可买上中彩锦二匹，普通绢帛约五十匹，价值不能不说已经相当高！又南阳宗资墓，成都高颐阙，也均各有狮子一对。四川石狮形象，已近似现存分布于南京市郊外南朝齐梁时萧氏诸墓前辟邪形象，前胁间各附以助其雄猛由云气纹变成象征飞翔的小小双翼。因此谈艺术史的，对于它们的产生，有两种不同的推测：

一、联系这个石兽造型，和胁间两个翅膀而言，认为来源似和史传中的贡狮子少直接关系，实出于中亚巴比伦艺术有翼猛兽飞廉的间接影响。

第八讲　龙凤和狮子艺术

二、另外一点推测，即四川东汉末既有这种石狮子出现，江南至迟在三国东吴孙权时也会产生，当时即不用于孙策、孙权墓前，也会用于当时南方特别迷信的蒋子文的蒋侯庙、伍子胥等先贤祠堂前，也会和东晋诸皇陵相关。决不至于到百多年后的萧梁政权时代才忽然出现。

若孤立看来，前者似乎说的还有点道理，若联系材料比较分析，却不一定是事实。因为西汉以来，凡受《史记·封禅书》等记载、神仙方士传说影响下产生的造型艺术，为了能符合"白日飞升"流行传说，不问是主题角色的东王公、西王母，还是王子乔、安期生，以及其他附属于海上三山上的珍禽奇兽，无一不是浮在云气上行动，于背后或于两胁旁生着一行或一对小小翅膀，表示具有这样飞腾的能力。四神瓦当中青龙白虎，虽大不过五六寸，也各具有同样翅膀。不过反映到较小面积雕刻绘画上，云气翅膀做得比较简单草率，不能比用于大型立体石刻上那么完整具体而已。所以与其说它的来源，系出于巴比伦同类性质艺术的影响，还不如说是受秦汉以来神仙方士传说影响。其次一件事，则有可能东吴孙墓即已有石辟邪出现。东晋渡江，经济财力十分枯窘，节葬说又正流行，未见继续。到南朝萧梁统治江南时，有数十年生聚，封建贵族统治者为夸大个人财力和事功，才依据旧物，大有兴作，彼此仿效。所以这些石辟邪虽产生于社会艺术风气萎靡的南朝，事实上这种辟邪艺术风格，还具有典型汉代天禄辟邪雄骏奔放的原因。

至于附于礼器上的玉璧，佩饰上的盾形玉佩，饮食器中的玉卮、玉碗，和玉具剑上的镖首、珥、璲等装饰或柄足子母辟邪，同样经常也在胁腿间附以云气翅翼装饰，唐、宋以后却发展成为"如意灵芝"或一般卷草，一直使用于玉、石、牙、角、金、铜、竹、木等雕刻上，和部分丝绸彩绘图案上，到清代犹继续有不断发展，成为中国民族图案应用最广泛普遍熟习的形象。但是后来人却已少有明白它的来源和狮子本来密切关系了。

狮子来到中国，若照史志记载既在汉代，到的地方必然是长安或洛阳，陕洛一带总应当也还留下一些比较近真的图形，比外州郡一般辟邪更像真正的狮子。这种合理的假设，近年已有些实物出土加以证实。例如陕西博物馆保存的一件大型石狮，和陈列于中国历史博物馆的一个狮子，都可以作为例证。这两个石刻体格结构都和真正狮子极其相近，而胁间小小翅膀，就显得只是一种行动迅速奔走如飞的象征。这种表现方法，事实上在春秋战国以来青铜器的铸造和彩绘漆工艺装饰图案中，即已经习惯运用，并非起于汉代。

狮子本身既然是从海外来的，同时必然还有进贡的异国人民，汉代石刻虽有根据《王会图》《职贡图》或《山海经》而作的图像，似多以意为之，有图案效果而少考古价值。例如武氏祠石刻作"穿胸国人着汉式衣冠而用二人扛贯其胸而行"可知。这类石刻中是未见有狮子和贡狮人形象的。沂南汉墓石刻有作胡人奇形怪状，押着奇禽异兽作行进的，却又近于汉代所谓犁靬幻人举行的百戏，是用人装扮弄假狮子和九苞凤凰的。因此汉代贡狮子的外国人应当是种什么样子，不得而知。从近年新出土文物试作些探索，重要的新材料，是江浙地区出土一个晋代烧造的越州青瓷水注（或镜台、烛台座子），作一胡人戴长筒阔边帽子，骑于一个蹲伏狮子背上。这个艺术品现藏于北京故宫博物院，曾彩印于故宫藏瓷图录中，事实上若联系前后材料分析，似应当叫作"醉拂䴊弄狮子"，这个主题画且和西汉文人东方朔，及晋代名臣庾亮及当时著名的"文康舞"均有联系。反映于此后工艺各部门，前后约千八百年时间。唐代宫廷中大朝会应用的"五方狮子舞"，白居易新乐府中的《西凉伎》，宋、明以来的弄狮子，无不从之而来。即仅以"醉拂䴊弄狮子"直接表现于艺术品而言，也不下百十种不同式，反映于民间艺术各部门。后来称弄狮子的为"狮子郎"，似乎即还留下一点痕迹。但从历来以文人画、宫廷艺术为传统的艺术史看来，却极少有对于这个古代文化交流影响于广大人民极其普遍的问题有所叙述的。

《画史》称梁元帝萧绎，曾绘有《职贡图》，本于周代《王会图》传说而续作，叙齐梁时西域诸国来朝时种种。实物既不存，内容也难于详悉。近人论述传世唐阎立本绘《职贡图》时，便以为从画旁附录文字记载分析，或即根据当时萧绎所绘《职贡图》而成。这个假定实不能成立。因为判断一个画的时代，最可靠的无过于图画本身。判断一幅人物画的产生相对时代，比较可靠的又必然是从起居服用各方面来探讨问题。若从这个图卷中人物衣服冠巾看来，则无疑只是宋或以后人依据唐人画迹和出土陶俑附会而成，托名唐初阎立本或立德。不仅和萧绎无关，且和阎氏兄弟也无关。敦煌石窟有不少唐贞观时壁画，行香人中还留下有不少中原和西北诸族人民形象，衣着多画得十分具体，虽有些奇怪，总依旧近于写实。阎立本兄弟的《职贡图》中人物，应当和敦煌壁画反映极其相近。且大有可能，这些图画中一部分，本来即系取自《职贡图》。而传世《职贡图》中西北诸族人民巾裹，却近似宋、金时不明当时情形的人附会而成。立本兄弟父亲阎毗，是隋代有名艺术家，并且参与隋代舆服的制定。立本兄弟也称博识多闻，并参与唐初舆服的制定，哪里会如此胡乱使用冠巾？所以说这个《职贡图》既不可能和梁元帝有什么关系，也不会出于唐初名画家阎氏兄弟之手。

晋代以来，虽即有"醉拂菻弄狮子"，使狮子的原本神性失去作用，而赋以民间百戏杂技娱乐开心的意义。但过不多久，到宗教迷信浓厚的南北朝，却又和其他固有传说并富于神灵象征的"龙"，和国产的固有的猛兽"虎"，一同成为佛力驯服的对象。经过斗争，终成为佛前的俘获物。先是在稍前一时，魏晋之际南方做青铜"天王日月"镜子上，即常有分段有翅神像中，夹以若干狮虎不分的怪兽头颅出现，是否和佛经中的降魔经变有一定联系，有待进一步探讨。"降龙伏虎"由于较后成为十八罗汉主题之一，为世人所熟习，但北朝以来紧密和佛分不开的还是狮子。在北齐造像佛菩萨两旁，经常均可以发现一对狮子。有的位置又是在莲座前边，共同捧着一个博山香炉，成为后来"狮子滚球"的最早姿势。狮子滚球直接的影响，大致还是唐代小狮子狗同滚唐代圆形香炉（也叫香球）而起！说详后述。在一定时期内，宗教宣教是要借重狮子来夸大佛法威力而增加世人敬信的。或借助于狮子雄猛达到"护法"目的，或作为佛说近于"狮子吼"警醒愚蒙的象征。总之，应用上的心理意识是错综的，而求达到宣传目的却是单一的，利用狮子对于人的威胁为佛降伏而反映于艺术中。《西游记》上说的孙猴子始终跳不出如来佛手掌，也是一种巧妙的宣传。

到唐代，佛旁狮子已由护法天王金刚代替，狮子为宗教服务却以另外一个姿态而出现。佛旁文殊、普贤三尊形象完成后，文殊、普贤必骑青狮、白象（由于狮子王经故事的原因），狮子于是换了一种式样和地位，反映于以后宗教艺术中约一千三百年。狮子失去固有的雄猛、敏锐、果敢、决断种种形象和精神上特征，形象逐渐和叭儿狗合流，用醉拂菻弄假狮子作为范本，成为一个逗人开心的共同体，也是这个时期！为求达到所谓"妙相庄严"，事实上却自然和实物越来越远了。

但在其他附属应用工艺装饰图案中，唐代却大量应用真正狮子和部分想象中的狮子，作为反映到工艺图案各部门，取得艺术上空前广泛效果。由官廷应用贵金属器物到民间儿童玩具，都可以发现狮子的雄健活泼形象。

前者例如近年出土的直径过一尺的大型鎏金盘子，用狮子作为主题浮雕，当时显明是成于官廷作坊金工之手，而为封建主帝王特有的。后者属于唐代烧造成流行天下的邢州白瓷。内丘白瓷既流行全国，这种玩具也必然是一般人熟悉的。

北宋徐兢作的《宣和奉使高丽图经》中提到高丽青瓷狮子，得知瓷制狮子还影响到高丽艺术。

四川织锦工人，则用彩织创造了以狮子舞图案为主题的狮子锦，用狮子舞作主题，串枝花缠绕于其间，奏乐人缩得极小，围绕四旁，狮形大将二尺。连缀成三五丈大面积锦帐，悬挂于殿堂深院中，艺术效果显明是十分强烈的。这片锦缎是大约在肃宗时流传于日本，现在还保存得上好的。

唐代陶瓷工人新发明的三彩陶，用来做马和骆驼，世界早已知名，也有做立塑狮子，艺术上得到极高成就的。

又日本法隆寺还藏有一片天王狩狮子锦，作二骑士相对立，回身引弓射狮子，狮子举身猛扑骑士。照画面说，它或出于波斯式样。但《南史》已称有猎狮子锦，而这片锦纹正中作唐初习见菩提树式，团窠旁附连珠，也和其他几种近年西北出土唐锦相同。极可能实出于张彦远《历代名画记》中提起的唐初在四川做行台总管兼管督造的窦师纶出样，成都织锦工人做成的。这些锦样当时叫"陵阳公样"，称为章彩奇丽，流行百年不废。晚唐大历时诏令中禁织的狮子、麒麟、天马、辟邪诸锦，必然就包括有这类图案的彩锦在内。

此外石碑边沿装饰图案中，正流行鸟兽穿花图案，有采用十二辰图样的，有一般性鸟兽穿花的，有太子玩莲的，也有作奔狮和文殊骑狮子的。拂菻骑狮子奏乐的，虽属附属装饰，同样做得十分生动活泼，壮丽华美。

汉六朝以来，狮子主要应用，即在陵墓前面用大型石刻作成仪卫一部分，产生堂皇庄严效果。唐代为了达到这个政治目的，也还继续采用，在顺陵、乾陵前，都还有这种成对大石狮，做得极其威严庄重。这个制度且贯串了整个封建社会中。

狮子由写实转为象征，失去本来雄猛不可羁勒，转而为驯服坐骑，近似和叭儿狗的混合体，除了宗教画的影响，而宗教画的形成，大致又来源于民间习惯影响。正如同狮子舞锦缎虽出于唐代宫廷大乐舞的"五方狮子舞"，这个大型舞蹈，照史志记载，是专为帝王而设的，诗人王维天宝时做"协律郎"，即因作黄狮子舞而得罪，几乎死去。（分析原因，可能是于天宝十三载安史之乱，安禄山入长安时，陷身于敌伪，曾被迫为安禄山安排过这个大乐舞，否则不会有机会私自作黄狮子舞的。）但它的起源，却明显和晋代以来的"醉拂菻弄狮子"分不开。更和北朝《洛阳伽蓝记》所述当时宗教迷信利用五色狮子进行宣传有一定联系。所以到唐代不仅成宫廷大节会乐舞之一，同时还流行于一般社会，近似外国马戏性质，成为军营中和人民群众的季节性娱乐。诗人元稹、白居易均有《西凉伎》描写形容。

元稹《西凉伎》描写凉州军营歌舞有：

　　……前头百戏竞撩乱，丸剑跳踯霜雪浮。狮子摇光毛彩竖，胡腾醉舞筋骨柔。……

白居易《西凉伎》，并注明是"刺封疆之臣也"而作。重要的是对于这种假狮子形象的叙述形容：

> 西凉伎，假面胡人假狮子。刻木为头丝作尾，金镀眼睛银帖齿。奋迅毛衣摆双耳，如从流沙来万里。紫髯深目两胡儿，鼓舞跳梁前致辞：应似凉州未陷日，安西都护进来时。……

李白《上云乐》歌词，且提到：

> 金天之西，白日所没。康老胡雏，生彼月窟。巉岩容仪，戌削风骨。碧玉炅炅双目瞳，黄金拳拳两鬓红。华盖垂下睫，嵩岳临上唇。不睹诡谲貌，岂知造化神。
>
> 大道是文康之严父，元气乃文康之老亲。
>
> 老胡感至德，东来进仙倡。五色师子，九苞凤凰……

诗中不仅有胡人进仙倡五色狮子、九苞凤凰等后汉人辞赋中叙述引申，还涉及和"醉拂菻"同时流行于晋南北朝，著名的大臣庾亮有关的舞蹈"文康舞"。末尾还牵涉到东方朔窥窗偷桃故事连在一起，这么说来不免言之话长，非本文所能尽。当俟另写专文讨论。但是可以知道，不仅真狮子来自海外，舞假狮子也来自海外。更重要即照白居易形容，唐代舞假狮子的形象，已不像真，却接近唐代壁画中文殊菩萨身下那个坐骑。

又胡人弄狮子反映到唐代艺术品中，也有种种不同发展。有做成墨昆仑的，在绸缎中还比较近真，即波斯胡应有形象。在西北新发现瓷器中还不例外。在敦煌壁画中却开始做成"墨昆仑"模样，黑而矮小，即唐人小说中的"昆仑奴""黑波斯"，一般以为是真的黑非洲人，有搞语言学的专家却认为指的是过去新几内亚，现在马来西亚岛的本土少数民族，唐代或属锡兰，所以称狮子国，并以善于驯服狮子著称。又有作其他高鼻胡人形象的，例如敦煌画，石刻边沿，和近年西安新发现，现陈列于北京历史博物馆一小石刻，即各不相同。至于宋初画家作的线画木刻文殊骑狮子像，前边驯狮人，却又还是高鼻尖锥帽西域胡人，形象且和南朝砖刻上所见到的唯一传世文康舞胡人形象相近。也可知文殊坐骑狮子就是从拂菻弄的假

第八讲 龙凤和狮子艺术

狮子而来。因此不论是文殊坐骑前，或舞狮子形象，必有一（或二）狮子郎，事实上即"拂菻"简称，也即"墨昆仑"别称。

唐代金属工艺中的尖端，是扬州金工于八月五日或五月五日铸造的各种镜子。镜子上用对兽作主题的，计有对羊、对鹿、对犀及对狮子。这种近于特种生产工艺品，重复相同的出土因之较少。至于另外一种后人名为"海马""海兽""狻猊""辟邪"镜子的，多奔驰于满地葡萄间，或间穿插孔雀、鸾凤等珍禽，蜂、蝶等虫蛾类，则占有唐镜大部分。清代官修的《西清古鉴》中镜鉴，因本于史称张骞由西域带回葡萄事，误把这类镜子一例称作汉镜，致近人写美术史犹有沿袭错误，以为系汉代艺术，不知实唐代产品的。

宋代由于生产发展，都市生活也有了进一步发展，一面是拂菻弄狮子在建筑彩绘部门，有个一定位置，另一面玩真假狮子也更广泛成为瓦舍百戏和民间娱乐之一部门，因此在艺术上反映这个题材，也更加广泛，而且各具不同风格。但共同特征，即拂菻狗的形象已占重要位置，特别是南方狮子的造型，居多从叭儿狗启示，做得十分可笑，狮子应有的雄猛无比的形象已被完全歪曲，成一个逗人怜爱的形象。在舞狮子的图像中，那个狮子郎在官书上或乐舞记载上，虽还说额上系红抹额，如《营造法式》一书彩绘部门所反映种种，在《婴戏图》一类南宋画迹中，就成为儿郎子们的少年郎了，从此以后近十个世纪，舞狮子的都化妆成白面郎，再也不会如波斯形象。

一、辽代契丹建筑工人在庆州建造的白塔腰部主要浮雕装饰，即有作"醉拂菻弄狮子"形象，由于充满地方风格，日本学人却误以为系"高丽人牵狗"，一再著录种种图谱中，如孤立看来，即易附会为某某人牵狗。如联系分析，就可知错误得十分可笑！除了"醉拂菻弄狮子"，哪容许这种和宗教迷信不相干的事件成为宝塔上主题装饰浮雕？

二、北宋初高□□作的线画板刻，也作有文殊骑狮子，旁有戴尖锥浑脱帽拂菻和一天女在旁。高□□是著名画家，无遗墨传世，由此板刻不仅得知艺术风格实出于吴道生，而且由此得知，这个"醉拂菻"形象，基本上还和近年邓县出土南朝墓砖上唯一传世的文康舞高鼻尖帽胡人相同。可证明李白《上云乐》中叙述两者相互关系。

三、宋、元流行小手镜，镜纹装饰图案，也有用"醉拂菻弄狮子"作为题材的。制作虽草率，而形象却和前者相近。

四、南宋苏汉臣绘《婴戏图》……

事实上这个主题画当时还应用到冠服制度中，例如《宋史·舆服志》"腰带制度"花纹二十多种，内中有"狮蛮"一种，就指的是拂菻弄狮子。是在带的排方上用"识文隐起"浅浮雕做成的。照规矩为□品官身上物。有残余带饰可证。宋政府每年有送臣僚袄子锦计七等，其中"翠毛狮子"一种，当时实物虽已不得而知，但从明代现存几种狮子锦看来，是多少还保留一点唐代写生神情的。

专述北宋社会生活的《东京梦华录》，叙述南宋社会生活的《梦粱录》，都提起瓦舍百戏的马戏棚子名狮象棚，观者常及数千人，象或用真物表演，至于狮子，可能也和唐代一样是用人扮演的。

单独用唐式定型狮子而略有变化作为栏槛柱头装饰的，最著名的应数金大定时修造于燕京卢沟河上的卢沟桥狮子柱头。世俗相传这几百个狮子形象姿态没有一个相同的。从艺术精神上说，其实也可说完全相同。而且时代性鲜明，和以前的唐代，以后的明代，倒是差别显明。

日常特种工艺品装饰上应用的，却多采取汉玉的辟邪，不常见真狮子。这大约和宣和好古《博古图》《古玉图》的编纂有一定关系。例如定州白瓷的平面浮雕装饰图案，用的就是子母辟邪如意云，或由云衍变的灵芝草。宋宫廷设有玉作，专门雕治犀角、玉翠、水晶、玛瑙等贵重材料作杯斝饮器或瓶壶类插花器，用辟邪作为柄耳部分装饰，常见于记载。因此明代政府抄权臣严嵩的家留下那个财物底册《天水冰山录》中记载的许多水晶器物，其中可能就有不少是宋代作品。现存于故宫这类工艺品，虽鉴定时多以为系明、清两代，有的出于猜测，有的根据入库记录或乾隆题诗。乾隆喜附庸风雅，或任官吏贪污，再抄家将所得珍贵文物字画没收成为宫廷所有。或用做生祝寿名分，聚敛民间收藏，过目虽多，鉴定还是胡胡涂涂。有时还把商代玉器刻诗于上。所以宋、明器物，不能因为有他的刻诗即认为清代制作。

元、明两代对外交通扩大了范围，因此从晋代葛洪以来即传说犀角可以解毒，因此除在药物上应用外，用犀角作酒杯的风气也还继续。并且很出几个工艺名家。用犀角作杯不外两种形式，其一作横倒平放式，雕张骞泛槎故事，张骞乘于一段独木舟式的枯槎上，注酒入内，可以从船头一端吸饮，或称"酒船"。尤通就是其中一个名工，故宫博物馆还保有他的作品一件。另一是竖置式，阔处向上，尖端向下，有的必须搁置于另一个架子上，方能稳定。这种竖式犀角杯，装饰加工也有许多种，最常见的就是杯身上部和边沿刻高圆浮雕、透雕子母辟邪，或照龙生九子俗传雕大小十龙，柄部也作龙形。这种犀角杯传世的还有千百件，大型的且有长及一尺的。

元、明雕玉大小杯洗用辟邪作主要装饰或柄部的也极多。二寸以下，做饭糁色的小玉佩，作为扇坠或腰间系佩，用辟邪作同样□□也极多。瓷铜器瓶壶耳柄足口沿采用的也不少。一般称为螭虎，事实上还是辟邪，是由狮子衍进的工艺图案。它的形象，虽然已经和世俗过年玩的狮子已大异其趣，而事实上来源还是一个，狮子。

狮子艺术还是在继续发展和应用。直到十九世纪末，满清封建王朝结束期，北京街市中这一时期的新式建筑，不问是私人住宅，还是商店铺子，当街一面屋顶，照例还蹲了两只傻呼呼的守门狗式的兽物。起始流行湘中商品绣，也经常见到用棕黄色为主调的公母狮子主题出现。多是由于北京动物园前身"三贝子花园"的开放，一般市民看到了狮子的结果。这些狮子应当说是比较写真的，但事实上应用的却只是一种自然主义手法，反映出延长了二千多年的封建社会外受帝国主义的侵略，内受几次重大农民革命的影响，政治上已摇摇欲坠，临于崩溃前夕，而艺术上也形成一种混乱，失去了固有民族艺术风格。

第九讲
纸与字

早在春秋战国之际，当装饰艺术部门正流行把黄金和新发现的白银应用到镶嵌工艺各方面时，同时也就发明了把金银箔做成极细粉末，用作绘画材料，使用于漆工艺上，增加它的艺术光彩。这是公元前四五世纪的事情。

多数人若肯承认在艺术上分工的事实，那就好多了。不幸得很，中国多数人大都忽略了这种事实。都以为一事精便百事精。尤其是艺术，社会上许多人到某一时都欢喜附庸风雅，从事艺术。惟其倾心艺术，影响所及恰好做成艺术进步的障碍，这个人若在社会又有地位，有势力，且会招致艺术的堕落。最显著的一例就是写字。

谈金花笺[1]

一、时代和主要内容

　　金花笺照北京习惯称呼是"描金花笺"，比较旧的称呼应当是"泥金银画绢"或"泥金银粉蜡笺"。原材料包括有绢和纸，一般多原大六尺幅或八尺幅，仿澄心堂的一种则是斗方式，大小在二尺内。制作时代多在十七世纪后期和十八世纪前期。主题图案的表现方法大致可分成两种形式：一是在彩色纸绢上用金银粉加绘各种生色折枝花，一是在彩色纸绢上作各种疏朗串枝花或满地如意云，再适当加上各种龙凤、八吉祥或花鸟蝴蝶图案。反映到这种彩色鲜明的纸绢上的，不论是庄严堂皇的龙凤，还是生动活泼的花鸟蜂蝶，看来却给人一个共同的愉快印象，即画面充满生意活跃的气氛，它具有一种十八世纪文人画家绝办不到，惟有工人艺术家才会有的，豪放中包含有精细、秀美中又十分谨严的装饰艺术风格。特别是整幅纸张的装饰效果，显得极其谨严完整，部分花鸟却又自由活泼，相互调和得恰到好处，它的产生虽在二百年前，到现在仍使人感到十分新鲜。

　　这些纸绢似创始于唐、宋，盛行于明、清，当时多是特意为宫廷殿堂中书写宜春帖子诗词或填补墙壁廊柱空白，也作画幅上额或手卷引首用的，在悬挂时可起屏风画作用，有的位置就等于屏风。宋代以来，人称黄筌父

---

[1] 本文原载1959年《文物》第2期，当时以《金花纸》为题。

子在屏风上作花鸟画为"铺殿花"，语气中实含有讽刺。其实照目前看来，倒正说明了这类画的长处是笔墨扎实，毫不苟且，因之装饰效果特别强。十七、十八世纪以来，金花笺上的花鸟云龙，长处还是照旧，应属于"铺殿花"一个分支。作者部分是清代宫廷中如意馆工师，部分是苏州工匠。在苏州织造上奏文件中，有一份关于同治八年制造五色蜡笺工料价目，十分重要。价目是：

计细洁独幅双料两面纯蜡笺，每张工料银五两玖分。

又洒金蜡笺，每张加真金箔洒金工料一两一钱五分二厘，每张工料银六两二钱四分二厘。

又五色洒金绢，每张长一丈六尺，宽六尺，每尺用加重细洁纯净骨力绢，需银一两，颜料练染工银三钱，真金箔一钱四分七厘，洒金工银三分一厘，每尺银一两四钱七分八厘，每张银二十三两六钱四分八厘。

文件中说的是比较一般的洒金纸绢，由此可推知，十八世纪以来，加工极多的泥金绘画纸绢，当时价格必然更贵。如把这个价目和绸缎价目相比较，当时特别讲究的石青装花缎子，不过一两七钱银子一尺，最高级的天鹅绒，只三两五钱银子一尺，这种加金纸绢价格之高可见一斑。

画师姓名我们目前知道的虽不多，但艺术风格则可从花笺本身一望而知：早期多接近蒋廷锡父子，较晚又和邹一桂有些相通，山水画笔法则像张宗苍、董诰。这情形十分自然。因为作者既然多是如意馆工师或苏州画工，艺术风格受宫廷画师影响，是不足为奇的，特别是容易受后来做宰相的蒋廷锡画风的影响。但是如从图案布局效果看来，这些画却早已大大超过了他们，每一幅画都注意到整体效果和部分的相互关系，节奏感极强，有很高的艺术成就。

二、泥金银技术在一般工艺上的发展

泥金银技术比较普遍地使用到丝绸衣物、木漆家具和其他各方面，是在唐、宋两代，即公元六七世纪到十二世纪。明杨慎引《唐六典》，称唐人服饰用金计十四种，宋王栐著《燕翼贻谋录》，则说北宋时用金已到十八种，各有名目开列。今本《唐六典》并无用金十四种的名称，其他唐、宋以来类书也少称引。从名目分析，杨说恐怕只是据王栐著作附会，不很可信。但唐代泥金、缕金、捻金诸法用于妇女歌衫舞裙之多样化，则从当时诗文中可以说明。时间更早一些，如《南齐书·舆服志》《东宫旧事》《邺中记》和曹操《上杂物疏》均提及金银绘画器物，可知至晚在东汉时，泥金银绘画技术，就已应用到工艺各部门，而且还在不断发展中。

但是，最早使用在什么时候，如仅从文献寻觅，是无从得到正确解答的。数年前，长沙战国楚墓出了几个透雕棺板，前年信阳长台关楚墓出了个彩绘漆棺和大型彩绘漆案，上面都发现有泥金银加工、绘饰精美活泼的云龙凤图案，因此才知道早在春秋战国之际，当装饰艺术部门正流行把黄金和新发现的白银应用到镶嵌工艺各方面时，同时也就发明了把金银箔做成极细粉末，用作绘画材料，使用于漆工艺上，增加它的艺术光彩。这是公元前四五世纪的事情。

用金银在各色笺纸上作书画，也由来已久。文献著录则始于汉晋方士用各色绸帛、笺纸书写重要经疏。这个方法一直被沿袭下来，直到十九世纪不废。直接施用于服饰上则晋南北朝是个重要阶段。当时由于宗教迷信，使得许多统治者近于疯狂地把所占有的大量金银去谄媚神佛，装饰庙宇。除佛身装金外，还广泛应用于建筑彩绘、帐帷旗幡各方面。因佛披金襕袈裟传说流行，捻金织、绣、绘、串枝宝相花披肩于是产生，随后且由佛身转用到人身的披肩上。唐代的服饰广泛用金，就是在这个传统基础上的一种发展。绘画中则创造了金碧山水一格，在中国绘画史上占有特别地位。

笺纸上加金花，也在许多方面应用。李肇《翰林志》即说过：

凡将相告身，用金花五色绫笺。

又《杨妃外传》称，李白题牡丹诗，即用金花笺。

唐人重蜀中薛涛笺，据《牧竖闲谈》记载，则当时除十色笺外，还有"金沙纸、杂色流沙纸、彩霞金粉龙凤纸、绫纹纸"等。这些特种笺纸，显然有好些是加金的。

《步非烟传》称：

以金凤笺写诗。

明陈眉公《妮古录》则称：

宋颜方叔尝创制诸色笺，并砑花竹、鳞羽、山水、人物，精妙如画。亦有金缕五色描成者。

元费著作《蜀笺谱》称：

青白笺、学士笺及仿苏笺杂色粉纸，名"假苏笺"，皆印金银花于上。和苏笺不同处，为苏笺多布纹，假苏笺为罗纹。

且说：

蜀中也仿澄心堂，中等则名玉水，冷金为最下。

明屠隆《考槃余事》谈宋纸，上说及团花笺和金花笺，并说元时绍兴纸加工的有"彩色粉笺、蜡笺、花笺、罗纹笺"。明代则有"细密洒金五色粉笺、五色大帘纸洒金笺、印金五色花笺"。吴中则有"无纹洒金笺"。《成都古今记》亦称除十样彩色蛮笺外，还有金沙、流沙、彩露、金粉、冷金诸种金银加工纸。范成大《吴船录》，曾见白水寺写经，是用银泥在碧唾纸上书写，卷首还用金作图画。大约和近年发现虎丘塔中写经、上海文管会藏开宝时写经同属一式。宋袁褧《枫窗小牍》则说：

> 皇朝玉牒多书于销金花白罗纸上。

《宋史·舆服志》也说宋官诰内部必用泥金银云凤罗绫纸，张数不同。除上面记载，反映宋代纸上加金银花已相当普遍外，即在民间遇有喜庆事，也流行用梅红纸上加销金绘"富贵如意""满池娇""宜男百子"等当时流行的吉祥图案。男女订婚交换庚帖，一般还必须用泥金银绘龙凤图案。由此得知，宋代虽然禁用金银的法令特别多，却正反映社会上用金实在相当普遍，难于禁止。王栐也以为当时是：

> 上行下效，禁者自禁而用者自用。

又宋代以来日用描金漆器早已成社会习惯，所以《梦粱录》记南宋临安市容时，日用漆器商行，"犀毗"和"金漆"即各不相同，分别营业，可见当时金漆行销之广和产量之多。宋李诫《营造法式》并曾记载有建筑上油漆彩绘用金分量及做法。

  契丹、女真、蒙古等族，从九世纪以来，在北方政权前后相接，计五个世纪，使用金银作建筑装饰，虽未必即超过唐、宋，惟服饰上用金银风气，则显然是同样在发展中。特别是金、元两代，把使用织金丝绸衣物、帷帐作为一种奢侈的享受，且用花朵大小定官品尊卑，服饰用金因之必然进一步扩大。陶宗仪著《辍耕录》还把元时漆器上用金技术过程加以详细叙述。到明代，漆工艺专著《髹饰录》问世时，更发展了漆器上用金的种类名目。举凡明、清以来使用在金花纸绢上的各种加工方法，差不多在同时或更早都已使用到描金漆加工艺术上。综合研究必有助于对金花笺纸材料的理解和认识。

三、金花笺在工艺上的特征

金花笺一般性加金技术处理，根据明、清材料分析，大致不外三式：

一、小片密集纸面如雨雪，通称"销金""屑金"或"雨金"，即普通"洒金"。

二、大片分布纸面如雪片，则称"大片金"，又通称"片金"，一般也称"洒金"。

三、全部用金的，即称"冷金"（在丝绸中则称为"浑金"）。冷金中又分有纹、无纹二种，并有布纹、罗纹区别。这部门生产，宋、明以来苏、蜀工人都有贡献，贡献特别大的是苏州工人。纸绢生产属于苏州织造管辖范围，这是过去不知道的。

明、清花笺制作，按其艺术特征，可分成几个阶段：

一、显然属于明代的，计有朱红、深青及明黄、沉檀四色。材料多不上蜡，属于粉地纸绢类，花多比较草率大派，银已泛黑，折枝和龙形与明代锦缎、瓷器纹样相通。

二、明清之际的，多作各种浅粉色地子薄花绢，用金银粉末特别精神，画笔设计也格外秀雅，和同时描金瓷上花纹近似。

三、乾隆时期的，多五色相配搭，外用黄色粗花绫裹成一轴。纸料比较坚实，花纹却较板滞，但图案组织还是极富巧思。

四、道光、同治以后的，纸张多较薄，色料俱差，金银色均浅淡，画笔也日益简率。

从材料性质说，大致也可以分成三种：

一、细绢上加彩粉地加金银绘。

二、彩粉地加金银绘。

三、彩粉蜡地加金银绘。

如从花纹区别，大体有如下各种：

一、各种如意云中加龙凤、狮球或八吉祥折枝花。

二、散装生色折枝花。

三、各式卷草串枝花加龙凤、狮球、八吉祥、博古图。

从花纹上看，云多作骨朵如意云形的，清代虽还沿用，其实是明式，和明云缎花纹相似。至于细如飘带不规则五彩流云，则是清式。云中有蝙蝠，如"洪福齐天"，必是清代。其中又有早晚，从蝙蝠形状可知。龙多竖发猪嘴（所谓猪婆龙），凤作细颈秀目，并有摇曳生姿云样长尾，即非明也是清初仿，和瓷器一样。博古图主题是康熙所特有，道光也有仿效。细金屑薄粉笺多属康熙，有各种浅色的。另外还有一种斗方式金花笺，纸下角加有一个长方条朱红色木戳，作"乾隆年仿澄心堂纸"八字，上用细泥金银绘花鸟、松竹、山水、折枝花，纸分粉笺和蜡笺两种，粉笺较精，多紧厚结实如玉版。又有一种作"仿照体仁殿制"字样，纸式相同。我疑心这类笺纸是明宣德时制作，清代才加上金花的。还有一种斗方式作冰梅花纹的，所见计有二式：

一种是在银白薄蜡纸上用金银绘冰梅，加小方戳则称"玉梅花笺"，创始于康熙，乾隆时还在复制。

一种是薄棉茧纸，花纹透明，尺码较小，五色俱备，生产时代当在明、清之际，或明代南方工人本于"纸帐梅花"旧说，专为裱糊窗槅用的。

四、一点意见

纸是祖国劳动人民伟大发明之一，它的主要成就，首先是在科学文化传播上所起的巨大作用。其次是由于特种加工。又产生了许多精美特出的纸张，在艺术史的进展上做出了特别的贡献。泥金银花笺则在制作技术上和绘画艺术上，都反映出十八世纪前后制纸工人技术和民间画师艺术的结合，值得予以应有重视，但是在古代艺术研究领域里，这一部分材料却往往被忽略。这牵涉到对绘画艺术的看法问题。照旧的看法，什么文人墨客，随便即兴涂抹几笔，稍有些新意思，一经著录，就引起收藏家的注意关心。至于这种工艺画，不拘当时用过多少心血，有何艺术成就，也被认为是一些工匠作品，不值得注意。照个人理解，从这些工艺画的艺术成就本身，以及从它对今后轻工业生产各部门进行平面装饰设计时的参考价值来看，都应加以认真的整理研究，才对得起这部分优秀遗产。

第九讲　纸与字

谈写字（一）[1]

社会组织复杂时，所有事业就得"分工"。任何一种工作，必需要锲而不舍地从事多年，才能够有点成就。当行与玩票，造诣分别显然。兼有几种长处，所谓业余嗜好成就胜过本行专业的，自然有人。但这种人到底是少数。特殊天才虽可以超越那个限度，用极少精力，极少时间，作成发明创造的奇迹。然而这种奇迹期之于一般人，无可希望。一般人对于某种专门事业，无具体了解，难说创造；无较深认识，决不能产生奇迹。不特严谨的科学是这样，便是看来自由方便的艺术，其实也是这样。

多数人若肯承认在艺术上分工的事实，那就好多了。不幸得很，中国多数人大都忽略了这种事实。都以为一事精便百事精。尤其是艺术，社会上许多人到某一时都欢喜附庸风雅，从事艺术。惟其倾心艺术，影响所及恰好作成艺术进步的障碍，这个人若在社会又有地位，有势力，且会招致艺术的堕落。最显著的一例就是写字。

写字算不算得是艺术，本来是一个问题。原因是它在人类少共通性，在时间上又少固定性。但我们不妨从历史来考察一下，看看写字是不是有艺术价值。就现存最古的甲骨文字看来，可知道当时文字制作者，在点、线明朗悦目便于记忆外，已经注重到它个别与群体的装饰美或图案美。到铜器文字，这种努力尤其显然（商器文字如画，周器文字上极重组织）。此

---

[1] 本文原载1937年4月4日天津《大公报·文艺》第319期。

后大小篆的雄秀，秦权量文字的整肃，汉碑碣的繁复变化，从而节省为章草，整齐成今隶，它那变革原因，虽重在讲求便利，切合实用，然而也就始终有一种造型美的意识存在，因为这种超实用的意识，浸润流注，方促进其发展。我们若有了这点认识，就权且承认写字是一种艺术，似乎算不得如何冒失了。

写字的艺术价值成为问题，倒恰好是文字被人承认为艺术一部门之时。史称熹平时蔡邕写石经成功，立于太学门外，观看的和摹写的车乘日千余辆，填塞街陌。到晋有王羲之作行草书，更奠定了字体在中国的艺术价值，不过同时也就凝固了文字艺术创造的精神。从此写字重模仿，且渐重作者本人的事功，容易受人为风气所支配，在社会上它的地位与图画、音乐、雕刻比较起来，虽见得更贴近生活，切于应用，令人注意，但与纯艺术也就越远了。

到近来因此有人否认字在艺术上的价值，以为它虽有社会地位，却无艺术价值。郑振铎先生是否认它最有力的一个人，与朋友间或作小小的舌战，以为写字不能成为艺术。（郑先生大约只是觉得它与"革命"无关，与"利用学生"无关，所以否认它有艺术价值。至于某种字体笔画分布妥帖所给人的愉快，郑先生还是能够欣赏，所以当影印某种图籍时，却乐于找寻朋友，用极飘逸悦目的字体，写他所作那篇序文。）艺术，是不是还许可它在给人愉快意义上证明它的价值？我们是不是可以为艺术下个简单界说："艺术，它的作用就是能够给人一种正当无邪的愉快。"艺术的价值自然很多，但据我个人看来，称引一种美丽的字体为艺术，大致是不会十分错误的。

字的艺术价值动摇，浮泛而无固定性，是否艺术成为问题，另外有个原因，不在它的本身，却在大多数人对于字的估价方法先有问题。一部分人把它和图画、音乐、雕刻比较，便见得一切艺术都有所谓创造性，唯独写字拘束性大，无创造性可言。并且单独无道德或情感教化启示力量，故轻视它。这种轻视无补于字的地位，自然也无害于字的艺术真价值。轻视它，不注意它，那就罢了。到记日用账目或给什么密友情人写信时，这轻视它的人总依然不肯十分疏忽它，明白一个文件看来顺眼有助于目的的获

第九讲　纸与字

得。家中的卧房或客厅里，还是愿意挂一副写得极好的对联，或某种字体美丽的拓片，作为墙头上的装饰。轻视字的艺术价值的人，其实不过是对于字的艺术效果要求太多而已。糟的倒是另外一种过分重视它而又莫名其妙的欣赏者。这种人对于字的本身美恶照例毫无理解（凑巧这种人又特别多），正因其无理解，便把字附上另外人事的媒介，间接给他一种价值。把字当成一种人格的象征，一种权力的符咒；换言之，欣赏它只为的是崇拜它。前年中国运故宫古物往伦敦展览时，英国委员选画的标准是见有乾隆皇帝题字的都一例带走。中国委员当时以为这种"毛子精神"十分可笑。其实中国艺术鉴赏者，何尝不是同样可笑。近年来南北美术展览会里，常常可以发现吴佩孚先生画的竹子，冯玉祥先生写的白话诗，注意的人可真不少。假石涛、假八大的字画，定价相当的高，还是容易找到买主。几个比较风雅稍明绘事能涂抹两下的朝野要人，把鬻画、作画当成副业，收入居然十分可观。凡此种种，就证明"毛子精神"原来在中国更普遍地存在。几年来，"艺术"两个字在社会上走了点运，被人常常提起，便正好仰赖到一群艺术欣赏者的糊涂势利精神，那点对于艺术隔膜，批判不苛刻，对于名公巨卿又特别容易油然发生景仰情绪作成的嗜好。山东督办张宗昌虽不识字，某艺术杂志上还刊载过他一笔写成的虎字！多数人这么爱好艺术，无形中自然就奖励到庸俗与平凡。标准越低，充行家也越多。书画并列，尤其是写字，仿佛更容易玩票，无怪乎游山玩水时，每到一处名胜地方，当眼处总碰到一些名人题壁刻石。若无世俗对于这些名人的盲目崇拜，这些人一定羞于题壁刻石，把上好的一堵墙壁、一块石头脏毁，来虐待游人的眼目了。

　　所以说，"分工"应当是挽救这种艺术堕落可能办法之一种。本来人人都有对于业余兴趣选择的自由，艺术玩票实在还值得加以提倡。因为与其要做官的兼营公债买卖，教书的玩麻雀牌，办党的唱京戏，倒还是让他们写写字、画点画好些。然而必须认识分工的事实，真的专家、行家方有抬头机会，这一门艺术也方有进步希望。这点认识不特当前的名人需要，当前几个名画家同样需要。画家欢喜写美术字，这种字给人视觉上的痛苦，是大家都知道的。又譬如林风眠先生，可说是近代中国画家态度诚实用力勤苦的一个模范，他那有创造性的中国画，虽近于一种试验，成就尚有待于他的努力，至少他的试验我们得承认它是一条可能的新路。不幸他还想把那点创造性转用在题画的文字上，因此一来，一幅好画也弄成不三不四了。记得他那绘画展览时，还有个批评家，特别称赞他题在画上的字，以为一部分用水冲淡，能给人一种新的印象。很显然，这种称赞是荒谬可笑的。林先生所写的字，所用的冲淡方法，都因为他对于写字并不当行。林先生若还有一个诤友，就应当劝他把那些美丽画上的文字，尽可能地去掉。

话说回来，在中国，一切专业者似乎都有机会抬头，唯独写字，它的希望真渺茫得很！每个认字的人，照例都被动或自动临过几种字帖，刘石庵、邓石如、九成宫、多宝塔、张黑女、董美人……是一串人熟习的名字。有人欢喜玩它，谁能说这不是你的当行，不必玩？正因为是一种谁也知道一两手的玩意儿，因此在任何艺术展览会里，我们的眼福就只是看俗书劣书，别无希望了。专家何尝不多，但所谓专家，也不过是会写写字，多学几种帖，能模仿某种名迹的形似那么一种人吧。欣赏者不懂字，专家也不怎么懂字。必明白字的艺术，应有的限度，折中古人，综合其长处，方能给人一点新的惊讶，新的启示。欲独辟蹊径，必理解它在点线疏密分布间，如何一来方可以得到一种官感上的愉快，一种从视觉上给人雕塑、图画兼音乐的效果。这种专家当然不多。另一种专家，就是有继往开来的野心，却无继往开来的能力，终日胡乱涂抹，自得其乐，批评鉴赏者不外僚属朋辈以及强充风雅的市侩，各以糊涂而兼阿谀口吻行为赞叹爱好，因此这人便成一家。这种专家，在目前情形下，当然越来越多。这种专家一多，结果促成一种风气，便是以庸俗恶劣代替美丽的风气。专家不抬头，倒是"塞翁失马"，消极的不至于使字的艺术十分堕落，专家抬头，也许更要不得了。

我们若在这方面还存下一点希望，似乎还有两种办法可以努力：

一是把写字重新加以提倡，使它成为一种特殊的艺术，玩票的无由插手；

二是索性把它看成一种卑贱的行业，让各种字体同工匠书记发生密切

第九讲 纸与字

关系，以至于玩票的不屑于从事此道。

　　如此一来，从装饰言，将来必可以看到许多点线悦目的字；从应用言，也可望多数人都写出一种便利流动的字。这种提倡，值得大家关心，因为它若有了点效果，名流的俗字，艺术家的美术字，不至于到处散播，我们的眼目，就不必再忍受这两种虐待了。

谈写字（二）[1]

一、宋四家

书画到宋代后，有了极大变化，说坏处是去传统标准日远，说特色是敢自我作古。经生体的稳重熟练把握不住，虞、欧、褚、颜的创造天赋也都缺乏。试用代表这个时代的苏、黄、米、蔡作例，就可知道这几个人的成就，若律以晋、唐法度规模，便见得结体用笔无不带点权谲霸气，少端丽庄雅，能奔放而不能蕴藉。就中蔡襄楷书虽努力学古，也并不成功。功夫即下得多，作字结体用笔，都呆俗无精神。米芾书称从兰亭出，去兰亭从容和婉可多远！若遇游山玩水，探胜访奇，兴会来时，攘袖挥毫，摩崖题壁，草草数行，自然尚有些动人处。函简往还，叙述家常琐事，跋赞法书名画，间或记点小小掌故，也留下些妙墨佳书。至若一本正经的碑志文字，四家实少合作。苏书《罗池庙碑》，蔡书《荔子谱》《万安桥记》，都笔不称名。黄书做作，力求奔放潇洒，不脱新安茶客情调。恰如副官与人对杯，终不能令人想象曲水流觞情景也。米书可大可小，最不宜中，一到正正经经来点什么时，即大有不知如何做手脚急窘。此外理学大儒，馆阁词臣，元勋武将，词人骚客，也留下许多作品，如朱熹、王安石、司马光、文彦博、韩绛、吴琚、范成大、陆游，大多数可说是字以人传，无多特别

---

[1] 本文原载1948年7月1日《论语》半月刊第156期。

精彩处。倒还是范成大和陆游较好。即以四大家而论，米称俊爽豪放，苏称妩媚温润，黄号秀挺老成，蔡号独得大王草法；其实则多以巧取势，实学不足，去本日远。即以对于艺术兴趣特别浓、厚赏鉴力又极高之徽宗皇帝而言，题跋前人名迹时，来三两行瘦金体书，笔墨秀挺中见苍劲，自成一格，还可给人一种洒落印象。写字一到二十行，就不免因结体少变化而见出俗气，呆气，头巾气，难称佳制。

《墨庄漫录》称：

> 海岳以书学博士召对，上问本朝以书名数人。海岳各以其人对，曰："蔡京不得笔，蔡卞得笔而少逸韵。蔡襄勒字，沈辽排字，黄庭坚描字，苏轼画字。"上复问："卿书如何？"对曰："臣书刷字。"

倪思评及宋贤书时，也有相似意见。大米虽有痴名，人实不痴，既善作伪，又复好洁成癖，对于自己一笔字，平时倒看得极重。其实论到宋代几个有名书家笔墨长短时，这种应对可谓相当准确，并非完全戏谑。说宋人已不能如虞、欧、褚、颜认真写字，并不为过。

宋人虽不长于认真写字，可是后世人作园林别墅匾对，用宋人字体写来，却还不俗气，这种匾对照例可保留一种潇洒散逸情趣，容易与自然景物相衬。即作商店铺户横竖招牌，有时也比较傻仿颜、柳字体少市侩气，呆仿六朝碑少做作气。就中尤以米、苏字体，在卷轴上作一寸以内题识时，如吴琚与吴宽，笔墨尽管极力求脱俗，结果或者反而难免八分俗气。成行成篇还看得去，一个一个裁下看，简直不成东西！可是若把字体放大到一尺以后，不多不少来个三五字，又却常常雅韵欲流，面目一新。然放大米书容易，放大苏书似不容易。因此能作大字米、黄体的有人，作苏书的世不多见。

二、近代笔墨

康南海先生喜谈书法，谈及近百年笔墨优劣时，有所抑扬，常举例不示例，不足以证是非。至于南海先生个人用笔结体，虽努力在点画间求苍莽雄奇效果，无如笔不从心，手不逮意，终不免给人一芜杂印象。一生到处题名，写字无数，且最欢喜写"开张天岸马，奇逸人中龙"一联，却始终不及在云南昆明黑龙潭相传为陈搏那十个字来得秀雅奇逸！一个书家终生努力，还不及他人十个字给人印象之深，似乎也就大可不必写字了。昔人说，鲜于伯机、康里子山笔下有河朔气，评语褒中寓贬。南海先生实代表"广东作风"，启近代"伟人派"一格。反不如梁任公、胡展堂二先生同样是广东人，却能谨守一家法度，不失古人步骤，转而耐看。所以说南海先生代表广东作风，正可与画家中的高奇峰、高剑父、林风眠，同为一条战线上人物。笔下、心中都有创造欲。可惜意境不高，成就因之亦有限。政治革命为社会民族作预言，事情不容易而容易；至于文学艺术革命，事情却容易而不容易。为的是这是另外一种战争！

因此，让我想起一个附带建议，即盼望现代画家再莫题跋。尤其是几位欢喜题跋的画家，题跋常破坏了画的完美！

其实欲明白清代书法优劣，为南海先生议论取证，不如向故都琉璃厂走走，即可从南纸店和古董铺匾额得到满意答复。因为照习惯，这百十家商店的市招，多近两百年国内名流达宦手笔。虽匾额字数不多，难尽各人所长，然在同一限度中，却多少可见出一点各自不同的风格或性格。北平商店最有名市招，自然应数宣武门外骡马市大街"西鹤年堂"一面金字招牌，传为严分宜手书，还有神武门大街大高殿牌楼几个横额，字体从小欧《道因碑》出，加峻紧险迫，筋骨开张，二百年来还仿佛可从笔画转折间见出执笔者执拗性情。至于琉璃厂匾额，实美不胜收。二十六年最摩登的应数梅兰芳为"伦池斋"写的三个字。乾、嘉时代多宰臣、执政名公巨卿手笔，刘墉、翁方纲可作代表。咸、同之季多儒将手笔，曾、左可作代表。晚清多诗人名士手笔，法式善、宝竹坡可作代表。……入民国以后，情形又随政体而变，总统如黎元洪、袁世凯，军阀如吴佩孚、段祺瑞，此外如水竹村人（徐世昌）的大草书，逊清太傅陈宝琛的欧体书，内阁总理熊希龄的山谷体行书，诗人、词客、议员、记者、学者、名伶如樊增祥、姚茫

第九讲　纸与字

父、罗瘿公、罗振玉、沈寐叟、庄蕴宽、林长民、邵飘萍等等各有千秋的笔墨，都各据一家屋檐下，俯视过路人，也仅过路人瞻仰。到民八以后，则新社会露头角的名流，与旧社会身份日高的戏剧演员，及在新旧社会之间两不可少的印人画家，如蔡元培、胡适之、梅兰芳、程砚秋、齐白石、寿鑈诸人写的大小招牌，又各自填补了若干屋檐下空缺。所以从这个地方，我们不仅可以见出近两百年来有象征性的大人物名姓墨迹，还可从执笔者的身份地位见出时代风气的变迁。先是名公宰臣的题署，与弘奖风雅大有关系，极为商人所尊重。其次是官爵与艺术分道扬镳，名士未必即是名臣，商人倒乐意用名士作号召。再其次是遗老与军阀，艺员与画家，在商人心中、眼中已给予平等重视，这些人本身也必然亦承认了这个现实平等观。"民主"二字倒真像快要来到了。再其次是玩古董字画、卖文房四宝，已得用新的一群作象征，也可知事实上这个新的一群，在时代新陈代谢中，已成为风雅的支持者了。再其次，是琉璃厂古铺已有悄悄改营金钞生意的，旧书铺或兼卖新体小说或率性改作纸烟杂货店，横匾自然就已到可有可无时代了。

三、市招与社会

若说从故都一个小街上的市招字体，可看出中国近百年书法的变化，和中国历史文化的新陈代谢，及社会风气的转移，那从此外各地都会市招上，也一定可以明白一点东西。凡较热闹的省会，我们一定会感觉到一件事，即新的马路和新的店铺，多用新的市招。虽间或可从药店，和糕饼店、南纸店，发现一二旧式匾额，比较上已不多。可知这三样旧社会的商业，或因牌号旧，或因社会需要，在新的都会中尚勉强能存在。但试想想，旧药房已不能不卖阿司匹林，糕饼店也安上玻璃柜兼售牛奶面包，南纸店更照例得准备洋墨水和练习簿，就可知大都会这些旧牌号，虽存在实勉强存在，过不久恐都得取消了。最后剩下的将是中医与财神庙的匾额，这是中国人五十年内少不了的。虽然新式理发馆或大银行门面，依然常常有个伟人题字点缀，一看也就知道所需要的正如办丧事人家题铭旌，只是题字人的功名，字体好坏实已不再为任何方面注意。武昌黄鹤楼废基上的露天摊子，"小孔明"的招子，已到什么总队的大队长用美术字招徕主顾了。

不过从执笔方面，也多少可以看出一点代表地方的象征。譬如说，南京有的是管大名分多的革命要人，市招上题名也大多数是这种要人。民十八以后，南京的旅馆、饭馆，以及什么公司，都可发现谭于诸老的墨迹，多少也可象征一个不再重职业阶段的民主国伟人气度。山东究竟是文化礼义之邦，济南市面虽日益变新，旧招牌尚多好好保存。较新的牌号，大多数还是一个胶东状头王埨所包办，《醴泉铭》作底子的馆阁体欧书，虽平板些不失典型。长沙是个也爱名人也重伟人的地方，（未焚烧前）各业匾额便多谭延闿先生《争座位》颜体大字，和书家杨仲子（杨度之子）六朝体榜书，两人秋色平分。杭州是个也有名流也要书家的地方，所以商店中到处可见周承德先生宽博大方的郑文公碑体写在朱红漆金字大匾上。至若西湖沿湖私人别墅园亭，却多国内近三十年名流达官的题署。上海是个商业都会，并且是个五方杂处英雄豪杰活动地方，所以凡用得着署名市招的，就常有上海闻人虞洽卿、王一亭、杜月笙的题字。近代社会要人与闻人关系既相当密切，因之凡闻人的大小企业，从百货公司到成衣店，却又多党国要人题字。

四、新问题

大凡欢喜写写字，且乐意到一个新地方从当地招牌上认识那地方文化程度或象征人物的，都可能有个相差不多的印象或感想，即招牌字体有越来越不高明的趋势。或者因为新式商店门面宽窄无定，或者因为油漆匠技术与所用材料恶劣，居多招牌字体比例就永远不会与匾额相称，匾额又照例难与门面装饰性相调和。至于请求名人动笔的商人呢，似乎已到不明好坏不问好坏情形，只是执笔的官位越大或为人越富于商标性就越好。至于写字的名人伟人呢，若还想把它当成一件事做，好坏之间还有点荣辱感，肯老老实实找个人代笔，还不失为得计。不幸常常是来者不拒，有求必应。有些人（尤其是我们常见的"文化人"）许多许多竟特别欢喜不择纸笔，当众挥毫，表示伟大洒脱。不是用写径寸字体的结构方法放大成对径二尺三尺的大字，就是用不知什么东西作成的笔，三涂五抹而成，真应了千年前火正后人米颠说的，不是"勒"字就是"排"字，不是"描"字就是"刷"字，可是论成就，却与古人成就相去多远！虽说这种连扫带刷的字体，有时倒也和照相馆、西药房这些商号本身性质相称，可是这一来，在街上散步时，我们从市招上享受字体愉快的权利，可完全被剥夺了。（但知识青年的纪念册，却正是这种伟人字的战场，恰恰如许多名胜地方墙壁上，是副官军需题诗的战场一样；论恶劣，真不容易公平批判！）

　　权利去掉后自然多了一种义务，那就是在任何地方都可碰头的伟人字和美术字。这两者合流，正象征一种新的形成，原来是奠基于"莫名其妙"和"七拼八凑"。从写字看文化，使我们感觉到像上月朱自清先生，对于政府十年前迫学生用毛笔的复古担忧，为不必要。也为梁思成先生主持北平文整会的修理工作的意见，同意以外觉得茫然。因为党国要人中虽还有个吴稚老，欢喜写写篆字，至于另外一位富有民主风度的于胡子，写的字就已经像是有意现代化，用大型特制原子笔作成莼菜条笔锋。北平琉璃厂的戴月轩、李福寿，好笔作价已到三千万，政府哪还有兴趣能够强迫人用毛笔写好字！至于费三十、五十亿来收拾的故都，也真只是将将就就来收拾一下罢了。因为国内最有历史价值的建筑雕刻，当数山西、河、洛，许多地方都是梁先生伉俪在二十三到二十六年亲身调查过的。八年沦陷，云冈和天龙山已面目全非，五台赵城的土木建筑，毁去的更无可补救。和平胜利后，随之而来是一个更猛烈残酷的内战，炮火焚灼所及，这些东东西西留下的废墟，也会因种种情形而完全毁去本来样子，作成个踪迹不存。十年前保存在中国营造学社，人间仅有的一些建筑照片，听说一部分即已在八年前寄存于天津一银行库中时为水毁去。能爱惜、研究、保存的专家，全中国只那么一二人，个人即雄心依旧，必和国内其他工矿专家一样，也快老了，体力精神消耗得都差不多了，即有机会再来工作，也恐怕来不及了。全个国家却正在具体和抽象的两种大火中无限制地焚烧。读读《大公报》上连载的梁先生那篇文章，让我们看到一个对历史和文化有责任、有良心的专家，活在二十世纪上半期的中国，灵魂上的灾难实如何深刻。梁先生也许会和我有同感，即一个故宫博物院最大的用处，如只是五月二十这一天，把宫灯挂出来点缀纪念，不能作更有意义的改革，并供给多数人研究学习的便利，这个博物院的存在与否，实在都无意义可言！且不妨比朱佩弦先生主张听它毁坍还激烈，进而主张一把火烧去。但目前更重要的，或者还是凡力之所及能保存的，即毁去也无助于社会革命发展的，读书人的急进诅咒，莫一例来煽火扬焰。社会分解加剧，"文化保卫"四个字若还有点意义，有许多事就值得分开来说来看，而这个分别的责任，即落在对国家民族、对世界文化有认识、有良心的读书人肩上。这时节作豪言壮语易，说这种良心话却难。我们实在还需要更多像梁思成先生的意见，提出给全国各方面参考。因为任何一个新的社会来临，就还需要工业和其他！

从写字也可让我们明白，社会在变，字体在变，可是字的存在，为人民继续当作一种传达意见情感的工具来运用，至少在中国总还有个百十年寿命可言。字本来是让人认识的，如像北伐以后，近二十年来政工人员写的美术字标语，实在不容易认识，也并不怎么美，使我觉得即此一事，提出向"传统学习"的口号，也就还有其必要！但是向一个现代从事政工人员说"标语字要明白、简单、醒目而有效果，宜于从传统学习"，当然像是完全胡说！因为凡是这一行工作，都正在打倒"传统"，而学的却是有现代性的"美术字"。辩论结果，只会互相头痛。